Günter Naumann

Deutsche Geschichte

Günter Naumann

Deutsche Geschichte

Von 1806 bis heute

marixverlag

Die Kapitel 1. bis 5.
sind in Band 1 mit dem Titel

Deutsche Geschichte – Das Alte Reich
Von 962 bis 1806

(ISBN 978-3-86539-928-1)
enthalten.

INHALT

VORWORT

Im ersten Band wurde die Geschichte des Alten Reiches (962-1806) vorgestellt. In diesem Band folgt die Geschichte Deutschlands von den Befreiungskriegen über den Deutschen Bund, den Norddeutschen Bund das Deutsche Reich und das geteilte Deutschland bis zur Gegenwart.

Nachgezeichnet werden auch hier die großen politischen Zusammenhänge anhand markanter Ereignisse. Weil jedoch ab dem 19. Jahrhundert wirtschaftliche Entwicklungen und soziale Konflikte in zunehmendem Maße die Politik beeinflussen, wird der Wirtschafts- und Sozialgeschichte größere Aufmerksamkeit gewidmet. Auch die weltweiten Verflechtungen, die in der fortschreitenden wirtschaftlichen und politischen Integration ihren Ausdruck finden, sind hinsichtlich ihrer Auswirkungen auf Deutschland Gegenstand der vorliegenden Darstellung.

Um bei dieser Vielschichtigkeit des Geschehens die Übersicht zu erhöhen, wurden nicht nur die Kapitelüberschriften, sondern zusätzlich auch noch wichtige Ereignisse und Begriffe drucktechnisch hervorgehoben. Ein ausführliches kombiniertes Sach-, Orts- und Personenregister ermöglicht den schnellen Zugriff.

Dr. Günter Naumann

6. Vom Ende des Alten Reiches bis zum Untergang des Deutschen Kaiserreiches (1806-1918)

Spätestens mit dem Frieden von Lunéville (1801) hatte das durch die Französische Revolution reformierte Frankreich in die inneren Verhältnisse Deutschlands eingegriffen und nicht nur dessen herrschaftliche Organisationsform, das Alte Reich, zum Einsturz gebracht, sondern vor allem auch die überkommene Gesellschaftsordnung infrage gestellt. Die alte, ständisch gegliederte Gesellschaft, welche die Entfaltung des Einzelnen und damit vor allem auch die wirtschaftliche Entwicklung behinderte, war nicht mehr leistungsfähig genug, um zu überleben.

Deshalb setzten mit der Auflösung des Alten Reiches (1806) und der totalen Niederlage Preußens (1806/1807) Reformbestrebungen ein, welche zur politischen, sozialen und wirtschaftlichen Neuorientierung führten. Am umfassendsten wurden diese Reformen zunächst in Preußen vorangetrieben (1807/13). Die Reformierung des Heerwesens war Voraussetzung dafür, dass es gelang, in den Befreiungskriegen (1813/15) die napoleonische Fremdherrschaft abzuschütteln. Die Einführung der Gewerbefreiheit bildete die Voraussetzung für den in den 1830er Jahren einsetzenden wirtschaftlichen Umbruch (Industrialisierung).

Das Ergebnis der Neuordnung der politischen Verhältnisse durch den Wiener Kongress (1815) war unbefriedigend. Obgleich die in der napoleonischen Zeit bzw. durch den Wiener Kongress zustande gekommene wesentliche Reduzierung der territorialen Zersplitterung den Weg zur nationalstaatlichen Einheit Deutschlands frei gemacht hatte, konstituierte sich mit dem „Deutschen Bund" (1815-1866) nur eine lockere Vereinigung souveräner Staaten. Die Selbstständigkeit der deutschen Territorien hatte damit ihre höchste Ausprägung erreicht. Angesichts der Interessengegensätze zwischen den beiden übermächtigen Bundesstaaten Österreich und Preußen war der Deutsche Bund außenpolitisch nicht handlungsfähig. Stattdessen betätigte er sich nach innen, um die auf weitere Modernisierung drängenden liberalen Kräfte niederzuhalten (Restauration). Gestärkt wurde der Liberalismus durch die revolutionären Ereignisse von 1830 und 1848, zu durchgreifenden Veränderungen kam es hingegen nicht.

Günstiger gestalteten sich die Rahmenbedingungen für die wirtschaftliche Entwicklung. Unter Führung Preußens kam es zur Gründung des „Deutschen Zollvereins" (1834), wodurch unter Ausschluss Österreichs die deutschen Territorialstaaten zu einem einheitlichen Wirtschaftsraum zusammengeschlossen wurden.

In der Revolution von 1848/49 versuchte das Bürgertum, dem politischen Liberalismus zum Durchbruch zu verhelfen, d. h. es sollten ein auf dem Grundsatz der Gewaltenteilung beruhender Verfassungs- und Rechtsstaat geschaffen, den rechtlich gleichgestellten Bürgern freiheitliche Grundrechte garantiert sowie die freie Entfaltung der Persönlichkeit ermöglicht werden. Auch die nationalstaatliche Einheit Deutschlands sollte herbeigeführt werden. Beide Ziele wurden nicht erreicht.

Die Jahrzehnte nach der gescheiterten Revolution standen politisch im Zeichen der Wiederherstellung und Erhaltung der alten monarchistischen Gesellschaftsordnung (Restauration) und wirtschaftlich im Zeichen der industriellen Revolution, in deren Verlauf sich der Wirtschaftsliberalismus (Marktwirtschaft) durchsetzte, in welchem nicht der Staat, sondern die privaten Wirtschaftsteilnehmer den Wirtschaftsprozess bestimmten. Der damit verbundene wirtschaftliche Aufschwung veränderte die sozialen und politischen Verhältnisse.

Mit der Gründung des „Deutschen Reiches" (1871) wurde durch Preußen die nationalstaatliche Einheit Deutschlands unter Ausschluss Österreichs erzwungen (preußisch-kleindeutsche Lösung). Deutschland stieg in den folgenden Jahrzehnten politisch und wirtschaftlich zur Weltmacht auf. Bedeutsamstes Kennzeichen des deutschen Kaiserreiches wurde dessen durch die Industrialisierung bedingte wirtschaftliche Modernität bei gleichzeitiger politischer Rückständigkeit. Durch die Niederlage Deutschlands im 1. Weltkrieg, welche das Ende der Monarchie nach sich zog, wurde das Deutsche Reich in eine tiefe Krise gestürzt.

In die Zeit des deutschen Kaiserreiches fiel etwa mit dem Jahr 1890 eine Epochengrenze der Weltgeschichte. Die Weltpolitik wurde ab jetzt endgültig durch das Wirtschaftswachstum infolge der Industrialisierung sowie durch eine immense Bevölkerungszunahme geprägt. Diese beiden Faktoren sprengten den Rahmen der bisherigen Politik. Ging es bisher in der europäischen Politik lediglich um nationalstaatliche Grenzen und um das europäische Gleichgewicht, so ging es jetzt um Rohstoffquellen und Absatzmärkte. Die Politik der Nationalstaaten wurde in den Dienst dieser beiden Ziele gestellt. Die Industrie-Nationen gingen dazu über, die Welt unter dem Gesichtspunkt des Zugewinns von Rohstoffquellen und Absatzmärkten unter sich aufzuteilen, sei es durch den Erwerb von Kolonien oder durch die machtpolitische Sicherung von Einflusssphären. Alle Erdteile und Weltmeere wurden in einem globalen System der Machtverteilung und der Machtrivalität miteinander verflochten; das europäische Staatensystem ging im Weltstaatensystem auf. England, Russland und Frankreich hatten sich bereits große Imperien aufgebaut. Jetzt kamen Deutschland, Japan und die USA als Konkurrenten hinzu. 1895 begann Japan mit dem Krieg gegen China seine koloniale Expansion; 1898 stießen die USA in den pazifischen Raum vor. Mit den USA war eine außereuropäische Großmacht angetreten, die seit dem 1. Weltkrieg das Schicksal Europas entscheidend bestimmen sollte. Die etwa 1890 begonnene Epoche, in der es um die machtpolitische Beherrschung von Rohstoffquellen und Absatzmärkten geht, wird auch als die Epoche des Imperialismus bezeichnet. Dieser Imperialismus hat seitdem auch die Geschichte Deutschlands entscheidend beeinflusst, zumal Industrialisierung und Bevölkerungswachstum nicht nur die Grundlage der imperialistischen Außenpolitik bildeten, sondern über die Entfaltung der Arbeiterbewegung auch zu innenpolitischen Veränderungen führten.

6.1. Wirtschaft und Gesellschaft

Die Bevölkerung

Die Bevölkerung ist das Fundament der Gesellschaft und der Wirtschaft. Die Bevölkerung auf dem Gebiet des späteren Deutschen Reiches (in den Grenzen von 1914) umfasste 1800 24,5 Mio., 1820 26,3 Mio., 1840 32,8 Mio., 1870 40,8 Mio., 1890

49,5 Mio. sowie 1914 67,8 Mio. und – vergleichsweise – 1925 ohne Elsass-Lothringen 67,4 Mio. sowie 1939 79,6 Mio. Menschen. In der ersten Hälfte des 19. Jh. war die **Bevölkerungszunahme** hauptsächlich durch Geburtenüberschüsse bedingt und betraf insbesondere die nordöstlichen Agrarregionen infolge stimulierender Agrarverfassungen, während sie in der zweiten Jahrhunderthälfte vor allem auf dem Absinken der Sterblichkeit beruhte. Als nach der Agrarkrise Mitte der 1840er Jahre (Missernte von 1846/47, gefolgt von der für Deutschland letzten Hungersnot in Friedenszeiten sowie von Epidemien) ab den 1860er Jahren wieder ein Bevölkerungswachstum einsetzte, ging dieses nicht mehr vornehmlich von den Agrarregionen, sondern von den industriellen Führungsregionen aus. Geschaffen wurden die durch den Bevölkerungszuwachs erforderlichen **zusätzlichen Arbeitsplätze** zunächst durch die Intensivierung der **Landwirtschaft** (v. a. im preußischen Norddeutschland) sowie durch das vorübergehende Ausweichen auf die heimgewerbliche, vor allem textile Produktion im ländlichen Raum. Dadurch kam es zur Nutzung des großen Arbeitskräftepotenzials der landarmen und landlosen Bevölkerung in den dichtbesiedelten Regionen (z. B. Schlesien), wo bereits Ende des 18. Jh. handelskapitalistische Verleger die Warenproduktion aufs Land verlegt hatten, um der Reglementierung durch die Zünfte zu entgehen. Entscheidend für die **Schaffung neuer Arbeitsplätze** wurde allerdings die in den 1840er Jahren zum Durchbruch kommende **Industrialisierung**, wodurch eine Verelendungskatastrophe abgewendet werden konnte. Stark benachteiligt wurde durch die Industrialisierung allerdings die heimgewerbliche Textilproduktion, welche durch die seit der Mitte des 19. Jh. in Deutschland errichteten mechanisierten Textilfabriken sowie die Markterweiterung infolge der Eisenbahn (Eindringen billigerer englischer Textilwaren) zusammenbrach. Wegen der damit verbundenen Verelendung der Handweber kam es zum Schlesischen Weberaufstand (4.6.-6.6.1844), welcher durch preußisches Militär blutig niedergeschlagen wurde. Aber auch die mechanisierte Baumwollspinnerei und -weberei konnte keine Spitzenstellung auf dem Weltmarkt erringen.

Durch die Industrialisierung konnte die Bevölkerungsexplosion arbeitsplatzmäßig vorerst nicht aufgefangen werden, und es kam zu **mehreren Auswanderungswellen**, die bis um 1890 andauerten. Zwischen 1815 und 1835 wanderten rund 0,5 Mio. Menschen insbesondere aus Südwestdeutschland nach fußläufig erreichbaren Ländern, wie nach Holland, Polen und Russland, aus. Zwischen 1846 und 1855 wanderten rund 1,1 Mio. Menschen vor allem nach den USA aus. Unter ihnen befanden sich wegen der gescheiterten Revolution von 1848/49 viele politische Flüchtlinge. Durch den amerikanischen Bürgerkrieg (1861/64) flaute die Auswanderung in die USA zunächst ab, stieg danach aber wieder an und lag zwischen 1865 und 1874 bei rund 100.000 und in der ersten Hälfte der 1880er Jahre bei rund 170.000 Menschen pro Jahr, um Mitte der 1890er Jahre deutlich zurückzugehen.

Noch während der Amerika-Auswanderung setzte in Deutschland eine **Binnenwanderung** ein, die zunächst als Nahwanderung in Erscheinung trat (Wanderung aus dem ländlichen Umfeld in die industriellen Standorte), aber schließlich in die Fernwanderung vom Nordosten und von Mitteldeutschland nach Berlin und Hamburg, besonders aber ins Ruhrgebiet einmündete, sodass 1907 fast jeder zweite Deutsche Binnenwanderer war. Die Binnenwanderung war mit einer Verstädterung (**Urbanisierung**) Deutschlands verbunden, sodass die Bevölkerungszunahme hauptsächlich den Städten zugutekam. Als neuer Stadttyp entstand – und zwar oft aus einem Dorf – die Industriestadt als industrieller Ballungsraum ohne sonstige Funktion. Vielfach wurden auch dem Stadtkern einer alten Stadt, der nur noch begrenzt verdichtungsfähig war, industrielle Teilstädte angegliedert. In diesem Zusammenhang wurde die Stadtplanung, welche man z. B. in Preußen 1874 durch das Enteignungs- und 1875 durch das Fluchtliniengesetz absicherte, zu einer neuen Aufgabe der Stadtverwaltungen. – Um 1800 lebten etwa 90 % der Bevölkerung auf dem Land oder in kleinen Orten unter 5000 Einwohnern; die Stadtbevölkerung (10 %) verteilte sich zu 47 % auf Kleinstädte (bis zu 20.000 Einwohner), zu etwa 38 % auf Mittelstädte (20.000 bis 100.000 Einwohner) und zu 15 % auf Großstädte. Der entscheidende Verstädterungsprozess begann um 1850 und erfuhr um 1870 eine weitere Steigerung. Während in Deutschland 1845 in Städten ab 20.000 Einwohnern erst 6 % der Bevölkerung lebten, waren dies 1910 35 %, 1920 41 % und 1980 60 %. – Hinsichtlich des Handwerks profitierten von der Verstädterung die Bauhandwerker, die Fleischer, die Bäcker, die Friseure und die Gastwirte, welche durch die Industrie keine Konkurrenz bekamen. Während die von der Industrie bedrohten Schuhmacher und Schneider auf den Reparatursektor ausweichen konnten, hatten andere Berufe wie Nadler, Feilenhauer, Seifensieder usw. keine Zukunft mehr.

Die Landwirtschaft

Bereits gegen Ende des 18. Jh. war durch Einführung der Blattfrüchte (u. a. Klee, Mais, Sonnenblume) eine **verbesserte Dreifelderwirtschaft** möglich geworden, weil man anstelle der Brache Nutzfrüchte anbauen konnte, ohne dem Boden die für den nachfolgenden Getreideanbau erforderlichen Nährstoffe zu entziehen. – In der ersten Hälfte des 19. Jh. erfolgte eine deutliche Produktionssteigerung vor allem durch Ausweitung der Ackerfläche (Hinzunahme neuer Ackerflächen; indirekte Zunahme der Ackerfläche durch Abschaffung der Brache). Zwischen 1800 und 1850 vergrößerte sich die Ackerfläche von 13 Mio. ha (die landwirtschaftliche Nutzfläche insgesamt betrug 30 Mio. ha) auf 25 Mio. ha durch Meliorierung (Bodenverbesserung) von Ödland, Eindeichung von Meeresgebieten sowie Seen und Flüssen, Urbarmachung von Heidegebieten, Trockenlegung von Sümpfen usw. Dabei stieg die Kartoffel-Anbaufläche zwischen 1800 und 1850 von 0,1 Mio. ha auf 1,4 Mio. ha. Weil der Kalorienwert der Kartoffel je Flächeneinheit 3,6 mal größer ist als der von Getreide und man auch auf schlechteren Böden gute Erträge erzielt, wurde die **Kartoffel zur wichtigsten Nahrungsgrundlage** für die ärmere Bevölkerung. Eine Steigerung der Hektarerträge bei Kartoffeln erfolgte erst ab den 1870er Jahren, dann aber bis 1914 um 90 %. – Eine Änderung des Verhältnisses von Grünland zu Ackerland erfolgte während der ersten Hälfte des 19. Jh. von 1:1,6 auf 1:2,5. Trotz des geringeren Futterangebotes erfolgten von 1870 bis 1914 eine Steigerung des Viehbestandes (bei Rindern um 25 %, bei Schweinen um mehr als 300 %), eine **Steigerung des Schlachtgewichtes** (bei Rindern um 25 %, bei Schweinen um 14 %) sowie eine Steigerung der Milchleistung bei Kühen um etwa das Doppelte und ebenso eine Steigerung des Wollertrages bei Schafen. Diese Erfolge waren durch die Nutzung wissenschaftlicher Erkenntnisse bei der Tierzucht erreicht worden. Zur Erleichterung der Finanzierung des Fortschritts in der Landwirtschaft wurden seit der Mitte des 19. Jh. Genossenschaftsbanken gegründet. – Weitere Entwicklung der landwirtschaftlichen Nutzfläche: 1862 35,2 Mio. ha; 1913 34,8 Mio. ha; 1938 28,5 Mio. ha; 2001 17,3 Mio. ha (davon 68,2 % Ackerfläche). – Ab der zweiten Hälfte des 19. Jh. erfolgte die Erhöhung der landwirtschaftlichen Produktion durch **Steigerung der Hektarerträge** durch den Einsatz von Handelsdünger, durch Saatzucht sowie Maschineneinsatz und erst später durch die chemische Schädlingsbekämpfung. Die zusätzliche Düngung, welche besonders durch den Anbau der Hackfrüchte erforderlich geworden war, setzte in den 1860er Jahren ein und bezog sich auf die Stickstoffdüngung mittels Guano (eingeführt aus Peru; erst ab 1912 Düngesalze aus der Ammoniak-Synthese), auf die Kalidüngung (Abbau von Kalisalzen in Mitteldeutschland, später in Elsass-Lothringen und im Raum Hannover) und die Phosphordüngung (zunächst durch Knochenmehl, aber bald durch fein vermahlene Thomas-Schlacke als Nebenprodukt der Stahlerzeugung). Hinsichtlich des Maschineneinsatzes waren bereits vor dem 1. Weltkrieg Dresch-, Ernte- und Drillmaschinen weit verbreitet, während sich der Dampfpflug nicht durchsetzte. – Die Hektarerträge für Getreide (gemeinsame Kennziffer für Weizen, Roggen, Gerste, Hafer) stiegen von 4 dz (13./15. Jh.) über 5,5 dz (16./17. Jh.) und 7,5 dz (18. Jh.) auf 9 dz für Roggen bzw. 10 dz für Weizen (Anfang 19. Jh.). Zwischen 1850 und 1913 stieg der Hektarertrag von Weizen von 9-10 dz auf 22-23 dz, bei Roggen von 8-10 dz auf 18-19 dz. Im Jahre 2000 lag er für Roggen bei 50-60 dz. – Seit der Mitte des 19. Jh. war der **Anbau der Zuckerrübe** rentabel geworden, denn man hatte durch Züchtung den Zuckergehalt von 6 % (um 1830) über 9 % (um 1870) auf 17 % (um 1914) erhöht, und durch die Senkung der Eisenbahntarife war der billige Transport der Zuckerrüben zu den Verarbeitungszentren (Zuckerfabriken) möglich geworden. Ganze Regionen wurden vom Zuckerrübenanbau geprägt (z. B. Magdeburger Börde).

Die Industrialisierung

Um 1800 war Deutschland noch ein Agrarland mit ca. 60 % der Beschäftigten in der Landwirtschaft und ca. 20 % im gewerblichen

Bereich. Von Letzteren arbeiteten ca. 45 % im heimgewerblich organisierten Verlagswesen und nur etwa ca. 5 % in Manufakturen
oder Bergwerken. Nur wenige Gewerbe hatten Bedeutung erlangt
und prägten das Wirtschaftsleben ganzer Regionen oder einzelner Städte. So waren von den gewerblich Beschäftigten rund 20 %
im Textilgewerbe tätig, welches vor allem im ländlichen Raum
verlagsmäßig betrieben wurde. Das in den Städten in Zünften
organisierte Gewerbe orientierte sich im Wesentlichen auf die
örtliche Versorgung der Städte und ihres Umlandes, sodass es in
jeder Stadt in der Regel alle Gewerbe gab. Das auf den Fernhandel
ausgerichtete Exportgewerbe bediente sich hingegen vor allem
des Verlagssystems. Traditionelle Regionen des Textilgewerbes
waren Schlesien und Sachsen. Auch einzelne Städte, in denen
die Produktion bestimmter gewerblicher Güter konzentriert
war, entwickelten sich zu bedeutenden Exportgewerbezentren.
Voraussetzung dafür waren entsprechende Rohstoffvorkommen (Rohstofforientierung) oder das Vorhandensein einer auf
lange Tradition zurückgehenden Facharbeiterschaft (Arbeits-
orientierung). Dazu gehörte die Eisenindustrie, welche an das
Vorhandensein von Eisenerz, Holz (Holzkohle) und Wasserkraft
gebunden war und sich auf bestimmte Mittelgebirgsregionen
verteilte. Die wichtigsten Regionen waren Schlesien, Mitteldeutschland (Harz, Thüringer Wald, sächsisches Erzgebirge)
und Westdeutschland (Eifel, Hunsrück, Siegerland, Lahn). Daran
schlossen sich die Zentren für Metall- und Eisenwarenherstellung
an, die sich im Ruhrgebiet bzw. in Oberschlesien entwickelt
hatten. Unter den Städten waren besonders einige süddeutsche
Städte bedeutende exportorientierte Gewerbezentren. So kamen
aus Augsburg Erzeugnisse des Goldschmiedehandwerks, aus
Nürnberg Kunstgegenstände aus Holz und Elfenbein sowie Blei-
stifte und Spielwaren. Vor allem für den Export arbeiteten auch
die in verschiedenen Städten bestehenden Manufakturen für Lu-
xusartikel (z. B. Porzellan, Glas). – Seit dem 11./12. Jh. standen mit
der Erfindung der Wasser- und Windmühlen dem Gewerbe die
Wasser- und Windkraft als neue Antriebskräfte zur Verfügung.
Die Grundlage für die Wärmeenergie war vor allem Holz und in
viel geringerem Umfang die Kohle. Insbesondere die metallurgi-
sche Industrie war Großverbraucher für Holz. Bereits Anfang des

19. Jh. wurde das Holz knapp, was zur effektiveren forstlichen Nutzung der Wälder und zur wissenschaftlichen Ausbildung der Forstbeamten Anlass gab (1816 Gründung der bald international bekannten Forstakademie Tharandt bei Dresden durch Heinrich von Cotta). – Hinsichtlich der Straßen herrschten bis zum Beginn des 19. Jh. nahezu mittelalterliche Verhältnisse. Die Straßen waren aus heutiger Sicht schlecht oder gar nicht befestigte Feldwege. An einen Straßentransport billiger Massengüter war nicht zu denken. Daraus ergab sich die große Bedeutung der Binnenschifffahrt. Bedeutende Handels- und Gewerbestädte hatten sich deshalb nur an den Küsten sowie an schiffbaren Flüssen entwickeln können. Während man in Süddeutschland bereits in der 2. Hälfte des 18. Jh. einige Chausseen gebaut hatte, entstand in Preußen die erste feste Straße 1791/93 zwischen Potsdam und Berlin. Im Allgemeinen kam der Chausseebau erst in der napoleonischen Zeit aus militärischen Gründen in Gang.

Die **Industrialisierung**, d. h. die Zentralisierung und arbeitsteilige Organisation der Produktion in Großbetrieben, prägt seit dem 19. Jh. die Wirtschaft. Voraussetzung für die Industrialisierung war die Erfindung der Dampfmaschine in England, wodurch erstmals eine ortsunabhängige maschinelle Antriebskraft zur Verfügung stand, welche das Zeitalter der Industrialisierung einleitete. In Deutschland setzte die Industrialisierung im zweiten Jahrzehnt des 19. Jh. ein, kam Ende der 1830er Jahre in Gang, erlitt in der zweiten Hälfte der 1840er Jahre einen Rückschlag und bestimmte ab etwa 1850 in sprunghaft zunehmendem Maße die deutsche Wirtschaft. Während um 1800 5 % und 1835 erst 9 % der gewerblich Beschäftigten in der Industrie tätig waren, betrug dieser Anteil 1850 bereits 16 %, 1873 33 % und 1900 60 %.

Führungssektor der Industrialisierung wurde in Deutschland der **Eisenbahnbau**, gefolgt vom **Führungskomplex Kohle-Eisen-Stahl-Maschinenbau**. Als erste deutsche Ferneisenbahn wurde 1837/39 auf Anregung des Volkswirtschaftlers Friedrich List die Leipzig-Dresdner Eisenbahn gebaut. Die Streckenlänge der deutschen Eisenbahnen betrug 1840 noch nicht einmal 500 km (Transportleistung: 62 Mio. pkm [Personenkilometer], 3 Mio. tkm [Tonnenkilometer]), 1850 etwa 6000 km (783 Mio. pkm, 303 Mio. tkm) und 1870 etwa 20.000 km (4,4 Mrd. pkm, 5,9 Mrd. tkm), wodurch die Nachfrage nach Baumaterialien (Schienen, Schwellen usw.) sowie Betriebsmitteln (Lokomotiven, Waggons) anstieg und Arbeitsplätze geschaffen wurden (zunächst für den Bau und später für den Betrieb der Bahnen). Nutznießer waren der Steinkohlenbergbau, die Hüttenindustrie, der Maschinenbau usw. Während von den bis 1841 in Dienst gestellten 51 Lokomotiven nur eine in Deutschland hergestellt worden war, wurden in den 1850er Jahren nur noch in Ausnahmefällen Lokomotiven importiert. Bei Borsig in Berlin wurde 1854 bereits die 500. Lokomotive hergestellt. Schienen kamen aus den industriellen Führungsregionen des Ruhrgebietes und Oberschlesiens, die zunächst mit englischem Roheisen produzierten, aber im Laufe der 1850er Jahre in Kokshochöfen erschmolzenes eigenes Eisen einsetzten. – Erst die Eisenbahn erlaubte eine Vergleichmäßigung des Marktes, denn der Transport von Massengütern über größere Entfernungen war auf den Landstraßen schwer möglich. Durch eine deutliche Senkung der Frachttarife bewirkte die Eisenbahn eine zunehmende Markterweiterung und gab Wachstumsimpulse für andere Wirtschafts-Sektoren. Während dies zunächst nur die mittelwertigen Güter betraf, wurden ab den 1860er Jahren auch die geringwertigen Massengüter (z. B. Steinkohle) einbezogen, wodurch wiederum bis in die 1870er Jahre hinein eine sprunghafte Entwicklung der Eisenbahnen angeregt wurde. Dadurch verdrängte die schlesische Steinkohle bereits in den 1850er Jahren die englische Kohle vom mitteldeutschen Markt, und in den 1860er Jahren eroberte die Ruhrkohle den norddeutschen, aber auch den mitteldeutschen Markt, woraus sich Impulse für die technologische und organisatorische Modernisierung des Steinkohlenbergbaus ergaben (z. B. in den 1850er Jahren Durchsetzung der Tiefbautechnik im Ruhrgebiet). Zwischen 1848 und 1864 stieg die Zahl der Arbeiter in den deutschen Steinkohlerevieren (in Rheinland-Westfalen, an der Saar, in Sachsen und in Schlesien) auf knapp 100.000 und damit auf das Dreifache, wodurch sich die Kohlenförderung mehr als vervierfachte. Die drei wichtigsten deutschen Regionen der Kohlenförderung und damit der Montanindustrie (Schlesien, Rheinland-Westfalen, Saarland) gehörten zu Preußen.

Bereits früher als im Eisenbahnwesen wurde die Dampfmaschine in der Binnenschifffahrt eingesetzt (1822 Beginn der

Dampfschifffahrt auf dem Rhein; 1846 wurden fast alle deutschen Flüsse von insges. etwa 180 Dampfschiffen befahren).

Führungsregionen der Industrie: Das seit Jahrhunderten in Deutschland führende Textilgewerbe verlor besonders ab der Mitte des 19. Jh. schlagartig an Bedeutung. Demgegenüber wurden die Kohlereviere zu Führungsregionen und industriellen Ballungszentren, während einst durch die Textilindustrie vorindustriell geprägte agrarische Regionen ihre wirtschaftliche Bedeutung verloren. Von den traditionellen Zentren der Eisenerzeugung blieb unter Umstellung der Verhüttung von Holzkohle auf Koks nur die Roheisenerzeugung an Lahn, Dill und Sieg erhalten. Diese verloren jedoch an Bedeutung, weil man dazu überging, die Eisenerze aus Gründen der Transportminimierung in den Kohlerevieren zu verhütten. – Zur Führungsregion der Montanindustrie wurde **Oberschlesien** mit seinem schon seit dem Mittelalter betriebenen Erzbergbau, zu dem seit dem 18. Jh. der Kohlebergbau gekommen war. Obwohl sich die industriellen Interessen Preußens nach 1815 den neuen Provinzen Rheinland und Westfalen mit ihren vielversprechenden Bodenschätzen zuwandten, entwickelte sich Ost-Oberschlesien (im Dreieck Gleiwitz [Gliwice]-Tarnowitz [Tarnowskie Gory]-Myslowitz [Myslowice]) zur aufstrebenden Montanregion. Bald nach 1815 förderte man hier mehr Kohle als im Waldenburger Bergland (Niederschlesien). Zwischen 1815 und 1850 stieg die Kohlenförderung in Oberschlesien um das 9-Fache (um 1850 förderten 71 Gruben nahezu 1 Mio. t Kohle, das waren 29 % der preußischen Kohle, womit Oberschlesien in der Kohlenförderung den 2. Platz hinter Westfalen einnahm). Größer war die Leistung der oberschlesischen Hüttenindustrie (bereits 1828 erbrachten 40 Hüttenwerke 50 % der preußischen Eisenproduktion). 1827 baute man in Malpane [Ozimek] die erste gusseiserne Brücke Europas. Auch 1850 war Oberschlesien hinsichtlich der Zinkgewinnung noch führend in Preußen. Zur Deckung des Arbeitskräftebedarfs wurden Ausländer aus dem russischen Kongresspolen und dem österreichisch-ungarischen Galizien ins Land geholt (drei Einwanderungswellen zwischen 1865 und 1914). Aus Industriedörfern entwickelten sich in kurzer Zeit Städte (z. B. Kattowitz [Katowice], Hindenburg [Zabrze]). Königshütte [Krolewska Huta], einst nur eine zu einem nach 1800 errichteten Eisengusswerk gehörende Siedlung, war 1905 die zweitgrößte Stadt Schlesiens. Nachteilig erwies sich die verkehrsferne Lage Oberschlesiens zu den bedeutenden westdeutschen und westeuropäischen Märkten. Dies änderte sich mit der Schiffbarmachung der Oder (begonnen Ende des 18. Jh., abgeschlossen in den 1930er Jahren), dem Straßenbau (um 1790 Bau der sog. Kohlenstraße im Waldenburger Revier zum Oderhafen Maltsch), dem Bau von Kanälen (1812 Klodnitzkanal zwischen Gleiwitz und der Oder bei Cosel) sowie vor allem durch den Eisenbahnbau (erste schlesische Eisenbahnstrecke Breslau-Ohlau am 22.5.1842 eingeweiht; ab Oktober 1845 war das oberschlesische Industriegebiet mit Breslau verbunden; 1846 folgte die Herstellung der Eisenbahn-Verbindung mit Berlin, 1847 mit Leipzig und 1848 über Oderberg mit Wien, sodass bis zur Fertigstellung der Strecke Prag-Dresden (1851) die erste Eisenbahnverbindung Berlin-Wien quer durch Schlesien führte; bis 1848 Fertigstellung aller Hauptstrecken des innerschlesischen Eisenbahnnetzes), sodass Schlesien bereits 1847 mit 635 km über das längste Eisenbahnstreckennetz Preußens verfügte. Nach der Reichsgründung behauptete Oberschlesien seinen Platz als zweitgrößtes Industrierevier Deutschlands mit einer Steinkohlenförderung von 1850 0,9 Mio. t; 1870 5,8 Mio. t; 1913 43 Mio. t (von Letzteren waren nur 9 Mio. t im später Deutschland verbliebenen Teil Oberschlesiens gefördert worden). Vergleichsweise wurden 1914 in Niederschlesien 4,8 Mio. t gefördert. 1870 entfiel 80 % der deutschen Zinkerzeugung auf Oberschlesien. Auch die reichen Eisen-, Blei- und Kupferlagerstätten wurden ausgebeutet. 1910 erhielt Breslau neben der bereits bestehenden Universität eine Technische Hochschule (in Deutschland hatten damals nur noch Berlin und München neben der Universität eine TH). 1913 entstand die Jahrhunderthalle in Breslau. – Bis etwa zur Mitte des 19. Jh. hatte das **Ruhrgebiet** (Rheinisch-Westfälisches Industriegebiet) den Rückstand zu Oberschlesien aufgeholt und sich zur führenden Montanregion Deutschlands entwickelt. Früher dominierten hier die Landwirtschaft und das Textilgewerbe, und Kohle wurde in geringem Umfang im Tagebau gewonnen. Nachdem es gelungen war, 1838 im Tiefbau die Mergelschicht zu durchstoßen und damit verkokungsfähige Steinkohle zu fördern sowie 1849 der erste mit Koks betriebene Hochofen angeblasen wurde, begann der Aufschwung der Eisen- und Stahlindustrie im Ruhrgebiet. 1850 folgte die Einführung des Stahlformgusses. Bei der Stahlerzeugung löste man etwa 1862 das Puddel- durch das Bessemerverfahren ab und führte in den 1870er Jahren das Siemens-Martin- und das Thomas-Verfahren ein. Transportprobleme gab es nicht, denn der Rhein war ein idealer Schifffahrtsweg, und die Ruhr hatte man bereits 1772 schiffbar gemacht. 1847 wurde das Ruhrgebiet an das Eisenbahnnetz angeschlossen. Das Ruhrgebiet war das erste Montangebiet Deutschlands, wo man aus Gründen der Transportminimierung dazu überging, eingeführtes Eisenerz mit einheimischer Kohle zu verhütten (in Oberschlesien war beides vorhanden). Zur Deckung des Arbeitskräftebedarfs wanderte zwischen 1852 und 1871 etwa eine halbe Million Menschen ins Ruhrgebiet, den „wilden Westen Preußens", ein. Für Viele war dies eine Alternative zur Auswanderung nach den USA. Die Unternehmen, welche später Weltgeltung erlangen sollten, wurden bereits am Anfang des 19. Jh. gegründet, so in Essen eine Gussstahlfabrik durch Krupp (1811), in Sterkrade die „Gutehoffnungshütte" durch Haniel und in Wetter die Harkort-Werke (1818). Krupp begann 1843 mit der Herstellung von Gewehr- und Pistolenläufen und erhielt 1847 ein Patent auf Geschützrohre aus Gussstahl. Damit begründete er den Ruf der Krupp-Werke als „Waffenschmiede" Deutschlands, die mitunter aber auch Deutschlands Gegner belieferte. 1849 gab es im Rheinland und in Westfalen als Antriebsaggregate bereits 651 Dampfmaschinen, 1871 waren es 11.706. – 1890 nahm Deutschland mit seiner Stahlproduktion von 2,2 Mio. t den dritten Platz in der Welt ein (USA 4,3 Mio. t; England 3,6 Mio. t), 1900 bereits 6,6 Mio. t, wodurch England überholt wurde. – Zu einem weiteren Schwerpunkt entwickelte sich die vordem landwirtschaftlich geprägte **Saarregion**, die 1815 größtenteils an Preußen gekommen war und wo bereits seit 1750 der Kohlenabbau betrieben wurde. Ab 1870/71 verhüttete man hier das Eisenerz aus Lothringen. – Die **sächsisch-märkische Region** in Mitteldeutschland entwickelte sich im 19. Jahrhundert zum wichtigsten Zentrum der verarbeitenden Industrie. Deren nördlicher Teil um Berlin war ursprünglich durch die Textilindustrie geprägt, welche wesentlich zum wirtschaftlichen Aufstieg Preußens beigetragen hatte. Später kam der Maschinenbau hinzu (zunächst Textilmaschinenbau), der sich auf andere Zweige der metallverarbeitenden Industrie bis hin zur elektrotechnischen Industrie ausweitete. – Sachsen verfügte über eine beachtliche Tradition hinsichtlich des Bergbaus und des Hüttenwesens. So war in Freiberg bereits 1765 die erste montanwissenschaftliche Ausbildungsstätte und technische Hochschule der Welt gegründet worden (später „Bergakademie Freiberg"). Die Industrialisierung setzte in Sachsen bereits in den 1820er Jahren ein und betraf zunächst die Textilindustrie, dann aber vor allem den Maschinenbau und die sonstige metallverarbeitende Industrie. – Die **fränkisch-schwäbische Region** in Süddeutschland war schon seit Jahrhunderten gewerblich geprägt. Neben der weitverbreiteten Textilindustrie gab es hier auch städtische Gewerbezentren, wie Augsburg und Nürnberg. Im 19. Jh. entwickelte sich eine räumlich weitverzweigte Metallverarbeitungs- und Maschinenbauindustrie (z. B. die Maschinenfabrik Augsburg-Nürnberg MAN).

Die neuen Industrien: Nachdem die klassischen Sektoren der deutschen Industrien ihre Wachstumsdynamik in den 1870er Jahren weitgehend eingebüßt hatten, wurden die neuen Industrien (chemische, elektrotechnische und optische Industrie) zu weltmarktbestimmenden Wachstumsbranchen, in denen die Entwicklung von Hochtechnologieprodukten erstmals durch gezielte wissenschaftliche Forschung vorangetrieben wurde. Dafür standen in Deutschland gut ausgebildete Wissenschaftler, Ingenieure und Facharbeiter zur Verfügung. – **Elektroindustrie**: Ausgangspunkt war zunächst die Schwachstromtechnik mit der Telegrafie (zunächst für die militärische Nachrichtenübermittlung, dann für die Nachrichtenübermittlung zur Koordinierung des meist eingleisigen Eisenbahnbetriebes und später für den geschäftlichen und privaten Gebrauch). Noch in den 1840er Jahren mussten dafür die Komponenten aus England importiert werden. Es folgte das Telefon (1881 Eröffnung des ersten Orts-Fernsprechamtes in Deutschland). Parallel dazu begann mit der Starkstromtechnik eine neue industrielle Revolution. Zu diesem Zweck gründete man am 19.3.1883 in Berlin die Deutsche Edison-Gesellschaft (seit 1887 Allgemeine Elektrizitäts-Gesellschaft AEG), die 1885 das erste Starkstromnetz in Berlin in Betrieb nahm und mit Siemems & Halske in Berlin kooperierte. Ab den 1890er Jahren kamen Drehstrommotoren zum Einsatz, wodurch die ganztägige Auslastbarkeit der Elt-Netze sowie der Einzelantrieb von Maschinen und damit auch die Mechanisierung der Handwerksbetriebe möglich wurden. Bereits 1906 verbrauchte man in Deutschland mehr Elektroenergie für Elektromotoren als für Beleuchtungsanlagen. Die private Anwendung der Elektroenergie war bis zum 1. Weltkrieg allerdings noch zu kostspielig. 1881 erfolgte der Bau der ersten elektrischen Straßenbahn in Berlin-Lichterfelde durch Siemens & Halske. Die Kommunen beteiligten sich zögernd an der Elektrifizierung, solange diese sich zunächst nur auf die Beleuchtung bezog, die bereits durch die kommunalen Gaswerke abgedeckt war. – **Chemische Industrie**: Für die Herstellung der Grundchemikalien (Schwefelsäure, alkalische Stoffe, Chlor usw.) wurden neue, wirtschaftlichere Verfahren entwickelt. Mit der Herstellung synthetischer Farben (angeregt durch die Textilindustrie) auf der Grundlage von Steinkohlenteer begründete die deutsche Chemieindustrie ihre führende Stellung auf dem Weltmarkt. Die deutsche Farbenindustrie zeichnete sich durch ein überdurchschnittliches Wachstum aus und sicherte sich bereits in den 1880er Jahren einen Weltmarktanteil von 50 %, der um 1900 auf 90 % anstieg. Gegen Ende des 19. Jh. führten die bei der Farbenforschung gewonnenen Erkenntnisse zur Teerfarbenchemie und zur pharmazeutischen Industrie. – **Optische Industrie**: Obgleich hinsichtlich des Produktionsvolumens unbedeutend, erreichte die deutsche feinmechanisch-optische Industrie auf dem Weltmarkt nahezu eine Monopolstellung. Diese alte Branche durchlief im letzten Drittel des 19. Jh. analog der chemischen Industrie einen Verwissenschaftlichungsprozess, der zu revolutionierend neuen, konkurrenzlosen Hochtechnologieprodukten führte. Die Grundlage dafür bildete die seit 1884 betriebene Entwicklung geeigneter optischer Gläser. – **Autoindustrie**: Obwohl viele grundlegende Erfindungen in Deutschland gemacht wurden, blieb diese Branche bis zum 1. Weltkrieg unterentwickelt, weil in Deutschland der Markt für große Stückzahlen fehlte.

Aus einem gegenüber dem westeuropäischen Ausland rückständigen Agrarland entwickelte sich Deutschland im Verlauf der Industrialisierung zu einer der **wirtschaftlich führenden Industrie-Nationen der Welt**. Hatte um 1800 der Anteil der Beschäftigten in der Landwirtschaft (primärer Sektor) noch knapp zwei Drittel und im Gewerbe (sekundärer Sektor) nur knapp 20 % betragen, so waren es um 1850 in der Landwirtschaft nur noch etwa 55 % (Gewerbe etwas mehr als 25 %), Mitte der 1870er Jahre knapp unter 50 % und 1914 nur noch etwas mehr als ein Drittel (Gewerbe etwa 40 %). Die bedeutenden Einnahmen aus der Wirtschaft ermöglichten unabhängig von Rentabilitätsüberlegungen die Vergleichmäßigung des Straßen- und Eisenbahnnetzes über den provinziellen und kommunalen Finanzausgleich. In den 1870er Jahren betraf dies vor allem den Straßenbau, in den 1880er Jahren den Ausbau des Nebenbahn-Netzes und in den 1890er Jahren die Schaffung eines dichten Kleinbahnnetzes v. a. in den ländlichen Gebieten des dünnbesiedelten Ostens.

Export/Import: Anfang der 1830er Jahre bestand der deutsche Export zu zwei Dritteln aus Agrarprodukten sowie Rohstoffen und nur zu knapp einem Viertel aus Fertigwaren. Dies entsprach der Rückständigkeit der deutschen Wirtschaft gegenüber Deutschlands wichtigsten Handelspartnern Großbritannien, Belgien und Frankreich. Während die Exportüberschüsse des Zollvereins zunächst wuchsen, wurde die Handelsbilanz in den 1840er Jahren durch die für den Eisenbahnbau erforderlichen Importe schlagartig negativ, denn Schienen und Lokomotiven mussten zunächst fast ausnahmslos aus Großbritannien importiert werden, sodass sich der Import von Eisen und Stahl zwischen 1834 und 1844 verzehnfachte. Ab etwa 1860 war die Handelsbilanz trotz der Rohstoffimportabhängigkeit Deutschlands wieder ausgeglichen bzw. leicht positiv, dies vor allem wegen des Ansteigens der Fertigwarenexporte auf etwas mehr als 50 %. – Nach der Reichsgründung (1871) und der Gründerkrise (1873) trat Deutschland in die Periode der Hochindustrialisierung ein und wurde zu einem wichtigen Außenhandelspartner und zum ernsthaften Konkurrenten der Industrie-Nation England, der „Werkstatt der Welt". Seit etwa 1890 genügte der Inlandsmarkt nicht mehr, und Deutschland war zunehmend auf den Export angewiesen. In den 1880er Jahren stieg der deutsche Fertigwarenexportanteil auf 18 %, der 14 % der Weltproduktion an Fertigwaren ausmachte

(Anstieg am Anteil der Weltproduktion bis zum Beginn des 1. Weltkrieges auf 22 %; der Anteil Englands lag damals bei 27 %). Die höchsten Wertanteile am deutschen Export hatten Eisen, Eisenwaren, Maschinen, chemische Erzeugnisse, Zucker und Textilien. Die wichtigsten Handelspartner Deutschlands hinsichtlich des Exports waren Österreich-Ungarn und Großbritannien, hinsichtlich des Imports die USA (Weizen und Baumwolle) und Russland (Getreide und Holz). Der Handel mit den deutschen Kolonialgebieten spielte kaum eine Rolle.

Wirtschaftsstandort Deutschland: Gründe für den Erfolg des industriellen Nachzüglers Deutschland gegenüber dem Industrie-Pionier England waren niedrigere Lohnkosten in Deutschland (verbunden mit niedrigerem Lebensstandard), die Überlegenheit des deutschen Bildungssystems von der Facharbeiter- bis zur Ingenieurausbildung (daraus folgte eine Verwissenschaftlichung der Produktentwicklung, wodurch Deutschland in den Hochtechnologiebranchen des ausgehenden 19. Jh. einen höheren Weltmarktanteil als Großbritannien aufzuweisen hatte) und organisatorische Vorzüge deutscher exportorientierter Branchen (besonders auch hinsichtlich des Marketings). Die Aufhebung der staatlichen Genehmigungspflicht für Aktiengesellschaften (1870) erleichterte die Herausbildung von Großunternehmen in der Industrie und im Bankwesen. Im Kaiserreich verdreifachte sich die Zahl der Großunternehmen mit mehr als 1000 Beschäftigten (1907 waren im Durchschnitt knapp 14 % der Arbeiter in Großbetrieben beschäftigt, im Bergbau jedoch schon knapp 60 % bzw. in der Eisen- und Stahlindustrie schon knapp 75 %). 1913 befanden sich 59 % der Steinkohlenförderung in der Hand von 10 Unternehmen, 35 % der Roheisenproduktion in der Hand von 5 und 90 % der Farbenherstellung in der Hand von ebenfalls nur 5 Unternehmen. Hinzu kam die Ausschaltung der Konkurrenz durch Monopolisierung (Kartellbildung). Als Unternehmerorganisationen konstituierten sich die Handelskammern und die Unternehmerverbände.

Die sozialen Auswirkungen der Industrialisierung

Im Verlauf der Industrialisierung wurde die durch ständische Privilegien geprägte Feudalgesellschaft im Wesentlichen durch die vom Besitz an Kapitalgütern geprägte Marktgesellschaft abgelöst. Mit dem damit verbundenen Vordringen der Lohnarbeit kam es zur Herausbildung der Klasse der Fabrikarbeiter und damit zur Proletarisierung großer Teile der Bevölkerung, was harte Klassenkämpfe zur Folge hatte.

Die **Fabrikarbeiter** wurden hemmungslos ausgebeutet. Die durchschnittliche tägliche Arbeitszeit betrug um 1800 10 bis 12 Stunden, in den 1820er Jahren 12 bis 14 Stunden und in den 1830er Jahren 12 bis 16 Stunden, und dies an 6 bis 7 Tagen in der Woche. Erst nach 1871 wurde die Arbeitszeit reduziert. Selbst der Reallohn der wenigen Facharbeiter lag nahe am Existenzminimum. Familien ungelernter Arbeiter konnten nur durch Mitarbeit der Frauen und Kinder überleben. Kinder wurden vielfach schon ab dem fünften Lebensjahr mit zur Arbeit herangezogen und arbeiteten im Extremfall genauso lange wie die Erwachsenen. Weil weder die Unternehmer noch der Staat an einer Verbesserung der Arbeitsbedingungen Interesse zeigten, mussten sich die Lohnarbeiter selbst helfen. Nachdem es schon 1849 zu Zusammenschlüssen der Buchdrucker und Schriftsetzer sowie der Zigarrenarbeiter gekommen war, die man in der Zeit der Repression verboten hatte, kam es seit den 1860er Jahren, besonders aber seit der Liberalisierung des Koalitionsrechtes (1869), zur Gründung klassenkämpferischer **sozialistischer Organisationen** (Gewerkschaften; sozialdemokratische Parteien) sowie der **liberalen und christlichen Gewerkschaften**. Krankheit, Invalidität, Alter und Arbeitslosigkeit brachten die Lohnarbeiterfamilien oft hart an die Hungergrenze. Durch die politischen Aktivitäten der Sozialdemokratie und das „Drohpotenzial" der Gewerkschaften wurde der Druck auf die Regierung verstärkt, welche als repressive Maßnahme 1878 zunächst das Sozialistengesetz und als „kollektive Massenbestechung potenziell staatsfeindlicher Gruppen" in den 1880er Jahren die **Bismarckschen Sozialgesetze** erließ, wovon bis in die Zeit kurz nach 1900 zunächst nur die überwiegend politisch organisierten gewerblichen Arbeiter, nicht hingegen die noch stärker benachteiligten Landarbeiter (einschließlich des Gesindes) und die Heimarbeiter profitierten. Die Industrialisierung führte zu **katastrophalen Wohnverhältnissen** der Lohnarbeiter, weil Hauseigentümer und Bauspekulanten die Nachfrage nach Wohnraum ausnutzten (unangemessene Mietforderungen), sodass es zur Überbelegung von oft ungesunden Wohnungen kam. Viele Arbeiter konnten sich noch nicht einmal eine Wohnung in den sog. Mietskasernen leisten. Ledige Männer wurden oft in Massenquartieren untergebracht, die man Schlafhäuser nannte. Die Kommunen, in deren Vertretungen die Hauseigentümer das Sagen hatten, griffen hinsichtlich des Wohnungsproblems nicht ein. Punktuell brachte der Werkswohnungsbau von Großunternehmen eine Linderung (12 % der Einwohner von Essen sollen um 1900 in Werkswohnungen gewohnt haben, die v. a. von der Firma Krupp errichtet wurden).

Die Industrialisierung wirkte sich jedoch nicht nur auf die Arbeiterschaft aus, sondern auch auf **Handwerker**, kleinere Gewerbetreibende, Bauern usw. Um zu überleben, schlossen sich diese seit der Mitte des 19. Jh. in wirtschaftlichen Selbsthilfeorganisationen, den **Genossenschaften**, zusammen. Vorkämpfer des Genossenschaftswesens war Hermann Schulze-Delitzsch, der bereits in Delitzsch 1849 eine „Rohstoffgenossenschaft" (Einkaufsgenossenschaft) des Handwerks sowie 1850 eine „Vorschusskasse" (Kreditkasse) gründete. Friedrich Wilhelm Raiffeisen war der Gründer der deutschen landwirtschaftlichen Kreditgenossenschaften und schuf die typische Form der genossenschaftlichen Spar- und Darlehnskasse. – Selbsthilfeorganisationen der Arbeiterschaft waren die Konsumgenossenschaften.

6.2. Die Befreiung von der französischen Fremdherrschaft

Durch die totale militärische Niederlage Preußens war offenbar geworden, dass das Land nur eine Zukunft hatte, wenn das gesamte Staatswesen erneuert würde. Vordringlich mussten die Wirtschaft und die Staatsfinanzen in Ordnung gebracht werden, um den baldigen, an hohe Kontributionszahlungen gebundenen Abzug der französischen Besatzungstruppen zu erreichen und die Kriegsfolgen zu überwinden. – Die anstehenden **Reformen in Preußen** mussten darauf abzielen, die Bürger als freie und gleichberechtigte Partner an den politischen und wirtschaftlichen Entscheidungen zu beteiligen und damit deren Interesse zur Mitarbeit anzuregen, d. h. den Gemeinsinn und den Bürgersinn zu beleben. Um dies zu erreichen, war es vor allem erforderlich, die Privilegien des Adels einzuschränken bzw. ganz aufzuheben, die Leibeigenschaft der Bauern abzuschaffen und eine kommunale Selbstverwaltung aufzubauen. Die Wirtschaft konnte nur vorankommen, wenn die mittelalterlichen Zunftzwänge zugunsten der Gewerbefreiheit aufgegeben wurden. Die Rahmenbedingungen für alle diese Maßnahmen waren durch eine effektive Verwaltung mit einem leistungsfähigen Beamtentum zu schaffen. Jedem Bürger musste es möglich sein, durch Leistung in die höchsten Verwaltungsstellen aufzusteigen. Um Preußen auch politisch wieder Geltung zu verschaffen und vor allem die französische Fremdherrschaft abzuschütteln, waren Reformen der Heeresverfassung auf der Grundlage der Volksbewaffnung und damit der allgemeinen Wehrpflicht erforderlich, denn insbesondere die Missstände im Militärwesen hatten zur Niederlage Preußens gegen die aus der französischen Revolution hervorgegangenen Volksheere Frankreichs geführt. – Die Initiatoren der preußischen Reformbewegung waren Heinrich Friedrich Karl Reichsfreiherr vom und zum Stein und Karl August Fürst von **Hardenberg**. Die Heeresreform (1807-1814) war im Wesentlichen das Werk der Generale Gerhard von **Scharnhorst** und August Graf Neidhardt von **Gneisenau** sowie des Kriegsministers Hermann von **Boyen**. Die Bildungsreform wurde durch Wilhelm von **Humboldt** vorangetrieben. König Friedrich Wilhelm III. stand den Reformen abwartend gegenüber. Königin Luise förderte hingegen die Reformer.

Die Befreiungskriege

Der spanische Unabhängigkeitskrieg (1808), durch den die französischen Truppen in Spanien gebunden waren, gab das Signal zu Erhebungen in Österreich, Tirol und Norddeutschland gegen Napoleon. – **Österreichisch-Französischer Krieg**: Am 9.4.1809 erfolgte die Kriegserklärung Österreichs an Frankreich. Nach der Besetzung von Wien (13.5.1809) durch napoleonische Truppen und der Niederlage der Österreicher bei Wagram (5./6.7.1809) wurde der **Friede von Schönbrunn** (14.10.1809) geschlossen. Österreich hatte abzutreten: an Bayern Salzburg, Berchtesgaden, das Innviertel und die Hälfte des Hausruckviertels; an Italien Görz, Monfalcon, Triest, Krain, den Villacher Kreis sowie das Gebiet rechts der Save; an Sachsen, welches auf der Seite Napoleons gekämpft hatte, die böhmischen Enklaven in der Oberlausitz; an das Herzogtum Warschau, welches zum Großherzogtum erhoben wurde, Westgalizien, Krakau und den Zamoscer Kreis; an Russland einen Teil Ostgaliziens. Österreich musste sich der Kontinentalsperre anschließen, 85 Mio. Francs Kriegsentschädigung zahlen und sein Heer auf 150.000 Mann reduzieren. Damit war Österreich auf die Stufe einer zweitrangigen Macht herabgedrückt worden. – Der preußische König hatte es abgelehnt, zusammen mit Österreich gegen Napoleon vorzugehen. So kam es 1809 in **Norddeutschland** nur zu den erfolglosen Einzelaktionen des preußischen Majors Ferdinand von Schill und anderer. – Auch der **Tiroler Aufstand** unter Andreas Hofer wurde niedergeschlagen.

Im Russlandfeldzug (1812) erlitt Napoleon eine vernichtende Niederlage und verlor rund 96 % seiner „Großen Armee". Das preußische Hilfskorps der Großen Armee stand im Dezember 1812 in Ostpreußen. Der Kommandeur des Hilfskorps, Hans David Ludwig Graf Yorck von Wartenburg, schloss eigenmächtig mit dem russischen General Diebitsch die **Konvention von Tauroggen** (30.12.1812), worin sich die Preußen zur Neutralität verpflichteten. Der König wies diesen Vertrag zurück und wollte Yorck vor ein Kriegsgericht stellen. Dieser Vertrag wurde zum Fanal für die Befreiungskriege. Nach dem Abschluss des **russisch-preußischen Militärbündnisses von Kalisch** (26.2.1813) verdrängten am 4.3.1813 russische Truppen die Franzosen aus Berlin. Erst jetzt ließ sich König Friedrich Wilhelm III. von Preußen mitreißen, stiftete als Kriegsauszeichnung das Eiserne Kreuz (10.3.1813), erklärte Frankreich den Krieg (16.3.1813) und forderte in seinem „Aufruf an mein Volk" (17.3.1813) zur nationalen Erhebung auf. Ende März /Anfang April wurden in Preußen aus Freiwilligen nichtpreußischer Gebiete Freikorps aufgestellt, welche sich selbst ausrüsteten. Dazu gehörte das aus etwa 760 Mann bestehende **Lützow'sche Freikorps** des Majors Adolf Freiherr von Lützow, dem auch „Turnvater" Friedrich Ludwig Jahn sowie die Dichter Theodor Körner und Joseph Freiherr von Eichendorff angehörten. Dem Bündnis gegen Napoleon schlossen sich England

(14.6.1813) und Österreich (27.6.1813) an. Schweden hatte bereits am 23.3.1813 Frankreich den Krieg erklärt und am 22.4.1813 mit Preußen ein Bündnis geschlossen. Am 8.10.1813 ging Bayern auf die Seite der Verbündeten über. Seinen letzten großen Sieg in Deutschland errang Napoleon bei Dresden (26./27.8.1813). – Die Entscheidung fiel durch die Niederlage Napoleons in der **Völkerschlacht bei Leipzig** (16.-19.10.1813) gegen die Verbündeten unter dem preußischen Heerführer Gebhard Leberecht Blücher. An Toten und Verwundeten verloren die Verbündeten etwa 54.000 Mann (22.605 Russen, 16.033 Preußen, 14.958 Österreicher, 178 Schweden). – Am 30.3.1814 besetzten die Verbündeten Paris; am 6.4.1814 musste Napoleon abdanken und wurde auf die Insel Elba verbannt. Nach der Wiederherstellung des französischen Königtums (Ludwig XVIII.) schloss man am 30.5.1814 den **1. Frieden von Paris**, der den Fortbestand Frankreichs in den Grenzen vom 1.1.1792 zusicherte. Als bereits der Wiener Kongress tagte, kam Napoleon nach Frankreich zurück (1.3.1815). Endgültig geschlagen wurde er bei Waterloo (18.6.1815) durch die Engländer und die Preußen unter Wellington bzw. Blücher. Im **2. Frieden von Paris** (20.11.1815) wurde Frankreich auf die Grenzen von 1790 zurückgeführt.

6.3. Vom Wiener Kongress bis zur Reichsgründung (1815-1871)

Der Wiener Kongress und die Gründung des Deutschen Bundes

Nach dem Sturz Napoleons fanden sich die Fürsten und Staatsmänner Europas in Wien zusammen (1.11.1814 – 11.6.1815), um über eine territoriale Neugestaltung das Gleichgewicht der europäischen Großmächte wiederherzustellen. Dazu gehörte auch die Behandlung der deutschen Verfassungsfrage.

Die Ergebnisse dieser Friedenskonferenz wurden in der **Wiener Schlussakte** vom 9.6.**1815** zusammengefasst. Garantiemächte für dieses Abkommen waren Russland, England, Österreich und Preußen. Bekräftigt wurde die in Wien ausgehandelte europäische Friedensordnung durch die **„Heilige Allianz"**, eine am 26.9.1815 abgeschlossene, sehr allgemein gehaltene Vereinbarung zwischen Russland, Österreich und Preußen, der später außer England und dem Hl. Stuhl alle christlichen Monarchen Europas beitraten. Die Heilige Allianz beruhte auf den Grundsätzen der Legitimität sowie des Kräftegleichgewichts und hatte die Restauration der vorrevolutionären Staatenwelt zum Ziel. Später wurde die Heilige Allianz zum Synonym für die konservativ-reaktionäre Politik Metternichs.

Die für Deutschland wichtigsten **territorialen Bestimmungen** des Wiener Kongresses waren: Weil Russland den größten Teil des Großherzogtum Warschau beanspruchte, welches jetzt als Königreich Polen („Kongresspolen") mit Russland verbunden wurde, erhielt **Preußen** von jenen Gebieten, die es einst durch die Teilungen Polens erworben hatte, nur Westpreußen mit Danzig und der Festung Thorn sowie Gebiete um Posen zurück. Als Entschädigung für den Verlust der Gebiete in Polen erhielt Preußen 58 % des Staatsgebietes des Königreich Sachsen sowie am Mittel- und Niederrhein neben den schon zum altpreußischen Besitz gehörenden Ländern (außer Obergeldern, das jetzt zu den Vereinigten Niederlanden kam) u. a. noch die Herzogtümer Jülich, Berg und Westfalen, Kurtrier und Kurköln sowie Paderborn und Teile von Münster (diese Länder am Mittel- und Niederrhein wurden 1822 zur preußischen Rheinprovinz zusammengeschlossen). Für Abtretungen an das Königreich Hannover erhielt Preußen Schwedisch-Vorpommern (mit Stralsund, Greifswald und der Insel Rügen). **Österreich** verzichtete auf die österreichischen Niederlande (diese kamen zu dem jetzt gebildeten Königreich der Vereinigten Niederlande) und erhielt Tirol mit Vorarlberg, Salzburg sowie das Inn- und das Hausruckviertel von Bayern sowie die illyrischen Provinzen zurück. Mit dem Zugewinn der Lombardei und Venetiens erlangte es die Vorherrschaft in Oberitalien (dort wurden auch die habsburgischen Sekundogenituren in Toskana und Modena wiederhergestellt). Wiederhergestellt wurden von den deutschen Mittel- und Kleinstaaten **Hannover** (ab jetzt Königreich und vergrößert u. a. um das Bistum Hildesheim und Ostfriesland), das **Kurfürstentum Hessen-Kassel** (jetzt erweitert um den größten Teil des Bistum Fulda), **Oldenburg** (jetzt als Großherzogtum) sowie Braunschweig. Aufgelöst wurden hingegen das Königreich Westfalen sowie die Großherzogtümer Würzburg und Frankfurt. Das **Großherzogtum Baden** und das **Königreich Württemberg** behielten ihre Zugewinne aus napoleonischer Zeit. Bayern erhielt als Ausgleich für seine Gebietsabtretungen an Österreich die linksrheinische Pfalz, das Großherzogtum Würzburg sowie die mainzischen Gebiete um Aschaffenburg. Das **Großherzogtum Hessen-Darmstadt** erhielt für das Herzogtum Westfalen Rheinhessen (mit Mainz). Die Städte **Frankfurt a.M., Hamburg, Bremen** und **Lübeck** erhielten den Status Freier Städte. Insgesamt erlitt Deutschland Gebietsverluste. Als einziges 1806 mediatisiertes Fürstentum wurde **Hessen-Homburg** wiederhergestellt. **Luxemburg** wurde zum Großherzogtum erhoben und kam an den König der Niederlande, wurde jedoch Mitgliedsstaat des Deutschen Bundes.

Indem man die später zur Rheinprovinz zusammengeschlossenen Territorien sowie Westfalen an Preußen gegeben hatte, um am Rhein ein Gegengewicht zu Frankreich zu schaffen, war ein innerdeutscher Konflikt vorprogrammiert, denn das Staatsgebiet Preußens bestand jetzt aus zwei Landblöcken, zwischen denen eine Landbrücke fehlte.

Durch das Erleben der Fremdherrschaft und der Befreiungskriege war das Zusammengehörigkeitsgefühl der Deutschen größer geworden und sowohl patriotische Publizisten, wie Ernst Moritz Arndt und Joseph von Görres, aber auch Staatsmänner, wie von Stein und Wilhelm von Humboldt, forderten die nationalstaatliche Einheit Deutschlands. Entsprechende Verfassungspläne lagen vor. Der Wiener Kongress enttäuschte diese Hoffnungen.

Mit der Paraphierung der **Deutschen Bundesakte** am 8.6.1815 schlossen sich auf dem Wiener Kongress die 34 souveränen Fürsten und 4 Freien Städte Deutschlands zu einem „unauflösbaren" Bund zusammen, der den Zweck verfolgte, die „Erhaltung der äußeren und inneren Sicherheit Deutschlands und der Unabhängigkeit und Unverletzbarkeit der einzelnen deutschen Staaten" zu garantieren. Am 7.7.1817 kam als 39. Mitglied Hessen-Homburg hinzu. Die beiden bestimmenden Mächte im Bund, Preußen und Österreich, gehörten diesem **Deutschen Bund** nur mit jenen Gebieten an, die bis 1806 Teile des Alten Reiches gewesen waren. Außerdem gehörten dem Bund drei außerdeutsche Monarchen für ihnen unterstehende vormalige Reichsterritorien an, und zwar der König von Dänemark für Holstein und Lauenburg, der König von England für Hannover, der König der Niederlande für Luxemburg und Limburg.

Der Deutsche Bund war kein festgefügter Bundesstaat, sondern eine lockere völkerrechtliche Vereinigung souveräner Staaten. Die politische Zersplitterung Deutschlands wurde damit erneut festgeschrieben. Dadurch, dass es kein Bundes-Oberhaupt als Integrationsfigur gab und nur ein Gesamtorgan des Bundes akzeptiert wurde, war der Endpunkt in der Dezentralisation erreicht worden. Politische Vorteile hatten davon auf Dauer nur die beiden Großmächte Österreich und Preußen, die sich auf Kosten der deutschen Klein- und Mittelstaaten voll entfalten konnten.

Einziges Gesamtorgan des Deutschen Bundes war die **Bundesversammlung** (auch Bundestag genannt), ein in Permanenz unter dem Vorsitz der Präsidialmacht Österreich in Frankfurt a.M. tagender Gesandten-Kongress. Nach außen besaß der Bund Gesandten- und Vertragsrecht. Die einzelnen Bundesstaaten hatten das Bündnisrecht, nur durften keine Bündnisse geschlossen werden, die sich gegen den Bund oder einzelne Bundesstaaten richteten, und im Kriegsfall durften sie keine Sonderverhandlungen führen.

Indem der Wiener Kongress durch die Ausstattung Preußens mit der späteren Rheinprovinz dessen Großmachtstellung bestätigt hatte, war der Deutsche Bund vom Dualismus zwischen den beiden im Bund vertretenen Großmächten Österreich und Preußen geprägt. Österreich nutzte den Bund zur Eindämmung liberaler und nationaler Bewegungen sowie zur Einflussnahme auf die Klein- und Mittelstaaten. Preußen nutzte den Bund zur Zurückdrängung des österreichischen Einflusses sowie für Verhandlungen mit den anderen Staaten, was z. B. zur Begründung des Deutschen Zollvereins führte.

Das Gesandtschaftsrecht und das Bündnisrecht des Bundes wurden kaum wahrgenommen. Die Großmächte zeigten daran kein Interesse, denn sie verfolgten eigene Ziele und waren an einer Stärkung der Autorität des Deutschen Bundes nicht interessiert.

Durch das Bundesgesetz über die Kriegsverfassung des Deutschen Bundes vom 9.4.1821 wurde ein in 10 Armeekorps gegliedertes und aus Kontingenten der Bundesstaaten bestehendes **Bundesheer** aufgestellt, welches niemals zum Einsatz gekommen ist.

Die umfangreichsten Aktivitäten betrafen die **innere Politik**. Der Deutsche Bund wurde unter dem Einfluss des österreichischen Staatskanzlers Clemens Fürst von Metternich zum Vollstrecker der Restaurationsidee. Dies bezog sich vor allem auf die Unterdrückung der demokratisch-liberalen sowie der nationalen deutschen Bewegung, mit denen der Bund von Anfang an konfrontiert war. Dieser Bund scheute sich dabei nicht, in die Souveränitätsrechte der Bundesstaaten einzugreifen.

Der Entwicklung des Deutschen Bundes zu einem Nationalstaat standen die Souveränität der Bundesmitglieder sowie die Interessen Österreichs und Preußens entgegen.

Der Deutsche Bund beruhte auf dem gegenseitigen Einvernehmen von Österreich und Preußen. Als daher der Bundestag auf Antrag Österreichs am 14.6.1866 die Mobilisierung des Bundesheeres gegen Preußen beschloss, trat Preußen vom Bundesvertrag zurück, dessen Auflösung von Österreich im Prager Frieden vom 23.8.1866 anerkannt wurde.

Der Deutsche Zollverein

Größtes Interesse an einer Überwindung der wirtschaftlichen Zersplitterung hatte Preußen, denn seine Kernlande waren durch das Königreich Hannover sowie durch Kurhessen von seinen Westprovinzen getrennt. Auch Bayern hatte entsprechende Probleme, denn zwischen dessen Kernland und der bayerischen Pfalz erstreckten sich die Großherzogtümer Baden und Hessen-Darmstadt. Die Binnenzölle hatten Bayern und Preußen bereits 1808 bzw. 1818 aufgehoben.

Die Initiative zur Schaffung eines einheitlichen Wirtschaftsraumes ergriff Preußen, indem es hohe Durchgangszölle von jenen Staaten erhob, die innerhalb des preußischen Gebietes lagen. Diese schlossen sich daraufhin zwischen 1819 und 1828 dem preußischen Zollgebiet an. Am 14.2.1828 schloss Preußen einen Zollvertrag mit Hessen-Darmstadt (**Preußisch-Hessischer Zollverein**). Bereits am 18.1.1828 hatten Bayern und Württemberg eine Zolleinigung erreicht. Am 24.9.1828 schlossen sich

17 mitteldeutsche Staaten (darunter Sachsen und Kurhessen) zum **Mitteldeutschen Handelsverein** zusammen. Letzterer zerfiel, nachdem sich der **Bayerisch-Württembergische Zollverein** durch ein Sonderabkommen (27.5.1829) dem Preußisch-Hessischen Zollverein angenähert hatte, Kurhessen am 25.8.1831 Letzterem beigetreten war und die Herzöge zweier thüringischer Kleinstaaten (Meiningen; Gotha) bereits am 3.7. bzw. 4.7.1829 mit Preußen ein Abkommen über den Bau einer von Preußen subventionierten zollfreien Straße durch ihr thüringisches Gebiet abgeschlossen hatten, welche das norddeutsche mit dem süddeutschen Zollgebiet verbinden sollte. Nach vollständiger Einigung mit den süddeutschen Staaten durch Vertrag vom 22.3.1833 konnte schließlich der **Deutsche Zollverein** am 1.1.**1834** ins Leben treten, darunter auch Sachsen sowie die thüringischen Staaten, die sich noch 1833 anschlossen hatten. Ab 1835 erfolgte der Beitritt weiterer deutscher Staaten. – Mit dem Deutschen Zollverein war ein **einheitliches deutsches Wirtschaftsgebiet** entstanden, welches die Voraussetzung für die Entwicklung der deutschen Wirtschaft und deren Integration in die seit der Wende vom 18. zum 19. Jh. rasch expandierende und von England dominierte Weltwirtschaft darstellte. Indem Preußen dafür Sorge trug, dass Österreich außerhalb des Zollvereins blieb, wurde mit der Bildung des Deutschen Zollvereins die nationalstaatliche Einheit Deutschlands unter der Führung Preußens vorbereitet.

Die **Zollpolitik** des Zollvereins war zunächst auf Initiative Preußens freihändlerisch-liberal, denn die Rohstoffeinfuhr blieb weitgehend zollfrei, und für importierte Manufaktur- und Fabrikwaren wurde auf einen Zollsatz von 10 % orientiert. Luxus- und Kolonialwaren, wie Kaffee, Zucker, Tabak und alkoholische Getränke, wurden hingegen im Sinne einer verdeckten Verbrauchersteuer mit 30 % und mehr verzollt und machten bis zu 70 % der preußischen Einfuhrzolleinnahmen aus. Nur in Ausnahmefällen gab Preußen dem Drängen vor allem von Bayern und Württemberg nach und verhängte höhere Schutzzölle (z. B. 1844 für Roheisen- und 1846 für Garn-Importe). – Nach der Reichsgründung erfolgte eine Wende zur Schutzzollpolitik.

Mit der Gründung des Deutschen Reiches endete der Vertrag des Deutschen Zollvereins. Die Freien Städte Bremen und Hamburg, welche nicht dem Deutschen Zollverein angehört hatten, traten erst 1885 bzw. 1888 dem Zollgebiet des Deutschen Reiches bei.

Vom Wiener Kongress bis zur Märzrevolution (1815-1848)

Der Deutsche Bund hatte die verfassunggebende Tätigkeit der einzelnen Bundesländer angeregt. Zu den daraufhin verabschiedeten Verfassungen gehörten die **Verfassungen** von Nassau (September 1814), Bayern (Mai 1818), Baden (August 1818), Württemberg (September 1819) und Hessen-Darmstadt (Dez. 1820). Diese Verfassungen wurden erlassen, um in den neuen, meist aus mehreren Territorien zusammengefügten Staatsgebieten die Herausbildung des **Staatsbewusstseins** zu fördern. In den meisten Bundesländern blieben die alten landständischen Verfassungen im Wesentlichen erhalten. Österreich und Preußen entwickelten sich hingegen nicht zu Verfassungsstaaten.

Die Auswirkungen der Französischen Revolution, der preußischen Reformen und der Erhebung gegen Napoleon hatten zwar einen **geistigen und politischen Gärungsprozess** in Gang gebracht, der überwiegende Teil der Bevölkerung stand jedoch angesichts wirtschaftlich-existenzieller Sorgen den politischen Entwicklungen bald wieder gleichgültig gegenüber. Träger des liberal-freiheitlichen und nationalen Gedankengutes blieb hingegen die akademische Jugend, welche in den Freikorps und den freiwilligen Jägerkorps gegen die napoleonische Fremdherrschaft gekämpft hatte und nun wieder in die Hörsäle zurückgekehrt war. Von der politischen Entwicklung waren die Studenten grenzenlos enttäuscht. Um wenigstens im Rahmen der Universitäten der Idee von einem einheitlichen Vaterland Ausdruck zu verleihen, sollten die Studenten in Deutschland künftig nur einer studentischen Verbindung angehören. So schlossen sich an der Universität Jena die bis dahin landsmannschaftlich organisierten Studenten zur sog. **„Burschenschaft"** (12.6.1815) zusammen, deren Farben Schwarz-Rot-Gold waren und auf die Uniformfarben des Lützower Freikorps zurückgingen (schwarzer Rock mit roten Aufschlägen und goldenen Knöpfen), aber auch als die Farben des Alten Reiches galten. Von Jena breitete sich die Burschenschaft vor allem auf die süd- und mitteldeutschen

Universitäten aus. Die Burschenschaftler bekämpften die als roh empfundenen alten Studentenbräuche und bekannten sich zu christlich-vaterländischen Idealen, die im Bekenntnis zur Einheit der deutschen Nation gipfelten.

Erste gemeinsame Kundgebung der Burschenschaftler war das **Wartburgfest** (17./18.10.**1817**). Den äußeren Anlass dazu bildeten das 300-jährige Jubiläum der Reformation bzw. das vierjährige Jubiläum der Völkerschlacht bei Leipzig als Symbole des freien Gedankens bzw. der Befreiung des Vaterlandes.

Am 18.10.1818 begründeten die Vertreter der Burschenschaften von 14 deutschen Universitäten in Jena die **„Allgemeine deutsche Burschenschaft"**. Als Farben für das zu tragende Brustband übernahm man Schwarz-Rot-Gold. Diese Farben wurden in der Zeit des Vormärz (vom Wiener Kongress 1815 bis zur Märzrevolution 1848) zum Symbol der deutschen Einheit.

Durch das Wartburgfest war **Fürst Metternich** auf das vermeintlich revolutionäre Treiben der Studenten aufmerksam geworden, in dem er zu Unrecht das Wirken von deutschlandweiten Geheimbünden vermutete. Dieser Eindruck verstärkte sich, als am 23.3.1819 der Jenaer Theologiestudent Karl Ludwig Sand den Schriftsteller August von Kotzebue, der in seinen Schriften die Burschenschaft der Lächerlichkeit preisgegeben hatte, erdolchte.

Metternich sah jetzt die einmalige Gelegenheit gekommen, die nationale und liberale Bewegung niederzuwerfen und den Ultraliberalismus auszurotten. Als deren Urheber sah Metternich die Professoren und Studenten sowie die eben in Süddeutschland eröffneten Landtage. Die allgemeine **Furcht vor einer Revolution**, die an den Fürstenhöfen herrschte, kam Metternichs Plänen entgegen. Die Grundlage zur Überwachung der Universitäten und zum Vorgehen gegen missliebige Personen (sog. Demagogenverfolgungen) wurden die **Karlsbader Beschlüsse**, welche am 20.9.**1819** vom Bundesrat einstimmig bestätigt wurden. Seitdem wurde der Deutsche Bund endgültig und fast ausschließlich zum Instrument der Unterdrückung der liberalen und nationalen Bewegung. Unter den **Demagogenverfolgungen** hatten viele Intellektuelle zu leiden (z. B. Ernst Moritz Arndt, Wilhelm von Humboldt, Friedrich Ludwig Jahn, Friedrich Schleiermacher). Insbesondere Preußen entwickelte sich zum Polizeistaat.

Während es in den 1820er Jahren in Südeuropa von Spanien bis nach Griechenland zu ersten revolutionären Erhebungen kam, blieb es in Deutschland dank der Metternichschen Innenpolitik äußerlich ruhig. Man lebte in einem Polizeistaat und richtete sich in diesem ein. Der deutsche Bürger zog sich in die häusliche Beschaulichkeit und Geborgenheit zurück, was im Lebensstil des Biedermeier seinen Ausdruck fand.

Als Folge der **Juli-Revolution** (1830) in Frankreich kam es zum ersten gesamteuropäischen Aufbegehren der liberalen und nationalen gesellschaftlichen Kräfte gegen die polizeistaatliche Unterdrückung. In Deutschland wirkte sich dies nur in wenigen, örtlich begrenzten Unruhen aus, die ihre Ursache in lokalen Zwistigkeiten hatten und damit nur sehr begrenzte Ziele verfolgten (z. B. Herrscherwechsel in Braunschweig; Verfassungsreformen in Kurhessen und Hannover; Übergang zur konstitutionellen Monachie im Königreich Sachsen).

Obwohl das System der Restauration unangetastet blieb, war die Zeit nach der Juli-Revolution politisch unruhiger und geistig bewegter als zuvor. Dies fand vor allem in der politischen Publizistik seinen Niederschlag. – Ausdruck der jetzt permanenten politischen Unruhe war das **Hambacher Fest** (27.5.-30.5.**1832**) auf dem Hambacher Schloss bei Neustadt an der Haardt, eine Massenkundgebung (etwa 30.000 Teilnehmer) demokratischer und liberaler Kreise, an der neben Mitgliedern der 1819 verbotenen Burschenschaft vor allem Bürger und Handwerker, aber auch Arbeiter teilnahmen. Proklamiert wurden unter anderem die Volkssouveränität und die „Vereinigten Freistaaten Deutschlands" in einem „konföderierten republikanischen Europa". – Die Radikalisierung der Bewegung unter dem Einfluss länderübergreifend operierender Geheimbünde zeigte sich im **Sturm auf die Frankfurter Hauptwache** (3.4.1833), welcher von der Burschenschaft ausging und dem eine Attacke auf den Bundestag folgen sollte. – Diese Ereignisse, insbesondere das Hambacher Fest, nahm Metternich zum Anlass, den Deutschen Bund gegen diese revolutionären Umtriebe zu aktivieren, welcher daraufhin am 28.6./5.7.1832 Maßnahmen zur weiteren Einschränkung die Presse-, Vereins- und Versammlungsfreiheit ergriff. Als sich in Baden die Professoren Karl Wenzeslaus von Rotteck und Karl

Theodor Welcker dagegen empörten, kam es zur zeitweiligen Schließung der Universität Freiburg und zur Entlassung der beiden Professoren. – Nachdem in Hannover am 1.11.1837 im Zuge eines Thronwechsels die Verfassung außer Kraft gesetzt worden war, protestierten sieben Professoren der Göttinger Universität dagegen und wurden daraufhin am 14.12.1837 entlassen. Zu diesen **„Göttinger Sieben"** gehörten die Germanisten Jakob und Wilhelm Grimm. Die öffentliche Meinung stellte sich auf die Seite der Gemaßregelten, was wesentlich zur Verbreitung liberalen Gedankengutes und zur Begründung des Einflusses deutscher Professoren auf die Politik beitrug.

Nach dem Tode Friedrich Wilhelms III. kam dessen ältester Sohn als **Friedrich Wilhelm IV.** von Preußen (1840-1861) auf den Thron. Er war geistig und künstlerisch hochbegabt, aber sprunghaft in seinem Charakter und neigte zu mystisch-romantischen Auffassungen (der „Romantiker auf dem Thron"). Die Liberalen setzten große Hoffnungen auf ihn, zumal er die Zensur lockerte sowie Ernst Moritz Arndt und Ludwig Jahn, die Opfer der Demagogenverfolgungen geworden waren, rehabilitierte. Hinsichtlich einer Verfassungsreform ging es in Preußen jedoch nicht voran.

Die Märzrevolution

Die Impulse hierzu gingen von den Februar-Ereignissen in Paris aus. Zur ersten Aktion in Deutschland kam es am 27.2.1848 in Mannheim. Im März 1848 breitete sich die Revolution auf ganz Deutschland aus.

Bereits in Mannheim hatte sich der zugleich nationale als auch liberal-demokratische Charakter dieser Revolution gezeigt, deren Ziele darin bestanden, die nationalstaatliche Einheit Deutschlands herzustellen (Umwandlung des Deutschen Bundes in einen Bundesstaat) und für diesen Staat eine konstitutionell-liberale Verfassung durchzusetzen. Die Ablösung der Monarchie durch eine Republik mit einer liberal-demokratischen Verfassung wurde zwar durch eine Minderheit radikal-demokratischer Kräfte vertreten, hatte aber unter den gegebenen politischen Verhältnissen kaum Aussicht auf Erfolg. Das Kampfprogamm der Kommunisten, das 1847 im Auftrag des „Bundes der Kommunisten" von Karl Marx und Friedrich Engels ausgearbeitete „Manifest der

Kommunistischen Partei" (Kommunistisches Manifest), wurde zwar bereits im Frühjahr 1848 als Flugschrift veröffentlicht, und deren Verfasser hatten auch den Ausbruch der Revolution vorausgesehen, es entfaltete jedoch nur eine geringe Wirkung, denn in Deutschland fehlte noch das Industrieproletariat.

Hinsichtlich des Verlaufs der Revolution wichen die Landesfürsten nach anfänglicher Konfrontation mit den revolutionären Kräften zunächst zurück, verlegten sich aufs Verhandeln, setzten liberale Ministerien, die sog. **Märzministerien**, ein und beriefen verfassunggebende Versammlungen. Inzwischen formierten sich konservative Gegenbewegungen, und man konnte bereits Ende 1848 zurückschlagen. Zu militärischen Auseinandersetzungen kam es besonders dort, wo in den Randgebieten im Rahmen dieser sozialen Revolution nationale Konflikte, hervorgerufen durch das erwachende nationale Bewusstsein der nichtdeutschen Völker, ausgetragen wurden, so in den meisten Teilen Österreichs (vor allem in Ungarn und Böhmen), in Posen sowie in Schleswig. Als die Frankfurter Nationalversammlung mit ihrem Verfassungswerk gescheitert war, versandeten die revolutionären Aktivitäten bzw. die Aufstände zur Durchsetzung der Reichsverfassung wurden blutig niedergeschlagen.

Österreich: Zu den Trägern der revolutionären Bewegung wurden Studenten sowie der Demokratische Verein, zu dessen Anhängern auch Arbeiter gehörten. Erster Erfolg der sich immer mehr radikalisierenden revolutionären Bewegung war der Rücktritt des Staatskanzlers Fürst von Metternich (13.3.1848). Im Mai verließ Kaiser Ferdinand I. Wien. Aufstände in Böhmen und Italien wurden militärisch niedergeschlagen. Am 22.7.1848 eröffnete man in Wien einen konstituierenden Reichstag. Als das Militär auch einen zweiten Aufstand in Wien niederschlug (26.-31.10.1848), wurde der von der Frankfurter Nationalversammlung nach Wien entsandte sächsische liberale Abgeordnete Robert Blum unter Mißachtung seiner Immunität verhaftet und am 9.11.1848 standrechtlich erschossen. Kaiser Ferdinand I. hatte sich der revolutionären Situation als nicht gewachsen gezeigt. Man legte ihm nahe abzudanken. Ferdinand I. verzichtete am 2.12.1848 zugunsten seines 18-jährigen Neffen, der als Kaiser Franz Joseph I. die Herrschaft übernahm, auf den Thron.

Preußen: Seit dem 14.3.1848 führten zunehmende Unruhen in Berlin zu Zusammenstößen mit dem Militär; es gab Todesopfer. Am 18.3.1848 kam es zu einer Massenversammlung vor dem Berliner Schloss, deren Zweck unklar geblieben ist. Als der Schlossplatz durch das Militär geräumt wurde, lösten sich einige Schüsse. Das Volk fühlte sich vom König verraten; der Straßen- und Barrikadenkampf begann und forderte am 18./19.3.1848 etwa 250 Todesopfer. Um die Lage zu retten, erließ der König in der Nacht vom 18.3. zum 19.3.1848 die Proklamation „An meine lieben Berliner", in welcher er bei Aufgabe des Barrikadenkampfes den Abzug der Truppen zusagte, was auch befolgt wurde. Nachdem die vorbereitete Flucht des Königs nach Potsdam nicht geglückt war, musste sich dieser am 19.3.1848 entblößten Hauptes vor den Opfern der Barrikadenkämpfe, den Märzgefallenen, die man auf den Schlosshof gebracht hatte, verneigen. Am 29.3.1848 berief der König ein liberales Ministerium und musste zwecks Ausarbeitung einer Verfassung eine aus allgemeinen und gleichen Wahlen hervorgegangene Versammlung (Berliner Nationalversammlung) zulassen, die am 22.5.1848 zusammentrat und in der radikale Männer der demokratischen Linken schließlich den Ton angaben. Als der Verfassungsentwurf nach radikal-demokratischen Grundsätzen modifiziert worden war, setzte der König ein konservatives Ministerium ein, löste die Nationalversammlung am 5.12.1848 auf und verordnete am selben Tage überraschenderweise eine liberal-konstitutionelle Verfassung.

Frankfurter Nationalversammlung: Inzwischen war der Bundestag des „Deutschen Bundes" in Frankfurt durch Vertreter der Märzregierungen der einzelnen Bundesstaaten besetzt worden, konnte sich aber hinsichtlich einer Revision der Bundesverfassung nicht durchsetzen. Die Führung in dieser Angelegenheit übernahm das vom 31.3.-3.4.1848 in Frankfurt tagende Vorparlament, welches sich aus über 500 Vertrauensmännern aus den deutschen Staaten zusammensetzte, die ohne direktes Mandat waren. Das Vorparlament beschloss die Wahl einer gesamtdeutschen Nationalversammlung, deren Vertreter aus allgemeinen, gleichen und direkten Wahlen hervorgehen sollten und welche am 18.5.1848 in der Paulskirche in Frankfurt/Main zusammentrat. Bald bildeten sich politische Gruppierungen, aus denen später die politischen Parteien hervorgingen. Die Nationalversammlung hatte sowohl einen nationalen Staat als auch eine bürgerlich-konstitutionelle Verfassung zu schaffen. Das Parlament beschloss am 28.6.1848 die Auflösung der Bundesversammlung. Eingeleitet wurde die Bildung einer provisorischen Zentralgewalt am 29.6.1848 mit der Wahl des Erzherzogs Johann von Österreich zum Reichsverweser, der am 15.7.1848 ein Reichsministerium einsetzte. Reichsverweser und Reichsministerium gewannen jedoch keine Autorität. Die Nationalversammlung übertrug einem Verfassungsausschuss die Ausarbeitung einer nationalstaatlichen Verfassung mit der Garantie bürgerlich-liberaler Grundrechte. Diese **Reichsverfassung** wurde am 27./28.3.1849 verabschiedet und sah ein gesamtdeutsches Reich im Umfang des Deutschen Bundes vor. Hinsichtlich des Reichsoberhauptes mit der Würde eines erblichen „Kaisers der Deutschen" einigte man sich auf König Friedrich Wilhelm IV. von Preußen, der es jedoch am 3.4.1849 ablehnte, die Kaiserkrone aus der Hand von Revolutionären anzunehmen. Damit war die Frankfurter Nationalversammlung mit ihrer Verfassungspolitik gescheitert. Das Parlament löste sich auf. Die linken Abgeordneten proklamierten den Aufstand für die Durchsetzung der Reichsverfassung und gingen am 30.5.1849 als Rumpfparlament nach Stuttgart (gewaltsam aufgelöst durch die württembergische Regierung am 18.6.1849). Reichsverweser und Reichsregierung traten am 20.12.1849 zurück und übertrugen ihre Befugnisse einer österreichisch-preußischen Bundeskommission. Die im Mai 1849 von radikal-demokratischen Kräften zur Durchsetzung der Reichsverfassung organisierten Aufstände in Sachsen, in der Pfalz und in Baden wurden durch preußisches Militär blutig niedergeschlagen. Baden blieb bis 1851 durch preußische Truppen besetzt.

Die **Revolution von 1848/49 war gescheitert.** Mit diesem für die liberalen Kräfte deprimierenden Ausgang der Revolution hatte das Bürgertum die Zuversicht verloren, jemals aus eigener Kraft seine nationalen Ziele zu erreichen. Das Bürgertum betätigte sich in den folgenden Jahrzehnten hingegen sehr erfolgreich in wirtschaftlicher und kultureller Hinsicht, die Herstellung der nationalstaatlichen Einheit Deutschlands überließ es jedoch den monarchistischen Kräften.

Trotzdem zeigte die Revolution Langzeitwirkung, denn die Diskussionen in den während der Revolutionszeit gegründeten politischen Vereinen, zu denen auch Arbeitervereine gehörten, hatten zur politischen Meinungsbildung auf breiter Basis beigetragen und zur Formierung politischer Gruppierungen geführt, aus denen sich später die politischen Parteien entwickelten.

Zwischen Märzrevolution und Reichsgründung

Nach der gescheiterten Revolution von 1848/49 kehrten die meisten deutschen Einzelstaaten sowie der Deutsche Bund zur vorrevolutionären Rechtsordnung zurück. Einzige Ausnahme blieb das Großherzogtum Baden, wo der seit 1852 regierende Friedrich I. den liberalen Regierungskurs, der bereits vor der Revolution in Baden praktiziert worden war, wieder aufnahm, sodass Baden zum „liberalen Musterland" wurde.

In **Preußen** wurde die am 5.12.1848 verordnete Verfassung, welche noch liberale Züge aufgewiesen hatte, durch das neue Wahlgesetz vom 30.5.1849 revidiert, welches für die Zweite Kammer der Ständevertretung (Landtag) das Dreiklassenwahlrecht festlegte, welches bis 1918 galt. Am 31.1.1850 trat diese revidierte Verfassung in Kraft. Die Erste Kammer der Ständevertretung bildete man mit königlicher Verordnung vom 12.10.1854 in das vom Adel beherrschte sog. „Herrenhaus" um. – Getragen wurde dieser Prozess der Reaktion besonders in Preußen von der staatlichen Bürokratie, welche ihre ehemals fortschrittlich-liberalen Züge verloren hatte. In Preußen kam auch der feudal-junkerliche Einfluss wieder verstärkt zur Geltung, und mit Ausnahme der Patrimonialgerichtsbarkeit wurden viele gutsherrschaftliche Rechte wiederhergestellt.

In **Österreich** nahm man die Verfassung von 1849 am Silvestertag 1851 zurück. Die Einheit des Landes wurde ohne Rücksicht auf nationale Sonderinteressen wiederhergestellt. Mittel dazu waren ein bürokratisch-zentralistisches System sowie als Bindeglied zwischen den auseinanderstrebenden Nationen eine Widerspruch hervorrufende Bevorzugung des Deutschtums. Erst nach der Niederlage Österreichs gegen die nationale Befreiungsbewegung in Italien (1859) bemühte man sich im Rahmen verschiedener Verfassungsexperimente um einen Ausgleich.

Der **Bundestag** des Deutschen Bundes nahm am 2.9.1850 auf Initiative Österreichs gegen den Willen Preußens seine Tätigkeit wieder auf. Hatte es vor der Revolution noch eine konstruktive Zusammenarbeit zwischen Österreich und Preußen im Bundestag gegeben, so traten jetzt die Interessengegensätze zwischen diesen beiden Mächten offen zutage. Durch die Konfrontation der beiden Großmächte wuchs die Bedeutung der mittleren und kleineren Bundesstaaten, die von den beiden Großen umworben wurden und sich jetzt bemühten, im Bundestag als dritte Kraft politisch eine Rolle zu spielen.

In **Preußen** übernahm anstelle des schwer erkrankten Friedrich Wilhelm IV. dessen Bruder Wilhelm 1857 die Vertretung, 1858 die Regentschaft und am 2.1.1861 als **Wilhelm I.** (1861-1888) die Thronfolge. Er setzte ein gemäßigt-liberales Ministerium ein. Entsprechend seiner bisherigen militärischen Laufbahn gründete er seine Politik auf die militärische Stärke Preußens. Als bei der Mobilisierung anlässlich des Krieges 1859 in Italien Schwächen der preußischen Heeresverfassung offenbar geworden waren, nahm er unverzüglich eine **Heeresreform** in Angriff und erhöhte die Friedenspräsenzstärke des Heeres von 140.000 Mann auf 213.000 Mann. Die Beibehaltung der dreijährigen Dienstzeit wurde vom Abgeordnetenhaus 1860 abgelehnt, weshalb es um die Bewilligung der für die Reform benötigten finanziellen Mittel zum Streit kam. Wilhelm I. setzte sich darüber hinweg; ein jahrelanger Verfassungskonflikt war die Folge. Als Wilhelm I. deshalb schon abdanken wollte, wurde ihm der Gesandte **Otto von Bismarck** empfohlen, den Wilhelm I. am 24.9.1862 zum Staatsminister mit vorläufigem Vorsitz im Ministerium und am 8.10.1862 zum Ministerpräsidenten und Außenminister berief. Bismarck führte mit rücksichtsloser Energie den Kampf gegen das Parlament. In einer der 1863 geführten Budget-Debatten äußerte Bismarck: „Nicht durch Reden und Majoritätsbeschlüsse werden die großen Fragen der Zeit entschieden…, sondern durch Blut und Eisen." Erst als sich die Erfolge der Bismarckschen Politik gezeigt hatten, billigte das Parlament am 3.9./14.9.1866 rückwirkend die Staatsausgaben für die Heeresreform. Außenpolitisch war Bismarck der kalt kalkulierende Staatsmann. Als Gesandter im Frankfurter Bundestag war Bismarck zur Überzeugung gelangt, dass sich Preußen von Österreich lösen und eine eigenständige Machtpolitik betreiben müsse.

Der auf gegenseitigem Vertrauen beruhende Bund zwischen Wilhelm I. und Bismarck zum Wohle Deutschlands bewährte sich bis zum Tode des Königs (1888). Auf der Grundlage dieses Vertrauensverhältnisses übernahm der geistig überlegene Bismarck von Anfang an die Führung und konnte seinen König immer wieder davon überzeugen, das sein Weg der Richtige war.

Um die Einheit Deutschlands unter Preußens Führung zu erreichen, musste Österreich als Konkurrent ausgeschaltet werden. Auch war für eine deutsche Reichsgründung zumindest das stillschweigende Einverständnis der Großmächte erforderlich, denen eine neue Großmacht im Zentrum Europas nicht gleichgültig sein konnte. Bismarck hatte vor allem mit dem Widerstand Frankreichs zu rechnen. So kam zu den drei **Einigungskriegen** von 1864, 1866 und 1870/71. Mit dem Deutschen Krieg (1866) zerbrach der Deutsche Bund, und Österreich schied endgültig als Partner auf dem Weg zur Reichseinigung aus. Bismarck schuf im Norddeutschen Bund unter Führung Preußens einen norddeutschen Staat, der im Verlauf des Deutsch-Französischen Krieges (1870/71) ohne grundlegende verfassungsrechtliche Änderungen durch den Anschluss der süddeutschen Staaten zum Deutschen Reich erweitert wurde.

Der Deutsch-Dänische Krieg (1864)

Bereits 1848 hatte Dänemark versucht, das Herzogtum Schleswig seinem Reich einzuverleiben. Auf internationalen Druck war es damals davon abgehalten worden (Londoner Protokolle von 1850, 1852). Am 13.11.1863 beschloss der dänische Reichstag ein Grundgesetz („Novemberverfassung") für Dänemark und Schleswig, was einer Annexion Schleswigs durch Dänemark gleichkam, deren Realisierung im Rahmen eines kurz darauf folgenden Thronwechsels (15.11.1863) wahrscheinlich wurde. Bismarck nahm dies zum Anlass, um gegen Dänemark vorzugehen, um Schleswig und auch Holstein für Preußen zu gewinnen. Am 16.1.1864 verlangten Preußen und Österreich in einem Ultimatum an Dänemark die Rücknahme der Novemberverfassung. Als Dänemark ablehnte, begann der Krieg mit dem Einmarsch eines

57.000 Mann starken Heeres. Die verlustreichste militärische Aktion war die **Erstürmung der Düppeler Schanzen** (18.4.1864) durch die Preußen. Dänemark unterlag schließlich. Im **Frieden von Wien** (30.10.1864) musste Dänemark die Herzogtümer Schleswig, Holstein und Sachsen-Lauenburg mit allen ihren Rechten zugunsten des Kaisers von Österreich und des Königs von Preußen abtreten und sich verpflichten, alle künftigen Entscheidungen dieser beiden Herrscher über diese Fürstentümer anzuerkennen.

Der künftige Status der drei Herzogtümer blieb offen. Sie wurden zunächst gemeinsam von Österreich und Preußen verwaltet (Kondominium). Mit der **Gasteiner Konvention** (14.8.1865) kam es zur Trennung, und man vereinbarte die vorläufige Verwaltung Schleswigs durch Preußen und Holsteins durch Österreich. Seinen Anspruch auf das Herzogtum Sachsen-Lauenburg trat Österreich für einen Kaufpreis von 2,5 Mio. dänische Taler an Preußen ab. Preußen erhielt außerdem das Recht, einen Kanal durch Holstein zu bauen, dort Befestigungen und Marinestützpunkte einzurichten (1865 Verlegung des preußischen Flottenstützpunktes von Danzig nach Kiel) sowie zwei Straßen nach Schleswig für militärische Zwecke zu nutzen.

Der Deutsche Krieg (1866)

Während Preußen weiterhin eine Politik der Annexion Holsteins verfolgte, strebte Österreich einen selbstständigen Mittelstaat Schleswig-Holstein an. Ab Anfang 1866 betrieb Preußen die diplomatischen Vorbereitungen zu einem Krieg gegen Österreich. England und Russland konnten außer Betracht bleiben, denn diese waren mit inneren Angelegenheiten befasst und hatten die Schwerpunkte ihrer Außenpolitik damals außerhalb Europas. Zu beachten war das Verhalten Italiens und vor allem Frankreichs in einem Krieg. Italien war eingeschworener Feind Österreichs, solange Letzteres noch italienische Territorien besaß (v. a. Venetien). Deshalb schloss Preußen am 8.4.1866 mit Italien ein auf drei Monate befristetes Offensiv- und Defensivbündnis. Durch geschickte Verhandlungen mit Napoleon III. sicherte sich Bismarck eine Neutralitätszusage Frankreichs. Frankreich seinerseits schloss mit Österreich am 12.6.1866 gegen feste territoriale Zusagen einen

Neutralitätsvertrag und wollte im Falle eines Krieges zwischen Österreich und Preußen vermitteln und dabei Gebietsgewinne für sich verbuchen. Am 1.6.1866 übertrug Österreich die Lösung der schleswig-holsteinischen Frage dem Deutschen Bund und teilte mit, dass der österreichische Statthalter in Holstein beauftragt worden sei, die dortigen Stände einzuberufen. Daraufhin rückten die Preußen am 7.6.1866 in Holstein ein. Auf Antrag Österreichs beschloss der Bundestag am 14.6.1866 die Mobilmachung des Bundesheeres gegen Preußen. Der preußische Gesandte erklärte daraufhin den Bundesvertrag als erloschen und legte den Entwurf einer neuen Bundesverfassung vor, dessen erster Artikel lautete: „Das Bundesgebiet besteht aus den seitherigen Staaten mit Ausnahme der kaiserlich österreichischen und königlich nieder-ländischen Landesteile." Bereits am 16.6.1866 rückten preußische Truppen in die mit Österreich verbündeten Staaten Hannover, Kurhessen und Sachsen ein (weitere Verbündete Österreichs waren Bayern, Württemberg, Baden, Hessen-Darmstadt, Nassau und weitere 4 Kleinstaaten; auf preußischer Seite standen Italien und 17 norddeutsche Kleinstaaten). Es folgte der Einmarsch der Preußen in Österreich. Die Entscheidung fiel in der **Schlacht bei Königgrätz** (3.7.1866). Ursache dieses preußischen Sieges waren die überlegene Führung unter Generalstabschef Helmuth Graf von Moltke sowie die bessere Ausrüstung (Zündnadelgewehr) der Preußen, welche auch moderne Mittel der Kriegführung (Eisenbahn, Telegrafie) einsetzten. Die Preußen setzten nach der Schlacht von Königgrätz ihren Vormarsch fort. – Während König Wilhelm I., der offiziell den Oberbefehl innehatte, in Wien einmarschieren und damit den Kaiser demütigen wollte, drängte Bismarck auf einen schnellen Friedensschluss mit Österreich un-ter fairen Bedingungen, um weiteren Einmischungen Frankreichs vorzubeugen und Österreich als Großmacht sowie als künftigen Bündnispartner für Preußen zu erhalten. So kam es bereits am 26.7.1866 zum Abschluss des **Waffenstillstands und Vorfriedens von Nikolsburg** zwischen Preußen und Österreich. Österreich gab seine Zustimmung zur Auflösung des Deutschen Bundes und zu einer Neugestaltung Deutschlands ohne Beteiligung Österreichs, trat seine Rechte an Schleswig-Holstein an Preußen ab (in den nördlichen Distrikten Schleswigs sollte eine Volksabstimmung über die Zugehörigkeit zu Dänemark oder Preußen entscheiden, was aber von den Vertragspartnern 1878 annulliert wurde), hatte 20 Mio. Taler Kriegsentschädigung zu zahlen und die in Norddeutschland von Preußen vorzunehmenden Veränderungen (einschließlich der territorialen Neuordnung) mit Ausnahme des Königreiches Sachsen anzuerkennen. Österreich trat Venetien an Italien ab. Die südlich des Mains gelegenen deutschen Staaten sollten einen unabhängigen Bund bilden. Alle diese Bedingungen wurden im **Frieden von Prag** (23.8.1866) bestätigt. Österreich musste endgültig die Auflösung des Deutschen Bundes anerkennen. – Im **Frieden von Berlin** (22.8.1866) zwischen Preußen und Bayern stimmte Bayern kleineren Grenzkorrekturen zu, zahlte an Preußen eine Kriegsentschädigung von 30 Mio. Gulden und schloss mit Preußen ein geheimes Schutz- und Trutzbündnis ab, wonach im Kriegsfall Bayerns Streitmacht auf preußischer Seite trat und sich dem preußischen Oberbefehl unterstellte. Gleichartige **geheime Schutz- und Trutzbündnisse** wurden am 13.8.1866 mit Württemberg, am 17.8.1866 mit Baden und am 3.9.1866 mit Hessen-Darmstadt geschlossen. Diese hatten an Preußen 8 Mio., 6 Mio. bzw. 3 Mio. Gulden Kriegsentschädigung zu zahlen. Die Bündnisse mit den süddeutschen Staaten waren möglich geworden, weil Preußen nur kleine Grenzkorrekturen vornahm und verhältnismäßig geringe Kriegsentschädigungen gefordert hatte. Andererseits waren diese Bündnisse für die süddeutschen Staaten, die jederzeit mit französischen Gebietsforderungen rechnen mussten, überlebenswichtig. – Am 20.9.1866 trat ein vom preußischen Landtag beschlossenes Gesetz in Kraft, wonach Preußen das Königreich Hannover, das Kurfürstentum Hessen-Kassel, das Herzogtum Nassau und die Freie Stadt Frankfurt am Main annektierte (Frankfurt verlor den Status einer Freien Stadt). Damit verfügte Preußen erstmals über ein geschlossenes Staatsgebiet, welches von der Memel im Osten bis an die Maas im Westen reichte. – Der **Frieden zwischen Preußen und Sachsen** wurde am 21.10.1866 geschlossen. Das Königreich Sachsen blieb in seinen Grenzen von 1815 bestehen, zahlte eine Kriegsentschädigung von 10 Mio. Talern und trat dem Norddeutschen Bund bei. Diese Vorzugsbehandlung Sachsens war auf Intervention Österreichs und Frankreichs zustande gekommen. – Frankreich war enttäuscht, denn wegen des schnellen preußischen Sieges bei Königgrätz (Sadowa) fiel die französische Vermittlerrolle weg, von der sich Frankreich den Hinzugewinn linksrheinischer Gebiete erhofft hatte. Frankreich wollte sich damit nicht zufrieden geben („Rache für Sadowa!").

Die politischen Parteien in Preußen

Im Verlauf der Debatte um die Heeresreform, die erst unter dem Eindruck der außenpolitischen Erfolge Bismarcks 1866 zum Abschluss kam, war es zu einer Differenzierung bzw. Neuformierung der politischen Kräfte gekommen, welche über die Reichsgründung hinaus die politischen Entscheidungen in zunehmendem Maße mitbestimmen sollten.

Während der Revolutionsjahre 1848/49 hatten sich als politische Kräfte die Konservativen, die Liberalen und die Demokraten formiert. Nach dem Scheitern der Revolution gewannen die Konservativen die Oberhand. Von den Liberalen spaltete sich 1859 eine Gruppierung ab, aus der 1861 die Deutsche Fortschrittspartei hervorging, welche gegen die Heeresreform Front machte. 1866 spaltete sich von den Liberalen eine weitere Gruppierung ab, aus der sich 1867 die Nationalliberale Partei (Industrielle, Bankiers, protestantisches Bildungsbürgertum) formierte, welche im Reichstag des Norddeutschen Bundes die Stütze Bismarcks wurde, während die Deutsche Fortschrittspartei (Teile des Mittelstandes und des Kleinbürgertums) in der Opposition stand. Von den Altkonservativen löste sich eine Gruppe gemäßigt Konservativer (seit 1871 Deutsche Reichspartei).

Der Norddeutsche Bund

Noch während des Deutschen Krieges schloss Bismarck mit den 17 mit Preußen verbündeten norddeutschen Kleinstaaten ein Bündnis („Augustbündnis" 18.8.1866). Dies waren die Großherzogtümer Oldenburg, Mecklenburg-Schwerin, Mecklenburg-Strelitz und Sachsen-Weimar, die Herzogtümer Braunschweig, Anhalt-Dessau, Sachsen-Coburg-Gotha und Sachsen-Altenburg, die Fürstentümer Schwarzburg-Rudolstadt, Schwarzburg-Sondershausen, Reuß jüngere Linie, Waldeck, Lippe-Detmold und Schaumburg-Lippe sowie die Freien Städte Hamburg, Lübeck und Bremen. Nach Abschluss des Berliner Friedensvertrages traten am 3.9.1866 der Großherzog von Hessen-Darmstadt für seine nördlich des Mains gelegene Provinz Oberhessen, am 26.9.1866 Reuß ältere Linie, am 8.10.1866 das Herzogtum Sachsen-Meiningen und am 21.10.1866 das Königreich Sachsen bei. Am 12.2.1867 wurde der konstituierende Reichstag des Norddeutschen Bundes gewählt (allgemeines, gleiches, direktes Wahlrecht), der am 16.4.1867 die **Verfassung des Norddeutschen Bundes** annahm, die am 1.7.1867 in Kraft trat. Das Präsidium des Bundes übertrug man erblich der Krone Preußens. Damit lag die Autorität des Bundes in der Hand des preußischen Königs (monarchisch-konstitutionelle Komponente der Verfassung). König Wilhelm I. entschied über Krieg und Frieden sowie den Abschluss von Verträgen, war Oberbefehlshaber des Bundesheeres, vertrat den Bund nach außen, ernannte den mit dem preußischen Ministerpräsidenten identischen Bundeskanzler als Haupt der Exekutive, berief den Bundesrat sowie den Reichstag und konnte den Ministerpräsidenten absetzen bzw. den Reichstag auflösen. Dem **Bundesrat** gehörten die Bevollmächtigten der verbündeten Staaten an (föderative Komponente der Verfassung). Der Reichstag ging als Volksvertretung und Legislative aus allgemeinen und gleichen Wahlen hervor (liberale Komponente der Verfassung). Die **Bundesgesetzgebung** erstreckte sich auf das gesamte Verkehrs-, Handels-, Münz- und Zollwesen sowie wichtige Rechtsgebiete. Die innere Verwaltung der Einzelstaaten blieb möglichst unberührt. Bundesgesetze standen über den Landesgesetzen. Kriegsmarine und Heeresverfassung waren für die Bundesstaaten einheitlich zu regeln. – Die Wahl des endgültigen Reichstags fand am 31.8.1867 statt. Am 10.9.1867 wurde er eröffnet.

Mit der Gründung dieses Bundes wurden die deutschen Staaten nördlich der Main-Linie unter Führung Preußens zusammengeschlossen. Dieser Bund repräsentierte mit 79 % der Fläche und 76 % der Bevölkerung (jeweils bezogen auf Fläche und Bevölkerung des Deutschen Reiches von 1871 ohne Elsass-Lothringen) den deutlich größeren Teil Deutschlands. Innerhalb des Norddeutschen Bundes dominierte Preußen nicht nur politisch, sondern auch hinsichtlich seiner flächenmäßigen Größe

(84 % der Fläche des Norddeutschen Bundes waren preußisch) und vor allem hinsichtlich seiner Wirtschaftskraft (zu Preußen gehörten alle bedeutenden Montanregionen). Die Attraktivität dieses Staatenbundes sowohl für die Landesfürsten als auch für das liberale Bürgertum bestand in seiner starken Führungsspitze bei gleichzeitiger Wahrung der föderalen Interessen der Einzelstaaten sowie der Mitbestimmung der Bevölkerung in einem Parlament, sodass dieser Bund auch Anziehungskraft auf die süddeutschen Staaten ausüben musste. Damit kam Bismarck mit der Gründung des Norddeutschen Bundes der Einheit Deutschlands einen entscheidenden Schritt näher. – Zu den wichtigsten Bundesgesetzen gehörten die Gewerbeordnung vom 21.6.1869, durch welche der Zunftzwang sowie die behördliche Konzessionspflicht aufgehoben und die **allgemeine Gewerbefreiheit** eingeführt wurden, sowie die Aktiennovelle vom 11.6.1870, welche die **Aufhebung des staatlichen Konzessionszwanges für die Gründung von Aktiengesellschaften** und damit die Beseitigung einer der letzten bürokratischen Schranken für die Industrialisierung brachte. – Mit der Gewerbeordnung von 1869 war die **Aufhebung des Koalitionsverbotes** verbunden, wodurch sich jetzt Arbeitgeber und Arbeitnehmer zwecks Durchsetzung ihrer Forderungen zu Vereinigungen zusammenschließen durften. Dies war der Ausgangspunkt für die Entwicklung der Gewerkschaften und der sozialistischen Parteien.

Die österreichisch-ungarische Monarchie

Nachdem Österreich von der Entwicklung zu einem deutschen Nationalstaat ausgeschlossen worden war, widmete es sich wieder verstärkt seinen inneren Problemen hinsichtlich eines nationalen Ausgleichs, der mit Ungarn im Februar 1867 zustande kam. Ungarn war jetzt mit Österreich durch die Person des Herrschers in Personalunion verbunden. Den verwaltungsmäßigen Zusammenhalt stellten gemeinsame Reichsministerien für Auswärtiges, Finanzen und Kriegswesen her (Kaiserlich-Königliche [K.K.] Behörden). Kaiser Franz Joseph I. wurde am 8.6.1867 in Budapest in feierlicher Form zum König von Ungarn gekrönt und damit die Versöhnung der ungarischen Magnaten mit der österreichischen Dynastie besiegelt. Kaiser Franz Joseph

I. (1848-1916) war bis zu seinem Tode (21.11.1916) Symbol- und Integrationsfigur der jetzt als Österreich-Ungarn bezeichneten Doppelmonarchie („Donaumonarchie"). Die nationalen Interessen der in **Österreich-Ungarn** lebenden slawischen Völker wurden hingegen nur ungenügend berücksichtigt. Dies gab jenen Zündstoff ab, welcher 1914 Anlass zum Ausbruch des 1. Weltkrieges wurde und 1918 zum Auseinanderbrechen dieses Vielvölkerstaats führte, dessen deutscher Reichsteil dann wieder Anschluss an das Deutsche Reich suchte.

Die Neuordnung des Deutschen Zollvereins

Am 27.4.1868 eröffnete man das Deutsche Zollparlament. Ihm gehörten die Abgeordneten des Norddeutschen Reichstages sowie 85 Abgeordnete der süddeutschen Staaten an. Das Zollparlament besaß Mitspracherecht hinsichtlich der Zoll- und Handelsvertragspolitik sowie bei der Festlegung einiger indirekter Steuern. Die Hoffnung, der Einheit Deutschlands über die Wirtschaftsintegration näherzukommen, erfüllte sich nicht, denn unter den Abgeordneten der süddeutschen Staaten gab es eine starke, von Bayern angeführte antipreußische Fraktion.

Der Deutsch-Französische Krieg (1870/71)

Die seit dem Deutschen Krieg zwischen Frankreich und Preußen sich aufbauenden Spannungen verschärften sich, als der katholischen Linie Hohenzollern-Sigmaringen 1869 und erneut 1870 die spanische Krone angetragen wurde, wodurch sich Frankreich bedroht fühlte. Auf Druck Bismarcks nahm Erbprinz Leopold von Hohenzollern-Sigmaringen an, trat aber schließlich in Absprache mit dem preußischen König wieder von der spanischen Thronkandidatur zurück. Jetzt verlangte Frankreich über seinen Botschafter von König Wilhelm I., der in Bad Ems weilte, eine Garantie für den Verzicht des Hauses Hohenzollern-Sigmaringen auf die spanische Krone für alle Zeiten. Wilhelm I. lehnte ab und informierte Bismarck am 13.7.1870 telgrafisch über diese Vorgänge. Bismarck veröffentlichte diese **„Emser Depesche"** in gekürzter und damit schärfer wirkender Form und stellte damit Frankreich mit seinen überzogenen Forderungen vor aller Öffentlichkeit bloß. Dies löste in Deutschland heftige

Empörung aus und ließ politische Meinungsverschiedenheiten
in den Hintergrund treten. Es kam ein Gemeinschaftsgefühl auf,
das sich im Verlauf des Krieges bis zum Patriotismus steigerte.
Weil Napoleon III. auch im eigenen Land unter Druck geriet
und die diplomatische Niederlage nicht hinnehmen konnte,
erklärte er Preußen am 19.7.1870 den Krieg. Da jetzt auch die
Beistandsverträge (Schutz- und Trutzbündnisse) mit den süddeutschen Staaten in Kraft traten, mobilisierte ganz Deutschland
gegen Frankreich. Die problemlose Mitwirkung der süddeutschen Staaten hatte Napoleon III. nicht für möglich gehalten.
Die deutsche Heeresmacht marschierte nach dem Feldzugsplan
des Generalstabschefs Helmuth von Moltke unverzüglich in
Frankreich ein. In der **Schlacht von Sedan** (1.9.1870) wurde die
französische Armee auf die Festung Sedan zurückgeworfen und
musste am 2.9.1870 kapitulieren. Kaiser Napoleon III. geriet dort
in Gefangenschaft und wurde auf Schloss Wilhelmshöhe bei
Kassel interniert. Am 4.9.1870 wurde in Paris unter Absetzung
Napoleons III. die Republik ausgerufen. Diese setzte den Krieg
fort, der erst am 28.1.1871 mit dem Waffenstillstand von Paris beendet werden konnte. Auf deutscher Seite fielen in diesem Krieg
etwa 41.000 Soldaten. Nach den Bestimmungen des **Vorfriedens
von Versailles** (26.2.1871) und des **Friedens von Frankfurt**
(10.5.1871) musste Frankreich Elsass mit der Festung Straßburg
sowie den östlichen Teil Lothringens mit der Festung Metz abtreten sowie eine Kriegsentschädigung von 5 Mrd. Francs zahlen.
Von den abzutretenden Gebieten waren die östlichen Gebiete fast
vollständig deutsch, die westlichen teilweise auch französisch
besiedelt. – Bei der Abtrennung von **Elsass-Lothringen** hatte
man weniger daran gedacht, diese vor etwa 200 Jahren durch
Frankreich annektierten Gebiete wieder zurückzuholen, sondern
maßgebend waren vielmehr strategische Gesichtspunkte, wonach die Verteidigungsstellungen auf den Höhen der Vogesen
sowie die Festungen Metz und Straßburg Süddeutschland vor
künftigen französischen Angriffen zuverlässig schützen sollten.
Elsass-Lothringen wurde zunächst nicht als gleichberechtigter
Bundesstaat behandelt, sondern als „Reichsland" mit einem Statthalter an der Verwaltungsspitze organisiert. Erst ab 1911 erhielt
das Land einen vollberechtigten Landtag, der Statthalter blieb

jedoch. Es gelang nicht, die Bevölkerung Elsass-Lothringens in das Deutsche Reich zu integrieren; ihre Protesthaltung verstärkte sich zunehmend. – Durch die elsässische Baumwollindustrie erhielt die deutsche Textilindustrie einen bedeutenden Zuwachs. So erhöhte sich der deutsche Bestand an Spindeln um 56%, an Webstühlen um 88 % und an Druckmaschinen für Baumwollstoffe um 100 %. Wirtschaftlich bedeutsam wurde vor allem Lothringen durch seine Eisenerzvorkommen. Der Abbau der oberelsässischen Kalisalze erfolgte ab 1904. Die Universität Straßburg gründete man 1872. Die Abtrennung von Elsass-Lothringen hat das deutsch-französische Verhältnis bis zum 1. Weltkrieg stark belastet.

Die Kosten des Krieges betrugen für Deutschland lediglich ein Sechstel des jährlichen deutschen Volkseinkommens, was etwa den jährlichen Militärausgaben bis zum Ausbruch des 1. Weltkrieges entsprach. Preußen hatte den Krieg aus seinem Staatsschatz vorfinanziert. Die zur Auffüllung desselben aufgenommenen Kredite wurden durch die französischen Reparationen getilgt. Jetzt bildete man im Deutschen Reich einen Reichskriegsschatz von 120 Mio. Mark, den man bis zum Ausbruch des 1. Weltkrieges auf 205 Mio. Mark aufstockte.

6.4. Das deutsche Kaiserreich

Die Gründung des Deutschen Reiches

Noch während des Deutsch-Französischen Krieges waren auf Initiative des Großherzogs von Baden die süddeutschen Staaten dem Norddeutschen Bund beigetreten (am 15.11.1870 das Großherzogtum Baden, am 18.11.1870 als Gesamtstaat das Großherzogtum Hessen-Darmstadt, am 23.11.1870 das Königreich Bayern und am 25.11. 1870 das Königreich Württemberg). Zum Abbau der Meinungsverschiedenheiten zwischen den beiden deutschen Staatengruppen hatte vor allem auch die Waffenbrüderschaft in diesem Krieg beigetragen. Allerdings waren den Königreichen Bayern und Württemberg größere Zugeständnisse gemacht worden. Der König von Bayern fand sich schließlich auch dazu bereit, dem König von Preußen offiziell anzutragen, die Kaiserkrone aus der Hand aller deutschen Fürsten anzunehmen. Am 4.12.1870 wurde dem

Reichstag des Norddeutschen Bundes mitgeteilt, dass der König von Bayern den Vorschlag gemacht habe, mit dem Präsidium des Norddeutschen Bundes künftig den Titel **„Deutscher Kaiser"** zu verbinden. Am 9.12.1870 beantragte der Bundesrat beim Reichstag für den erweiterten Norddeutschen Bund den Namen **„Deutsches Reich"**, der am 10.12.1870 auf der letzten Sitzung des Reichstages des Norddeutschen Bundes genehmigt wurde. Am 18.12.1870 überbrachte eine Deputation des Reichstages König Wilhelm I. von Preußen eine Adresse, durch welche er gebeten wurde, „vereint mit den Fürsten Deutschlands" durch Annahme der deutschen Kaiserkrone das Einigungswerk zu weihen. König Wilhelm I. nahm vorbehaltlich der formellen Zustimmung der Fürsten und der Freien Städte an. Nachdem diese Zustimmungen eingegangen waren, erfolgte am **18.1.1871** im Spiegelsaal des Schlosses von Versailles die **Proklamation Wilhelms I. zum „Deutschen Kaiser"**. Anwesend waren die Fürsten der deutschen Einzelstaaten bzw. deren Vertreter, die hohe Generalität sowie eine Delegation der Abgeordneten des Reichstages des Norddeutschen Bundes. Bismarck verlas die Kaiserproklamation, der Großherzog von Baden rief den König von Preußen, Wilhelm I., zum Deutschen Kaiser aus (der Akt der Reichsgründung fand in Versailles statt, weil sich der Kaiser als formeller Oberbefehlshaber der deutschen Truppen während des Deutsch-Französischen Krieges damals in Frankreich aufhielt). Damit stellte das Deutsche Reich einen Bund gleichberechtigter Fürsten und dreier Freier Städte dar. Das Volk war an dessen Zustandekommen nicht beteiligt worden (**Reichseinigung „von oben"**), befürwortete jedoch zum überwiegenden Teil diese Reichsgründung. Indem die Einheit Deutschlands mit dem Kaisertum verbunden wurde, hatte man an den Verfassungsentwurf der Frankfurter Nationalversammlung angeknüpft.

Am 31.12.1870 war die **Verfassung des Deutschen Reiches** verkündet worden und am 1.1.1871 in Kraft getreten. Die ersten Reichstagswahlen fanden am 3.3.1871 statt; die Eröffnung dieses Reichstages erfolgte am 21.3.1871. Der Reichstag wurde in allgemeiner, freier, geheimer und direkter Wahl gewählt; wahlberechtigt waren die Männer ab dem vollendeten 25. Lebensjahr.

Bei der Reichsverfassung handelte es sich im Wesentlichen um die Verfassung des Norddeutschen Bundes. Die Reservatrechte

(Sonderrechte) einzelner Bundesstaaten hatte man vertraglich geregelt. Organe des Deutschen Reiches waren der **Bundesrat** und der **Reichstag**. Das Präsidium (den Vorsitz) des Bundesrates nahm jetzt der Deutsche Kaiser wahr. Nach der Reichsverfassung war nicht der Kaiser Inhaber der Souveränität im Reich, sondern diese wurde gemeinsam durch die 22 Monarchen (Landesfürsten) sowie die Senate der drei Freien Städte wahrgenommen, welche im Bundesrat Sitz und Stimme hatten. Zu diesen gehörte auch der Kaiser als König von Preußen. Alleiniger Inhaber der Souveränität war der Kaiser nur hinsichtlich der völkerrechtlichen Vertretung des Reiches nach außen. Auch die Regierung des Deutschen Reiches bestand, wie im Norddeutschen Bund, aus nur einem Minister, jetzt dem **Reichskanzler** (gleichzeitig Ministerpräsident von Preußen), der ausschließlich vom Vertrauen des Kaisers abhängig war (Letzterer allein entschied über dessen Berufung bzw. Absetzung).

Bismarck übernahm in dem von ihm geschaffenen Deutschen Reich als Reichskanzler und einziger Minister die Führung der Reichspolitik. Die Reichsverfassung war auf seine überragende Persönlichkeit zugeschnitten. Damit prägte Bismarck bis 1890 die Entwicklung Deutschlands, weshalb man die Epoche Deutscher Geschichte von 1870/71 bis 1890 auch als die **„Ära Bismarck"** bezeichnet. Repräsentiert wurde diese Epoche jedoch von seinem königlichen Herrn, Wilhelm I., der als der „alte Kaiser" zum Symbol der Einheit und der Größe des „Deutschen Reiches" wurde.

Eine gegenüber der seit dem 1.1.1871 geltenden Verfassung geringfügig modifizierte **Reichsverfassung** wurde am 16.4.1871 vom Reichstag verabschiedet. Sie galt bis kurz vor Kriegsende 1918 (erst der letzte kaiserliche Reichskanzler und die letzte kaiserliche Regierung waren an das Vertrauen des Reichstages gebunden). Die Zahl der Stimmen im Bundesrat erhöhte man aufgrund der hinzugekommenen süddeutschen Staaten von 43 auf 58. Die Rechte des Bundespräsidiums (des Kaisers) wurden insofern eingeschränkt, als bei der Erklärung von Bundeskriegen außer im Fall bereits erfolgter Angriffe auf das Bundesgebiet die Zustimmung des Bundesrates erforderlich war; außerdem oblag jetzt dem Bundesrat die Beschlussfassung über die Durchführung von Bundesexekutionen. Elsass-Lothringen wurde als Reichsland gemeinsamer Besitz des Reiches.

Das Staatsgebiet des Deutschen Reiches war weitestgehend identisch mit dem Gebiet des Deutschen Zollvereins, nur das dem Zollverein 1842 beigetretene und seit 1867 neutrale Großherzogtum Luxemburg gehörte nicht zum Reich. Hinzugekommen war das Reichsland Elsass-Lothringen.

Die Gründerjahre

Nach Beendigung des Deutsch-Französischen Krieges setzte in Deutschland ein **explosionsartiges Wirtschaftswachstum** im Zuge der Industrialisierung und des weiteren Ausbaus des Eisenbahnnetzes ein. Die Rahmenbedingungen dafür waren günstig, denn seit 1869 bestand die Gewerbefreiheit, seit 1870 war der Konzessionszwang für die Gründung von Aktiengesellschaften aufgehoben worden, das Reich stellte einen einheitlichen Wirtschaftsraum dar, und ein großer Teil der französischen Reparationszahlungen gelangte in den Wirtschaftskreislauf. Reichsgesetzliche Regelungen, welche sich wirtschaftsfördernd auswirkten, waren die Vereinheitlichung der Handelsgesetzgebung, der Währung, der Maße und Gewichte, des Markenschutzes und des Patentwesens (25.11.1871 Gesetz über die Ausprägung der Goldmünzen [1 Taler = 3 Goldmark]; am 1.1.1872 Einführung des metrischen Maß- und Gewichtssystems; ab 9.7.1873 Übergang zur Goldwährung; ab 1.1.1876 wurde die Goldmark verbindliche Rechnungseinheit; Schutz der Fabrikmarken durch das Markenschutzgesetz vom 30.11.1874; Patentgesetz vom 25.5.1877). Mit Wirkung vom 1.1.1876 wurde die Preußische Bank in die Reichsbank umgewandelt und damit eine Zentralisierung des Geldumlaufs durch Begünstigung der **Reichsbank** gegenüber den Notenbanken der übrigen deutschen Bundesstaaten erreicht.

Die Folge davon waren viele **Firmengründungen** sowie ein unwahrscheinlicher **Bau-Boom**, denn man brauchte plötzlich vor allem sehr viele Arbeiter-Wohnungen. Bauunternehmer errichteten innerhalb kürzester Zeit sog. Mietskasernen, dichtgedrängt stehende, große Mietshäuser mit vielen ungesunden Kleinstwohnungen, davon rund 10 % als Kellerwohnungen. Zur größten Mietskasernen-Stadt der Welt wurde Berlin (826.341 Einwohner 1871). Zwei Drittel der Berliner hausten in kleinen Wohnungen mit höchstens zwei beheizbaren Stuben; 162.000 von ihnen vegetierten in überbelegten Kleinwohnungen (Stube und Küche, die mit durchschnittlich 7 Personen belegt waren). Dieses Berliner „Milljöh" hat Heinrich Zille mit seinen Zeichnungen überliefert.

Zahlreiche Firmen wurden gegründet, vielfach als Aktiengesellschaften. Viele Firmen bildete man zu Aktiengesellschaften um. 1871 gab es 17 bedeutende Handels- und Diskontbanken.

Mit dem Börsenkrach in Wien (8./9.5.1873) begann eine **Weltwirtschaftskrise**, die im Oktober 1873 auch auf Deutschland übergriff und den Gründerboom beendete. Viele Unternehmer hatten sich verspekuliert.

Die Bündnispolitik des Reiches bis 1890

Mit dem Deutschen Reich hatte sich im Herzen Europas eine von allen Seiten beargwöhnte Großmacht etabliert. Frankreich wartete auf eine Gelegenheit zum Krieg, um Revanche zu üben und Elsass- Lothringen zurückzuholen, diesmal aber zusammen mit starken Bündnispartnern.

Bismarck versuchte, das Ausland zu beruhigen, indem er das Reich als „saturiert" (gesättigt) bezeichnete und damit weitere territoriale Erwerbungen ausschloss. Gleichzeitig musste er jedoch auf eine politische Isolierung Frankreichs bedacht sein und deshalb die traditionelle Freundschaft zu Russland erhalten, um ein Bündnis zwischen Russland und Frankreich und damit einen Zweifrontenkrieg zu verhindern. Dem Erwerb von Kolonien stand Bismarck lange Zeit skeptisch gegenüber, denn er wollte es sich vor allem mit der Kolonialmacht England nicht verderben. Als Deutschland schließlich doch begann, Kolonialpolitik zu betreiben, geschah dies maßvoll und in Fühlungnahme mit England.

Bismarcks Bündnispolitik führte zunächst zum **Dreikaiserabkommen** (22.10.1873) zwischen Deutschland, Russland und Österreich-Ungarn, welches durch den bis 1914 geheim gehaltenen **Dreikaiservertrag** (18.6.1881) fortgesetzt wurde. – Nach dem Berliner Kongress (1878) hatten sich die russischdeutschen Beziehungen verschlechtert. Deshalb schlossen sich Deutschland und Österreich-Ungarn im **Zweibund** (7.10.1879) zusammen. Sollte Russland angreifen, dann wollten sich beide

Mächte mit ihrer gesamten Streitmacht gegenseitig unterstüt-
zen und beim Angriff durch eine andere Macht gegenseitige
wohlwollende Neutralität wahren. Dieses Bündnis richtete sich
gegen Russland, sollte aber auch eine Annäherung Österreich-
Ungarns an Frankreich/England verhindern. Der Zweibund
galt bis zum 1. Weltkrieg. Er wurde zur Grundlage der weiteren
Beziehungen zwischen Deutschland und Österreich-Ungarn.
– Mit dem Beitritt Italiens zum Zweibund wurde dieser zum
Dreibund (20.5.1882) erweitert, der jedoch bereits durch die
Verständigung (1.11.1902) Italiens mit Frankreich an Wert verlor
und 1915 durch Italien gekündigt wurde. – Als die Spannungen
zwischen Russland und Österreich-Ungarn in der Balkanfrage
die Fortsetzung des Dreikaiservertrages unmöglich machten,
gelang Bismarck der Abschluss des geheimen, auf drei Jahre
befristeten **Rückversicherungsvertrages** (18.6.1887) mit Russland, in dem sich die Vertragspartner im Fall eines Krieges
zu gegenseitiger Neutralität verpflichteten, nicht jedoch bei
einem Angriff der Vertragspartner auf Österreich-Ungarn bzw.
Frankreich.

Durch Bismarcks Bündnispolitik war es gerade noch einmal
gelungen, die Gefahr eines Zweifrontenkrieges für Deutschland
abzuwenden. Dies sollte sich mit der Entlassung Bismarcks
ändern.

Der Kulturkampf

Als 1870 ein Konzil in Rom die Unfehlbarkeit des Papstes
feststellte und die katholische Kirche gleichzeitig gegen den
Liberalismus Front machte, sah Bismarck den inneren Frieden
im Reich bedroht, zumal sich die Katholiken politisch in der
Zentrumspartei organisiert hatten, um ein Gegengewicht gegen
das Übergewicht des protestantischen Norddeutschland zu
bilden. Hinzu kam, dass jene Bevölkerungsteile des Reiches, die
dem Reich distanziert bis ablehnend gegenüberstanden – vor
allem die Elsässer und die Polen – katholisch waren und in der
Zentrumspartei ihre politische Heimat fanden. Außerdem wollte
Bismarck sowieso eine stärkere Trennung zwischen Staat und
Kirche herbeiführen und sah dieses Ziel durch den politischen
Katholizismus gefährdet. Aus all diesen Gründen organisierte

Bismarck über gesetzgeberische Initiativen eine durch das Strafrecht begleitete massive Ausgrenzungs- und Unterdrückungspolitik gegen die Katholiken, den sog. Kulturkampf. Als 1878 der Papstwechsel in Rom einen moderateren Kurs des Katholizismus zur Folge hatte und Bismarck in der aufstrebenden Arbeiterbewegung die größere Gefahr für das Reich sah, nahm er ab 1878 viele seiner Maßnahmen gegen die Katholiken bis 1887 wieder zurück. Die Zentrumspartei ging gestärkt aus dem Kulturkampf hervor und blieb bis zum Ende der Weimarer Republik eine der bedeutendsten politischen Parteien; auch ihre konfessionelle Fundierung behielt sie bei. – Einige Veränderungen, welche der Kulturkampf bewirkt hatte, wurden allerdings beibehalten. Dies betraf u. a. die alleinige Gültigkeit der standesamtlich geschlossenen Zivilehe (ab 1.1.1876), das Verbot des Jesuitenordens (1872 verfügt; 1913 wieder aufgehoben) und die Beibehaltung der staatlichen Schulaufsicht (seit 1872).

Die Entwicklung der Arbeiterbewegung

Die deutsche Arbeiterbewegung hatte sich im Königreich Sachsen formiert. Dort hatte Ferdinand Lasalle am 23.5.1863 in Leipzig den **„Allgemeinen Deutschen Arbeiterverein"** (ADAV) gegründet. Im Programm war der politische Kampf der Arbeiterklasse gegen die Bourgeoisie festgeschrieben worden, nur sollte dieser Kampf mit friedlichen Mitteln ausgetragen werden (Kampf um das allgemeine, gleiche und direkte Wahlrecht; Gründung von Arbeiter-Produktionsgenossenschaften mit Unterstützung des Staates). Die später reichsweit gegründete Sozialistische Arbeiterpartei (SAP) hatte aufgrund dieser Tradition auch in den folgenden Jahrzehnten in Sachsen beste Entwicklungsmöglichkeiten, sodass Sachsen zur Hochburg der Sozialdemokratie in Deutschland, zum „roten Königreich Sachsen", wurde.

Als Gegenbewegung gründete sich am 7./8.6.1863 der liberaldemokratische „Vereinstag (später: Verband) deutscher Arbeitervereine" in Frankfurt/Main. Am 6./7.10.1867 wurde der Sozialist August Bebel zu dessen Präsidenten gewählt und schloss sich 1868 unter dem Einfluss von Wilhelm Liebknecht mit der Mehrzahl der Mitglieder dieses Verbandes der deutschen Sektion der marxistischen „Internationalen Arbeiterassoziation" an.

Am 7./9.8.1869 erfolgte unter der Führung von August Bebel in Eisenach die Gründung der **„Sozialdemokratischen Arbeiterpartei" (SDAP)"**. Das Programm propagierte den Klassenkampf und forderte die Abschaffung der „kapitalistischen Ordnung" (Marktwirtschaft), die politische Befreiung als Voraussetzung der ökonomischen Befreiung sowie den Kampf für eine Republik. – Auf dem Vereinigungskongress in Gotha (22.-27.5.1875) schlossen sich die SDAP und die ADAV unter Führung von August Bebel und Wilhelm Liebknecht zur **„Sozialistischen Arbeiterpartei Deutschlands"** (SAP) zusammen. Hinsichtlich des Programms setzte sich die SDAP durch.

Nach der Aufhebung des Sozialistengesetzes wurde die SAP reorganisiert und nahm auf ihrem Parteitag in Halle (12.-18.10.1890) den Namen **„Sozialdemokratische Partei Deutschlands"** (SPD) an. Diese Partei hatte sich sehr früh zur Massenpartei entwickelt und galt den konservativen Kräften des Kaiserreiches als national unzuverlässig sowie staatsfeindlich. Bedeutsam für den inneren Zusammenhalt der SPD wurden die vielen kulturellen und sozialen Einrichtungen, die vielfach zusammen mit den Gewerkschaften betrieben wurden. Dazu gehörten Konsumvereine, Bau- und Sparvereine sowie Sport- und Gesangsvereine.

Seit 1868 entwickelte sich aus zahlreichen Gewerksvereinen die **deutsche Gewerkschaftsbewegung**. Bereits 1865 war der „Allgemeine Deutsche Zigarrenmacherverein" und 1866 der „Deutsche Buchdruckerverband" gegründet worden. 1873 wurde der erste Tarifvertrag mit den Buchdruckern abgeschlossen. Ende der 1860er Jahre gab es bereits die sozialistisch orientierten freien Gewerkschaften und seit 1868/69 die liberal orientierten Hirsch-Dunckerschen Gewerksvereine. Nach Aufhebung des Sozialistengesetzes schlossen sich die freien Gewerkschaften zur Generalkommission der Gewerkschaften Deutschlands zusammen (Vorsitzender: Carl Legien; ab 1889 Kampf um den Achtstundentag und den 1. Mai als Arbeiterfeiertag) und entwickelten sich zu Massenorganisationen (1890 rund 250.000; 1913 rund 2,5 Mio. Mitglieder).

Das Sozialistengesetz

Die Reichsregierung wurde durch die Erfolge der Arbeiterbewegung zunehmend beunruhigt. So betrug der Stimmenanteil der Sozialistischen Arbeiterpartei Deutschlands (SAP) bei den Reichstagswahlen von 1877 bereits 9,2 %. Als Vorwand zum Vorgehen gegen die Arbeiterbewegung dienten unbegründeterweise zwei Attentate (11.5.1878; 2.6.1878) auf Kaiser Wilhelm I. – Am 21.10.1878 trat das „Sozialistengesetz" („Gesetz gegen die gemeingefährlichen Bestrebungen der Sozialdemokratie") in Kraft. Durch dieses Gesetz wurden die Partei- und Gewerkschaftsorganisationen sowie deren Zeitungen und Druckschriften verboten. Genossenschaftsdruckereien schloss man. Versammlungen und andere öffentliche Veranstaltungen mit sozialdemokratischen Tendenzen waren verboten. Die Teilnahme an verbotenen Versammlungen und die Mitgliedschaft in verbotenen Vereinen wurden mit Geld- oder Gefängnisstrafen geahndet. Über Bezirke und Ortschaften, in denen die öffentliche Sicherheit bedroht war, konnte der kleine Belagerungszustand verhängt werden. Die polizeilichen Vollmachten wurden wesentlich erweitert (Polizei- und Justizterror, Ausweisungen usw.). Die Unternehmer konnten mit Repressalien gegen Sozialdemokraten vorgehen (Entlassungen; Führen „Schwarzer Listen"). – Trotz all dieser Repressalien war die Arbeiterbewegung nicht zu unterdrücken. Sie arbeitete in der Illegalität weiter. So erhielt die SAP bei den Reichstagswahlen von 1890 19,7 % der Wählerstimmen. – Die Verlängerung des Sozialistengesetzes wurde am 25.1.1890 vom Reichstag abgelehnt.

Die Sozialgesetzgebung

Unmittelbar nach dem Erlass des Sozialistengesetzes brachte Bismarck die Sozialgesetzgebung auf den Weg, um die soziale Lage der Arbeiterschaft zu verbessern und die Arbeiter damit für seine Politik zu gewinnen. – Das sozialpolitische Programm verkündete die Regierung am 17.11.1881 vor dem Reichstag. Durch die in den folgenden Jahren erlassenen Gesetze wurden Unterstützungsansprüche ohne Prüfung der Bedürftigkeit erworben, welche allerdings bis auf die Unfallversicherung noch keine hinreichende Absicherung darstellten. – Dies waren das Krankenversicherungsgesetz (ab 1.12.1884); das Unfallversicherungsgesetz (ab 1.10.1885); das Invaliditäts- und Altersversicherungsgesetz (ab 1.1.1891). – Diese Sozialgesetzgebung war einzigartig in der Welt und viele Jahre Vorbild für die sozialpolitischen Maßnahmen in anderen Ländern. Trotzdem gelang es Bismarck nicht, die Arbeiterschaft damit auf seine Seite zu bringen. Die Sozialgesetzgebung kritisierte man vor allem auch deshalb, weil einige Gruppen außerhalb der Versicherung blieben.

Die deutschen Kolonien

Der Kolonialgedanke war in Deutschland im 16. Jh. vom Handelshaus der Welser und Ende des 17. Jh. nochmals kurzzeitig vom Großen Kurfürsten verfolgt worden. – Propagiert wurde der Erwerb von Kolonien erst wieder nach der Reichsgründung durch Einzelpersonen, durch Vereine und von zu diesem Zweck gegründeten Handelsgesellschaften. Erst als sich, allerdings nur kurzzeitig, eine deutsch-französische Zusammenarbeit in Kolonialfragen anbahnte, stellte Bismarck einige Gebiete, welche durch deutsche Kaufleute (Gustav Nachtigal, Adolf Lüderitz, Carl Peters) erworben worden waren, als Schutzgebiete unter deutsche Hoheit. Dies waren 1884 Togo, Kamerun, Deutsch-Südwestafrika sowie 1885 Deutsch-Ostafrika, Kaiser-Wilhelms-Land, der Bismarck-Archipel und die Marshall-Inseln. Bis 1899 überführte man alle diese Gebiete in die Verwaltung des Deutschen Reiches, weil sich die Ausübung der Souveränität über diese Gebiete durch Kolonialgesellschaften nicht bewährt hatte. Außerdem war es zu Aufständen der Einheimischen gekommen, deren Niederschlagung nur mit Reichshilfe (militärische Schutztruppe) erfolgen konnte. Meinungsverschiedenheiten mit England wurden durch Verhandlungen sowie den Helgoland-Sansibar-Vertrag beigelegt. Nach 1890 wurden die Kolonien auch als Flottenstützpunkte interessant. 1898 pachtete man Kiautschou (Nordost-China) und unterstellte es als Militärstützpunkt dem Reichsmarineamt. Am 12.2.1899 kaufte das Reich von Spanien die Karolinen-Inseln, die Marianen sowie die Palau-Inseln und erwarb in Abstimmung mit England und den USA im November 1899 die Samoa-Inseln Upolu und Sawai. Der Erwerb dieser Inseln diente dem Aufbau eines Netzes von Flottenstützpunkten. Die Kolonien erschloss man wirtschaftlich und kulturell (z. B. Bau von Schulen; Aufbau einer medizinischen Versorgung). Militärisch niedergeschlagen wurden u. a. in Deutsch-Südwestafrika der Hereroaufstand (1904) und der Hottentottenaufstand (1904-1908). – Das Kolonialgebiet umfasste 1911 nach der letzten Erwerbung (Erweiterung von Kamerun) insgesamt etwa 3 Mio. qkm mit 11,7 Mio. Einwohnern (darunter 24.000 Deutsche). Es war nicht gelungen, den Strom der deutschen Auswanderer in die Kolonien umzulenken, denn um sich dort niederzulassen, war eine erhebliche Kapitalausstattung erforderlich. – Die Ausgaben des Reiches für die Kolonien überstiegen noch 1913 die Einnahmen um das Dreifache, obgleich die Anfangsschwierigkeiten in der Erschließung des Landes überwunden waren. Auch die Erwartungen hinsichtlich des Außenhandels mit den Kolonien waren nicht erfüllt worden. So lagen 1913 die Ausfuhr von Deutschland nach den Kolonien sowie die Einfuhr von den Kolonien nach Deutschland lediglich bei 0,6 % bzw. 0,5 % der gesamten deutschen Aus- bzw. Einfuhr. Die Einfuhr von Rohstoffen aus den Kolonien war unerheblich.

Kaiser Wilhelm II.   *dred*

Als Kaiser Wilhelm I. starb (9.3.1888) ruhten die Hoffnungen auf dessen Sohn Kaiser **Friedrich III.** (9.3.1888-15.6.1888), Enkel der Königin Victoria von England. Als Friedrich den Thron bestieg, war er bereits todkrank. Friedrich war dem Liberalismus zugetan, zugleich aber auch Monarch und vertrat wehrpolitisch die Linie des Offizierskorps. Sicher wäre er ein guter Vermittler zwischen Deutschland und England geworden, denn er kannte England und war dort beliebt.

Nach dem Tode Friedrichs III. kam dessen ältester Sohn 29-jährig als Kaiser **Wilhelm II.** zur Herrschaft. In seinen Entscheidungen erwies er sich als beeinflussbar, oberflächlich und sprunghaft. Seine innere Unsicherheit überspielte er mit Prunk- und Herrschsucht, Großsprecherei sowie Demonstration von Stärke. Daher kam auch Wilhelms Vorliebe fürs Militärische. Bei seinem Hang zu theatralischen Gesten ließ er sich gern zu kernigen, unbekümmerten und oft ungeschickten Äußerungen hinreißen, mit denen er politisches Ärgernis erregte und Missverständnisse provozierte. So entstand eine politische Atmosphäre des Unsteten und der Unberechenbarkeit. Für die Wissenschaften und die neuen Technik war Wilhelm aufgeschlossen. Die stark ausgeprägten Eigenheiten des Kaisers übertrugen sich auf seine nähere Umgebung und zogen immer weitere Kreise, sodass es für das Sozialprestige schließlich unerlässlich wurde, wenigstens Reserveoffizier zu sein. Auch in die zivilen Amtsstuben zog der Kasernenhofton ein. All diese martialischen Umgangsformen haben viel dazu beigetragen, dass Deutschland als Hort des Militarismus galt.

Bald kam es zu Meinungsverschiedenheiten zwischen Bismarck und dem geltungsbedürftigen Kaiser, der Bismarck nahelegte, seinen Rücktritt einzureichen und dies mit außenpolitischen Differenzen zu begründen. Am 20.3.1890 erhielt Bismarck mit allen Ehren seinen Abschied. Die **Wilhelminische Zeit** (1890-1918) begann. Dieser Epochenbegriff bezieht sich zwar auf Kaiser Wilhelm II., doch hat dieser die deutsche Politik sehr viel weniger geprägt als Bismarck. Wilhelm II. versuchte nur anfangs, sich in allen politischen Bereichen zu profilieren. Später beschränkte sich dies auf sporadische Aktionen, die aber umso mehr Schaden anrichteten, als es dem Kaiser trotz seiner sehr raschen Auffassungsgabe an gründlicher Sachkenntnis und an der nötigen Stetigkeit und Ausdauer fehlte.

Die Innenpolitik (1890-1914)

Der Nachfolger Bismarcks im Amt des Reichskanzlers, der preußische General Leo Graf von **Caprivi** (20.3.1890 – 26.10.1894), setzte auf eine Politik des Ausgleichs. Um die Arbeiterschaft mit der Monarchie auszusöhnen, setzte er die Sozialpolitik fort. Die Novelle zur Gewerbeordnung (1891) enthielt Bestimmungen zur Begrenzung der Arbeitszeit für Kinder, Jugendliche und Frauen. Als Schiedsstellen für Arbeitsrechtsstreitigkeiten richtete man Gewerbegerichte ein. Handelspolitisch baute Caprivi die Einfuhrzölle ab, denn infolge der Bismarckschen Schutzzollpolitik hatte sich die deutsche Industrie seit 1878 so gut entwickelt, dass jetzt der Binnenmarkt nicht mehr genügte, wenn sich das Wirtschaftswachstum fortsetzen sollte. Auch mussten zusätzliche Arbeitsplätze für die sprunghaft zunehmende Bevölkerung geschaffen werden, die jetzt verstärkt auswanderte (Caprivi: „Wir müssen exportieren: entweder wir exportieren Waren, oder wir exportieren Menschen.") Am 15.7.1893 billigte der Reichstag die Heeresvorlage, wonach das Landheer auf 589.000 Mann verstärkt werden sollte.

Reichskanzler Chlodwig Fürst zu **Hohenlohe-Schillingsfürst** (29.10.1894 – 17.10.1900) nahm unter dem Einfluss seiner Berater den Kampf gegen die Sozialdemokratie wieder auf, war aber grundsätzlich um sozialen Ausgleich bemüht.

Unter Reichskanzler Bernhard Fürst von **Bülow** (Reichskanzler 17.10.1900 – 14.7.1909) kam mit der Erweiterung des Kreises der Unfallversicherten (1900) die ins Stocken geratene Sozialgesetzgebung wieder in Fluss. Ab 1901 förderte das Reich den Bau von Arbeiterwohnungen und gab dafür jährlich 4 bis 5 Mio. Mark aus. 1903 verlängerte man die Dauer der Krankenversicherung und verbot die Kinderarbeit auch in der Heimindustrie. Mit dem Reichsvereinsgesetz (1908) wurde ein reichseinheitliches Vereins- und Versammlungsrecht geschaffen, welches liberaler war als die bisher in den meisten Bundesstaaten geltenden Gesetze. Am 1.7.1906 wurde als erste direkte Reichssteuer die Erbschaftssteuer eingeführt. Die Reichsfinanzreform brachte neue Steuern auf Zündwaren und Schaumwein sowie Erhöhungen der Kaffee- und Teezölle sowie der Tabak- und Brausteuer (10.7.1909).

Unter Reichskanzler Theobald von **Bethmann Hollweg** (14.7.1909 – 14.7.1917) wurden die Konservativen und das Zentrum zu Stützen der Reichsregierung. Die Konservativen lehnten jede liberale Veränderung der Reichsverfassung ab, sodass auch dieses Mal die Reform des preußischen Wahlrechts scheiterte. – Hinsichtlich der Sozialgesetzgebung gelang es nur, mit der Reichsversicherungsordnung von 1911 die verschiedenen Zweige der Sozialversicherung zusammenzufassen und durch eine Hinterbliebenenrente zu ergänzen. – Elsass-Lothringen, welches bisher von einem nur dem Kaiser verantwortlichen Statthalter regiert worden war, erhielt mit Reichstagsbeschluss vom 26.5.1911 einen aus zwei Kammern bestehenden Landtag. – In den Reichstagswahlen vom 12.1.1912 wurde die SPD mit 110 Mandaten die stärkste Partei im Reichstag. Ihr bisher bestes Wahlergebnis verdankte die SPD auch den Wahlbündnissen mit der Fortschrittspartei. Diese Annäherung war vor allem dadurch zustande gekommen, dass jetzt mit Friedrich Ebert, Gustav Noske, Carl Legien und Wolfgang Heine neue Persönlichkeiten an die SPD-Spitze gelangt waren, welche ihren sozialistischen Zielen mit parlamentarisch-demokratischen Mitteln näherkommen wollten. – Am 30.6.1913 nahm der Reichstag die große Militärvorlage zur Erhöhung der Heeresstärke um 136.000 Mann und die Deckungsvorlage gegen die Stimmen der SPD an.

Die nächsten Reichskanzler bis zum Ende des Kaiserreiches waren Georg Michaelis (14.7.1917 – 31.10.1917), Georg Friedrich Graf von Hertling (1.11.1917 – 30.9.1918) und Prinz Max von Baden (3.10.1918 – 9.11.1918).

Die Bündnispolitik Deutschlands und seiner Gegner (1890-1914)

Während Bismarck vorsichtig taktiert hatte, um das europäische Gleichgewicht und damit den Frieden zu erhalten sowie im Rahmen dieser Sicherungspolitik besonders auf den Erhalt der Freundschaft mit Russland bedacht war, gingen seine Nachfolger von anderen Voraussetzungen aus. Vor allem waren sie davon überzeugt, dass die Interessengegensätze zwischen England und Frankreich sowie zwischen England und Russland wegen der Konflikte hinsichtlich ihrer Kolonial- bzw. Expansionspolitik unüberbrückbar seien und es deshalb auch bei einer Verständigung zwischen Russland und Frankreich zu keinem Zweifrontenkrieg kommen würde. – Zunächst wurde der im Juni 1890 abgelaufene **Rückversicherungsvertrag** mit Russland nicht wieder verlängert. – Am 1.7.1890 wurde mit England der **Helgoland-Sansibar-Vertrag** abgeschlossen. Deutschland erhielt von England die für Deutschland strategisch wichtige Insel Helgoland. Deutschland trat u. a. an England in Ostafrika das Sultanat Witu sowie den deutschen Teil der Somaliküste ab und räumte England das Protektorat über die Insel Sansibar und deren Nebeninseln ein. Deutsche Nationalisten waren der Meinung, dass Deutschland durch England übervorteilt worden sei und schlossen sich 1891 zum überparteilichen radikal-chauvinistischen Alldeutschen Verband zusammen. Dieser Verband war antisemitisch eingestellt und erhob Forderungen nach der Eroberung von Lebensraum. – Nachdem 1891 der **Dreibund verlängert** worden war, kam es

am 18.8.1892 zum Abschluss der russisch-französischen Militär-
konvention (**Zweiverband**). Damit war die politische Isolierung
Frankreichs aufgehoben, und Deutschland musste sich auf einen
Zweifrontenkrieg einrichten und brachte mit den Wehrgesetzen
von 1893, 1899 und 1905 das stehende Heer auf 633.000 Mann. –
Indem Deutschland zu einer **aktiven Kolonialpolitik** und ab 1897
zur verstärkten **Flotten-Rüstung** überging, kam es zur Abkühlung
des deutsch-englischen Verhältnisses. Dazu trugen ebenfalls In-
teressenkonflikte hinsichtlich der Politik gegenüber China (1900)
und des Baus der Bagdadbahn bei. – Die Folge davon war eine
Verständigung zwischen England und Frankeich (**Entente cordiale** 8.9.1904). In diesem Bündnisvertrag wurden zunächst nur
die kolonialen Interessen geregelt. Aus diesen Anfängen heraus
entwickelte sich aber bald eine engere Zusammenarbeit. – Am
31.8.1907 kam es zu einem Interessenausgleich zwischen England
und Russland hinsichtlich ihrer Einflusssphären. Damit hatte
sich unter Berücksichtigung der bereits bestehenden Bündnisse
(Zweiverband; Entente cordiale) als loses politisches Bündnis
der **Dreiverband (Tripleentente)** zwischen Russland, Frankreich
und England konstituiert, welches sich in dem Maße festigte, wie
die deutsch-englische Flottenrivalität eskalierte und von England zunehmend als Bedrohung empfunden wurde. – Nachdem
Österreich-Ungarn vom 5. bis zum 7.10.1908 Bosnien und die Her-
zegowina annektiert hatte und dadurch ein Konflikt mit Russland
und Serbien heraufbeschworen wurde (**Bosnische Annexions-
krise**), vermittelte Deutschland und verhinderte so einen Krieg.
Durch diese Unterstützung Österreich-Ungarns verstrickte sich
Deutschland jedoch immer mehr in die österreichisch-ungarische
Balkanpolitik. Russland lehnte sich jetzt stärker an Frankreich und
England an und beschleunigte die Verstärkung seiner Armee. – Im
Zusammenhang mit der 2. Marokko-Krise kam es ab Juli 1911
zur Zusammenarbeit zwischen den Generalstäben von England
und Frankreich, und es wurde ein gemeinsamer Aufmarschplan
im Falle eines Krieges mit Deutschland aufgestellt. – Der von
Russland unterstützte Krieg der Balkanstaaten Bulgarien, Serbien,
Griechenland und Montenegro gegen das Osmanische Reich
sowie die anschließende Auseinandersetzung zwischen Bulgarien
und Serbien um die Kriegsbeute blieb auf den Balkan begrenzt

(Balkankriege 1912/13). Dies war das Verdienst Englands und Deutschlands. Der Balkankrieg hatte jedoch gezeigt, dass jederzeit ein europäischer Krieg ausbrechen konnte. Die Folge war ein **allgemeines Wettrüsten**. – Mit diesem Wettrüsten und den Vorbereitungen zur Mobilmachung wurden die politischen Handlungsspielräume der Regierungen stark eingeengt, denn es musste jetzt immer damit gerechnet werden, dass im Konfliktfall militärische Automatismen in Gang kommen konnten, die politisch nicht mehr unter Kontrolle zu bringen waren. – Durch den Dreiverband war Deutschland eingekreist worden. Als zuverlässigster Bündnispartner blieb für Deutschland nur noch das durch seine Frontstellung gegen Russland auf dem Balkan und durch seine Nationalitäten-Konflikte problembelastete Österreich-Ungarn.

Der Ausbruch des 1. Weltkrieges

Am 28.6.1914 wurden der österreichisch-ungarische Thronfolger Erzherzog Franz Ferdinand und dessen Gemahlin in Sarajewo von einem serbischen Nationalisten erschossen. Franz Ferdinand hatte nach seiner Thronbesteigung den slawischen Völkern Österreich-Ungarns ihre nationale Unabhängigkeit im Rahmen der österreichisch-ungarischen Monarchie zurückgeben und dies – wenn nötig – mit Gewalt gegen Ungarn durchsetzen wollen. Dies hätte die Ziele Serbiens, die Slawen Südosteuropas in einem großserbischen Staat zu vereinen, durchkreuzt. Mit dem **Attentat von Sarajewo** wollte man diesem österreichisch-slawischen Ausgleich entgegenwirken. Österreich-Ungarn vermutete folgerichtig die Hintermänner des Attentats in Serbien und war zum Handeln entschlossen. Kaiser Franz Joseph fragte bei Wilhelm II. nach, wie sich Deutschland im Falle eines Krieges mit Serbien verhalten würde. Wilhelm II. glaubte an die Möglichkeit der Eingrenzung des Krieges auf Serbien, ließ am 6.7.1914 Franz Joseph die Versicherung der unbedingten deutschen Bündnistreue zugehen und begab sich noch am selben Tage auf seine alljährliche Nordlandreise. Auch Generalstabschef Helmuth von Moltke sowie der Chef des Reichsmarineamtes von Tirpitz waren auf Urlaub. Ihre Vertreter hatte man zwar zur Lage unterrichtet, jedoch darauf hingewiesen, dass mit größeren kriegerischen Verwicklungen nicht zu rechnen sei.

Österreich-Ungarn reagierte zögerlich und richtete am 23.7.1914 an Serbien ein auf 48 Stunden befristetes Ultimatum (u. a. Mitwirkung Österreich-Ungarns bei der Ermittlung und Verfolgung der Hintermänner des Mordes; Gebietsabtretungen). Serbien ging am 25.7.1914 auf die meisten der gestellten Forderungen ein, mobilisierte jedoch seine Armee. Kaiser Wilhelm II. zeigte sich befriedigt über die serbische Antwort und sah keinen Kriegsgrund mehr. Österreich-Ungarn brach jedoch noch am 25.7.1914 die diplomatischen Beziehungen zu Serbien ab, lehnte auch englische Vermittlungsangebote (27.7.1914) ab und erklärte am 28.7. Serbien den Krieg. Russland, das fest an der Seite Serbiens stand, versicherte sich anlässlich des Besuches einer französischen Regierungsdelegation in Petersburg (20.-23.7.1914) der französischen Bündnistreue und begann daraufhin am 29.7. mit der Teilmobilmachung, stoppte diese aber auf Intervention Wilhelms II. wieder. Schließlich gelang es dem russischen Außenminister, den Zaren Nilolaus II. am 30.7. umzustimmen, und die russische Mobilmachung wurde fortgesetzt. Noch am 30.7. sicherte Moltke dem österreichisch-ungarischen Generalstabschef Conrad von Hötzendorf seine volle Unterstützung der österreichisch-ungarischen Mobilmachung zu, die am 31.7. verkündet wurde, obwohl sich Moltke diesbezüglich nicht mit der noch zögernden Reichsregierung abgestimmt hatte. Als Russland ein Ultimatum vom 31.7., die Mobilmachung gegen Deutschland und Österreich-Ungarn zurückzunehmen, unbeantwortet ließ, wurde am 1.8.1914 in Deutschland die allgemeine **Mobilmachung** befohlen, und noch am Abend desselben Tages erklärte Deutschland Russland den Krieg. Am 2.8. verlangte Deutschland von Belgien gegen Entschädigung die Duldung des Durchmarsches deutscher Truppen, Belgien lehnte jedoch ab. Deutsche Truppen besetzten am 2.8. das neutrale Luxemburg. Die Kriegserklärung Deutschlands an Frankreich erfolgte am 3.8.; Italien erklärte am selben Tage seine Neutralität. England mobilisierte am 1.8. seine gesamte Flotte, am 3.8. sein Landheer und forderte am 4.8. Deutschland auf, den Einmarsch in Belgien zu unterlassen. Dies kam einer Kriegserklärung gleich. Am 4.8. marschierten die deutschen Truppen in Belgien ein. Damit hatte der 1. Weltkrieg begonnen. Weitere Kriegserklärungen folgten.

Den Mittelmächten (Deutschland, Österreich-Ungarn) gelang es, die Verlierer des Balkankrieges, die Türkei und Bulgarien, als Verbündete zu gewinnen.

Die deutschen Militärs mussten auf schnellstmögliche Kriegserklärungen drängen, wenn ihr Aufmarschplan Aussicht auf Erfolg haben sollte. Sie blockierten damit allerdings den Verhandlungsspielraum der Reichsregierung. Der **Schlieffenplan**, zu dem keine Alternative vorgesehen war, beruhte auf einem Blitzsieg gegen Frankreich. Um dies zu erreichen, musste Deutschland möglichst schnell durch Belgien in Nordfrankreich einmarschieren und durch ein Umfassungsmanöver die französische Armee zerschlagen. Nach diesem Sieg über Frankreich wollte man sich auf den Kriegsschauplatz im Osten konzentrieren.

In Deutschland und anderen Ländern wurde der Ausbruch des 1. Weltkrieges vielfach als Befreiungsschlag empfunden, welcher die aufgestauten politischen Spannungen löste. Im Großen und Ganzen gesehen, zog das deutsche Volk mit Begeisterung in den Krieg. Im Reichstag stimmten am 4.8.1914 auch die Sozialdemokraten geschlossen den Kriegskrediten zu. Die Parteien stellten ihre Sonderinteressen zurück und stellten sich in den Dienst des Reiches (**„Burgfriedenspolitik"**), und Kaiser Wilhelm II., dem bisher die „vaterlandslosen Gesellen" aus der Arbeiterschaft suspekt gewesen waren, erklärte: „Ich kenne keine Parteien mehr, ich kenne nur noch Deutsche!"

Zu diesem Krieg hätte es nicht kommen müssen. Deutschland hatte keinerlei Eroberungsabsichten gegenüber seinen Nachbarn. Die gegenteilige Agitation des „Alldeutschen Verbandes" war nicht Gegenstand der Reichspolitik. Das Elsass-Lothringen-Problem belastete zwar das deutsch-französische Verhältnis, der Revanchismus in Frankreich war jedoch in den 1890er Jahren abgeklungen. Zwar wollte Frankreich Elsass-Lothringen irgendwann einmal zurückgewinnen, aber nicht um jeden Preis. England brauchte die deutsche Wirtschaftskonkurrenz nicht zu fürchten, denn beide Staaten ergänzten sich auf dem Weltmarkt. England war jedoch beunruhigt über die deutsche Flottenkonkurrenz, denn es wollte auch weiterhin Weltmachtpolitik gegenüber den USA und Russland betreiben und musste zu diesem Zweck stärkste Seemacht in Europa bleiben. Am problematischsten war das Verhältnis zwischen Russland und Österreich-Ungarn, weil Russland im Rahmen des Panslawismus die slawischen Völker auf dem Balkan und innerhalb der Donaumonarchie unterstützte. Die herrschenden Kreise Russlands waren frankophil, das russische Offizierskorps war deutschlandfeindlich motiviert, und der Zar konnte sich vor allem gegenüber dem Militär nicht durchsetzen. Russland hätte jedoch ohne Bündnispartner wohl kaum einen Krieg gegen Deutschland und die Donaumonarchie geführt. Die annexionistischen deutschen Kriegsziele wurden offiziell erst im Verlauf des Krieges formuliert (Annexion des französischen Industriegebietes um Briey; Gewinnung polnischer Gebiete von Russland). Frankreich erhob schließlich nicht nur Ansprüche auf Elsass-Lothringen, sondern auch auf das Saarland und auf weitere linksrheinische Gebiete. England forderte die deutschen Kolonien sowie die Zerstörung der deutschen Kriegsflotte.

Keine der Großmächte wollte den Krieg, aber keine der Großmächte setzte sich konsequent für die Erhaltung des Friedens ein. Dazu fehlten auch die starken Persönlichkeiten, welche in der zweiten Hälfte des 19. Jh. das europäische Gleichgewicht aufrechterhalten hatten. So schlitterten die Großmächte in den 1. Weltkrieg, für dessen Ausbruch man später den Mittelmächten, insbesondere aber Deutschland, die volle Schuld zuschob.

Mit dem Ausbruch des 1. Weltkrieges begann für Deutschland eine Krise, welche erst 1945 mit der Zerschlagung des „Deutschen Reiches" durch ausländische Mächte gewaltsam beendet wurde.

Zum Verlauf des 1. Weltkrieges

An der Westfront scheiterte die deutsche Blitzkriegsstrategie bereits mit der **Marneschlacht** (5.-12.9.1914). Nach Einbrüchen des Gegners nahm Generalstabschef Moltke (1. Oberste Heeresleitung) den gesamten rechten Flügel der deutschen Armee um rund 80 km zurück. Moltke hatte versagt und wurde am 14.9.1914 durch General Erich von Falkenhayn ersetzt (2. Oberste Heeresleitung). Es gelang nicht, durch einen Vorstoß zum Meer die französischen Kanal-Häfen zu erobern. Mit der **Schlacht bei Ypern** (30.10.-24.11.1914) scheiterte schließlich auch der Vorstoß auf die Hafenstadt Calais. Die von der Schweizer Grenze bis zur

Nordsee reichende, rund 700 km lange Front erstarrte im aufreibenden Stellungskrieg und veränderte sich bis zum Frühjahr 1918 kaum noch.

Der russische Aufmarsch ging schneller vonstatten als erwartet, und die Russen fielen in Ostpreußen ein. Nach der deutschen Niederlage in der Schlacht bei Gumbinnen (18.-20.8.1914) gelang der 8. Armee unter Führung des 67-jährigen reaktivierten Generals Paul von Hindenburg und seines Stabschefs Generalleutnant Erich Ludendorff, die beiden zahlenmäßig überlegenen russischen Armeen in den Schlachten bei **Tannenberg** (26.-30.8.1914) und an den **Masurischen Seen** (5.-15.9.1914) nacheinander vernichtend zu schlagen. Damit war die Gefahr eines weiteren russischen Vordringens zunächst gebannt. Durch die deutsche Propaganda wurden Hindenburg und Ludendorff zu mythischen Heldengestalten aufgebaut.

An der Westfront entwickelte sich der Krieg zunehmend zu einer Abfolge von Materialschlachten. So versuchten die Alliierten erfolglos und unter hohen Verlusten in den **Herbstschlachten** bei **La Bassée** (25.9.-13.10.1915) und in der **Champagne** (22.9.-3.11.1915), den deutschen Frontbogen im Zangenangriff aufzurollen. 1916 versuchten die Deutschen, am Angelpunkt der Frontlinie bei Verdun durchzubrechen. In der mörderischen **Schlacht von Verdun** (21.2. – Dezember 1916) verloren die Deutschen 338.000 Mann, die Franzosen 364.000 Mann. Die Festung Verdun konnte nicht eingenommen werden, die geringen Geländegewinne um das Fort Douaumont gingen wieder verloren. Das Schlachtfeld von Verdun mit seinen zahlreichen Mahnmalen und Soldatenfriedhöfen ist heute Symbol der Sinnlosigkeit von Kriegen. Zur größten Materialschlacht des Krieges wurde die **Schlacht an der Somme** (24.6. – November 1916), in welcher die Deutschen und die Engländer je etwa 500.000 Mann und die Franzosen etwa 200.000 Mann verloren. Diese Schlacht hatte den Alliierten nicht den entscheidenden Durchbruch gebracht; die Kampfkraft des deutschen Heeres war jedoch erheblich geschwächt worden. Im Verlauf dieser Schlachten wurde Falkenhayn als Oberkommandierender abgelöst und am 29.8.1916 mit Hindenburg und Ludendorff die „3. Oberste Heeresleitung (OHL)" gebildet, von der man sich die entscheidende Wende dieses Krieges versprach.

Der Kaiser trat als „Oberster Kriegsherr" kaum noch in Erscheinung. Demgegenüber mischte sich die 3. OHL, insbesondere Ludendorff, ab jetzt in die politischen Entscheidungen ein. Die deutsche Kriegsflotte lag untätig in den Häfen, denn man war sich der Überlegenheit der englischen Flotte bewusst. Die englische Flotte blockierte die Eingänge zur Nordsee und damit widerrechtlich den Handel Deutschlands mit den neutralen Staaten, was zu Versorgungsschwierigkeiten in Deutschland führte. 1916 suchte Deutschland eine Entscheidung in der Nordsee, und es kam zur **Seeschlacht am Skagerrak** (31.5.-1.6.1916). Die Schlacht endete mit einem leichten taktischen Vorteil für Deutschland, konnte jedoch die englische Seeüberlegenheit nicht erschüttern. Damit hatte sich der Bau einer deutschen Schlachtflotte als Fehlschlag erwiesen. – Größere Erfolge hatte Deutschland mit seiner U-Boot-Flotte, die seit dem 4.2.1915 auch im Handelskrieg gegen England zum Einsatz kam. Durch diesen **U-Boot-Krieg** gegen Handelsschiffe sollte England ausgehungert werden. Nach der Versenkung der „Lusitania" (7.5.1915; englisches Passagierschiff; 1198 Menschen ertranken, darunter 124 Amerikaner) und dem daraufhin erfolgenden Protest der USA zog Deutschland die U-Boote im September 1915 aus den Gewässern um England zurück, nahm den U-Boot-Krieg dort im Februar 1916 jedoch wieder auf, als Ermahnungen der USA an England, die neutralen Handelsschiffe nicht mehr zu behindern, von England nicht beachtet worden waren. Die Oberste Heeresleitung erzwang die Wiederaufnahme des uneingeschränkten U-Boot-Krieges ab 1.2.1917, als die Versorgungslage in Deutschland durch die englische Seeblockade immer kritischer wurde und man glaubte, England durch den Handelskrieg in 5 Monaten in die Knie zwingen zu können. Der uneingeschränkte U-Boot-Krieg war Anlass für den **Kriegseintritt der USA** (6.4.1917).

Die Kriegswirtschaft und die sozialen Probleme

Deutschland war wirtschaftlich nicht auf eine lange Kriegsdauer vorbereitet, denn alle militärischen Operationspläne gingen von einem schnellen Sieg aus. Als dieser nicht eintrat, war die Abschließung von fast allen Auslandsmärkten und damit eine weitgehend erzwungene Autarkie der deutschen Wirtschaft sowie starke Einschränkungen des zivilen Verbrauches, insbesondere auch hinsichtlich der Ernährung, absehbar. Von England wurde der Krieg von Anfang an als Wirtschaftskrieg gegen Deutschland geführt (Seeblockade).

Zunächst machte sich eine **Zwangsbewirtschaftung der Rohstoffe** erforderlich. Auf Anregung Walther Rathenaus und unter dessen Leitung wurde bereits Mitte August 1914 im preußischen Kriegsministerium eine „Rohstoffabteilung" aufgebaut, welche kriegswichtige Rohstoffe erfasste, beschlagnahmte und an die für die Rüstung arbeitende Industrie verteilte sowie staatliche Fördermittel für den Ausbau der Rüstungsindustrie vermittelte. Deutschland verfügte zwar über Kohle und Eisenerz sowie über Blei und Zink, vollständig fehlten aber Wolfram, Chrom, Antimon, Nickel, Aluminium, Zinn und Mangan. Die Textilindustrie war fast völlig und die chemische Industrie zu einem erheblichen Teil (hinsichtlich Salpeter, Schwefel, Kautschuk, Öl) von Importen abhängig. Bei Kupfer bestand ein Engpass. So mussten für kriegswichtige Stoffe (v. a. Salpeter, Schwefel, synthetischer Kautschuk, Textilfasern) neue Herstellungsverfahren entwickelt werden, und man sammelte alles irgendwie Verwertbare (so Metalle von der Kirchenglocke bis zur Türklinke, Textilabfälle, Papier) und ging zu Ersatzstoffen über (z. B. Herstellung von Papiergarnen). Kriegswichtig war z. B. die großindustrielle Herstellung von Ammoniak (als Ausgangsstoff für Salpeter, den man anstelle des Chilesalpeters für die Schießpulverherstellung benötigte) aus Luftstickstoff nach dem in Deutschland entwickelten Haber-Bosch-Verfahren in den 1917 in Betrieb genommenen Leunawerken bei Merseburg.

Die deutsche Landwirtschaft deckte vor dem Krieg etwa 90 % des Bedarfs an Lebensmitteln. Im Verlauf des Krieges sanken die Ernteerträge infolge Mangels an Arbeitskräften, Zugtieren, Futtermitteln, Mineraldünger und Geräten, sodass die Getreideernte von 1917 nur noch die Hälfte einer durchschnittlichen Vorkriegsernte erreichte. Eine Vorratswirtschaft für eine mehrjährige Kriegführung war nicht betrieben worden. Während zunächst noch Nahrungsmittellieferungen aus den neutralen Ländern kamen (v. a. überseeisches Getreide über den Hafen von Rotterdam sowie Fette aus Dänemark), gingen diese in dem

Maße zurück, wie England und Frankreich ihre Blockade 1915/16 durch eine Kontrolle der neutralen Länder ergänzten. Dadurch machte sich eine improvisierte Rationierung und Zwangsbewirtschaftung erforderlich. Die ersten **Lebensmittelkarten** (zunächst nur für Brot) gab man im Januar 1916 aus. Es gelang nicht, den Schwarzmarkt für Nahrungsmittel unter Kontrolle zu bekommen und die Hungerkatastrophe von 1916/17 („Kohlrübenwinter") abzuwenden. Noch im Sommer 1917 betrug der Kalorienwert der täglich zugeteilten rationierten Lebensmittel nur 1000 kcal, während das Reichsgesundheitsamt als Mindestbedarf 2280 kcal berechnet hatte.

Angesichts der Materialschlachten stellte man 1916 das **Hindenburg-Programm** auf, wonach alle materiellen Ressourcen und alle verfügbaren Arbeitskräfte zur Steigerung der Kriegsproduktion eingesetzt werden sollten. Die Folge waren größere staatliche Eingriffe (Staatsinterventionismus) in die Wirtschaft, ohne dass allerdings die unternehmerischen Freiheiten wesentlich eingeschränkt wurden.

Zwecks Bereitstellung der **Arbeitskräfte** wurden mit dem am 2.12.1916 beschlossenen „Gesetz über den Vaterländischen Hilfsdienst" alle Männer vom 17. bis zum 60. Lebensjahr für arbeitsdienstpflichtig erklärt und deren Freizügigkeit beim Arbeitsplatzwechsel stark eingeschränkt, womit allerdings nicht der Mangel an Facharbeitern behoben werden konnte. Um dieses Gesetz durchzubringen, hatte man die Stimmen der Gewerkschaften und der SPD benötigt. Deshalb wurden die Gewerkschaften 1916 offiziell als Vertreter der Arbeiterschaft anerkannt, und zur Beilegung von Streitigkeiten über Arbeitsbedingungen und Arbeitsplatzwechsel wurden paritätisch besetzte Schlichtungsausschüsse eingesetzt.

Von der SPD spalteten sich der am 1.1.1916 gegründete Spartakusbund sowie die vom 6.4.-8.4.1916 in Gotha gegründete **„Unabhängige Sozialdemokratische Partei Deutschlands"** **(USPD)** ab. Die USPD vertrat im Gegensatz zur SPD konsequent die Interessen der Arbeiterschaft und wandte sich deshalb gegen die Fortführung des Krieges. Die Spartakusgruppe trat der USPD unter Vorbehalt als selbstständige Gruppe bei. Die SPD, welche nach Abspaltung der USPD immer noch die Mehrheit der Arbeiterschaft vertrat (deshalb als MSPD = Mehrheits-SPD bezeichnet), blieb bei der **Burgfriedenspolitik**.

Bis zum Ende des Krieges hatte sich ein beträchtliches Konfliktpotenzial angestaut, denn die Masse der Bevölkerung hatte man durch die immer katastrophaler werdende Versorgungslage in einem derart hohen Maße der Not und Verelendung preisgegeben, wie dies seit Generationen nicht mehr erlebt worden war, und andererseits gab es Kriegsgewinnler, die vermögend geworden waren und deren entsprechende Lebensführung nicht verborgen blieb.

Die Kriegsfinanzierung

Der Krieg kostete das Reich etwa 164 Mrd. Mark, was dem 50-Fachen der Reichsausgaben von 1913 entsprach. Hauptfinanzierungsquelle waren halbjährlich aufgelegte **Reichsanleihen** (Kriegsanleihen) bei der Bevölkerung. Als die Aufnahme von Anleihen nach 1916 zurückging, finanzierte man den Krieg hauptsächlich über **Schatzanweisungen**, die von der Reichsbank übernommen wurden, was einer Geldvermehrung durch die Notenpresse entsprach. Das Warenangebot im Reich verringerte sich um ein Drittel. Ohne Preisfixierungen für viele Waren hätte der Geldüberhang zu einer Inflation mit einem Anstieg der Lebenshaltungskosten um das etwa Vierfache geführt. Die dritte Finanzierungsquelle waren **Steuern**. Ab 1916 wurden Kriegsgewinne mäßig besteuert, hinzu kamen Einnahmen aus Verbrauchssteuern, Stempel-, Ausfuhr- und Postgebühren. – Die Kriegsausgaben finanzierte man zu 59 % durch Anleihen, zu 35 % durch Schatzwechsel und zu 6 % durch Steuereinnahmen. – Der Goldbestand der Reichsbank erhöhte sich zunächst erheblich, weil der Handel mit Gold verboten sowie am 4.8.1914 die Goldeinlösungspflicht der Reichsbank aufgehoben worden war. Außerdem leistete die Bevölkerung dem Aufruf Folge, ihr Gold freiwillig abzugeben. Mit Gold bezahlte man vor allem die Importe.

Die letzten Kriegsmonate

Nach dem am 15.12.1917 mit den Sowjets geschlossenen Waffenstillstand und dem Sonderfrieden vom 9.2.1918 mit der Ukraine erzwang Deutschland am 3.3.1918 den **Friedensvertrag**

von Brest-Litowsk, wodurch an der Ostfront der Krieg beendet wurde. Die Sowjets mussten das Ausscheiden von Polen, Kurland und Litauen aus dem sowjetischen Staatsverband, die weitere deutsche Besetzung von Estland und Livland, die Selbstständigkeit der Ukraine sowie die Abtretung einiger südlicher Gebiete an die Türkei anerkennen und sich zur Räumung von Finnland verpflichten. Im Zusatzvertrag vom 27.8.1918 mussten die Sowjets die Zahlung von 6 Mrd. Goldmark sowie den endgültigen Verzicht auf Estland und Livland anerkennen.

Angesichts von **inneren Unruhen im Reich** (im Januar 1918 war es zu Massenstreiks in Berlin und anderen Städten gekommen, die nur durch die Vermittlung der MSPD schnell beendet werden konnten) und dem Friedensschluss an der Ostfront entschloss sich die OHL, alles auf eine Karte zu setzen und durch eine **Offensive an der Westfront** eine Entscheidung zugunsten Deutschlands herbeizuführen. Eile erschien geboten, denn die Amerikaner führten der Westfront immer mehr Soldaten und Kriegsmaterial zu, und es war den deutschen U-Booten bisher nicht gelungen, auch nur einen Truppentransporter zu versenken. Die am 21.3.1918 begonnene deutsche Offensive brach am 8.8.1918 („Schwarzer Tag des deutschen Heeres") endgültig zusammen. Ludendorff gestand auch gegenüber dem Kaiser ein, dass der Krieg nicht mehr zu gewinnen sei und beendet werden müsse. Ludendorff nahm die deutschen Truppen ab 20.8.1918 langsam zurück und drängte jetzt die Regierung zu einem Waffenstillstandsangebot. Weil auch der amerikanische Präsident Wilson zum Ausdruck gebracht hatte, dass ein Frieden nur zwischen Regierungen geschlossen werden könne, die von ihren Völkern legitimiert seien, forderte Ludendorff, im Deutschen Reich die parlamentarische Regierungsform einzuführen und in Preußen das Dreiklassenwahlrecht abzuschaffen.

Am 3.10.1918 wurde der als liberal geltende **Prinz Max von Baden** zum Reichskanzler berufen. Seiner Regierung gehörten erstmals Vertreter der MSPD an. Das Waffenstillstandsangebot wurde am 4.10.1918 an Wilson abgesandt. Als Antwort traf am 23.10.1918 die Forderung nach der militärischen Kapitulation, also nach einem Eingeständnis der militärischen Niederlage, ein. Jetzt entzog sich Ludendorff der Verantwortung und bat um seine Entlassung, dem am 26.10.1918 entsprochen wurde. Dessen Nachfolger wurde General Wilhelm Groener. Am 28.10.1918 billigten der Bundesrat, der Reichstag und der Kaiser mit einer Verfassungsänderung („**Oktoberverfassung**") den **Übergang zur parlamentarischen Demokratie.** Danach war jetzt der Reichskanzler an das Vertrauen des Reichstages gebunden; politische Initiativen gingen jetzt nicht mehr vom Kaiser, sondern von der Regierung aus; verbindlich wurde die Mitwirkung des Reichstages bei Entscheidungen über Krieg und Frieden. Praktische Auswirkungen hatte diese seit Langem überfällige Verfassungsreform nicht mehr, denn sie wurde durch die Phase der Novemberrevolution überholt. – Die Ereignisse überstürzten sich, sodass die Unterzeichnung des Waffenstillstands (11.11.1918) bereits in die Novemberrevolution fiel.

Die Kriegsfolgen

Im Krieg waren rund 1,8 Mio. deutsche Soldaten gefallen (dazu kamen rund 180.000 Vermisste). An den Folgen des Hungers starben von 1914 bis 1918 über 750.000 deutsche Zivilisten.

Die **Waffenstillstandsbedingungen** entsprachen vor allem den Wünschen Frankreichs. Das deutsche Heer hatte das französische Staatsgebiet, Elsass-Lothringen, Belgien und binnen 25 Tagen auch das linksrheinische deutsche Gebiet zu räumen. Einzurichten war außerdem eine 35 km tiefe entmilitarisierte rechtsrheinische Zone. Die alliierten Truppen besetzten Köln, Koblenz und Mainz als Brückenköpfe zum Reichsgebiet. Alle alliierten Kriegsgefangenen waren zurückzuführen. Die Friedensverträge von Brest-Litowsk und Bukarest (7.5.1918 zwischen Österreich und Rumänien) waren zu annullieren. Das Reich wurde dazu verpflichtet, große Mengen an Waffen, sämtliche Flugzeuge und Kriegsschiffe (einschließlich der U-Boote), 150.000 Eisenbahnwaggons, 5000 Lokomotiven sowie Lastkraftwagen an die Alliierten abzuliefern. Andererseits blieb die See- und Wirtschaftsblockade gegenüber Deutschland bestehen.

Formell beendet wurde der 1. Weltkrieg mit der Unterzeichnung des **Vertrages von Versailles** vom 28.6.1919 (Inkrafttreten am 10.1.1920). Die Bedingungen des Vertrages wurden auf der am 18.1.1919 in Versailles eröffneten Friedenskonferenz unter

Ausschluss der besiegten Staaten formell durch die Vertreter von 32 Staaten, praktisch aber durch die USA (Präsident Wilson), England (Premierminister Lloyd George) und Frankreich (Ministerpräsident Clemenceau) festgelegt. **Kriegsziele der Großmächte**: Wilson strebte eine dauerhafte Weltfriedensordnung an (mit Unterzeichnung des Vertrages erfolgte die Gründung des Völkerbundes). England wollte Deutschland als Kolonial-, See- und Handelsmacht ausschalten, es ansonsten aber als Machtfaktor des europäischen Gleichgewichts erhalten. Frankreich wollte späteren deutschen Aggressionen durch umfangreiche Annexionen deutscher Gebiete (möglichst bis an den Rhein) sowie durch einschneidende Rüstungsbeschränkungen die Grundlage entziehen und forderte ohne Rücksicht auf die Lebensfähigkeit Deutschlands weitreichende finanzielle und materielle Wiedergutmachung (Reparationen) der Kriegsschäden. Besonders Frankreich hatte Interesse an der Schaffung eines starken Polen, welches gleichzeitig Deutschlands Ostgrenze bedrohen und ein Bollwerk gegen das bolschewistische Russland bilden sollte. Die französischen Forderungen prägten die Bestimmungen des Vertrages von Versailles.

Gebietsabtretungen: Deutschland hatte ohne Volksabstimmung abzutreten: alle überseeischen Kolonien als Mandatsgebiete an den Völkerbund, Elsass-Lothringen an Frankreich, große Teile der preußischen Provinzen Westpreußen und Posen an das neu geschaffene Polen, um diesem einen Zugang zur Ostsee zu verschaffen („Polnischer Korridor"), das Memel-Land (zunächst unter Kontrolle des Völkerbundes; 1924 an Litauen angegliedert), Danzig (Freie Stadt unter dem Schutz des Völkerbundes; wirtschaftlich an Polen angeschlossen) und das Hultschiner Ländchen (an die neu geschaffene Tschechoslowakei). Nach Volksabstimmungen, deren Ergebnisse man in einigen Fällen manipulierte, zuungunsten Deutschlands auslegte bzw. ignorierte, wurden von Deutschland abgetrennt: die Industrie-Region Eupen-Malmedy an Belgien, Nord-Schleswig an Dänemark und Ost-Oberschlesien an Polen. Damit verlor Deutschland insgesamt 13,1 % (etwa 70.000 qkm) seines Territoriums und 7,3 Mio. (etwa 10 %) seiner Einwohner. Mit der Abtretung dieser Gebiete, bei denen es sich vor allem um landwirtschaftliche Überschussgebiete handelte, verlor Deutschland 14,6 % seiner anbauwürdigen landwirtschaftlichen Fläche mit 17 % der deutschen Getreide- und Kartoffelerzeugung. Hinsichtlich seiner Rohstoffe verlor Deutschland 68 % der Zinkerzeugung, 75 % der abbauwürdigen Eisenerzvorkommen, 26 % der Steinkohlenförderung sowie etwa 40 % seiner Produktionskapazitäten für Roheisen. Besonders negativ wirkte sich die Trennung der Eisenerzvorkommen von Elsass-Lothringen von den Kohlenvorkommen des Ruhrgebietes aus. – Mit Ost-Oberschlesien verlor Deutschland den wertvollsten Teil des oberschlesischen Industriegebietes. An Polen fielen 53 von 67 Steinkohlengruben, etwa 90 % der Steinkohlenvorräte, 11 von 16 Zink- und Bleierzgruben, alle Blei- und Zinkhütten und damit die gesamte Schwefelsäureherstellung, alle Eisenerzgruben sowie 5 von 8 Eisenhüttenwerken. – Das Saargebiet, welches man aus Teilen der preußischen Rheinprovinz und der bayerischen Pfalz gebildet hatte, wurde von Deutschland abgetrennt (Ruhrstatut der Siegermächte vom 9.4.1919, das in den Versailler Vertrag übernommen wurde) und zunächst einer französischen Militärverwaltung, nach Streiks und Unruhen jedoch ab 27.2.1920 einer Regierungskommission des Völkerbundes unterstellt. Die Kohlengruben und das industrielle Ausbeutungsrecht im Saargebiet wurden an Frankreich abgetreten (nach der entsprechend dem Ruhrstatut vorgesehenen Volksabstimmung nach 15 Jahren [durchgeführt am 13.1.1935] wurde das Saargebiet am 1.3.1935 in das Deutsche Reich rückgegliedert). Außerdem besetzten die Franzosen das linksrheinische Gebiet sowie rechtsrheinische Brückenköpfe (Mainz, Kehl, Koblenz, Köln). Diese Gebiete sollten nach 5, 10 bzw. 15 Jahren wieder geräumt werden.

Rüstungsbeschränkungen: Die allgemeine Wehrpflicht wurde verboten und der Große Generalstab aufgelöst. Deutschland behielt ein Berufsheer von nur 100.000 Mann und eine Marine von 15.000 Mann. Die Bewaffnung unterlag drastischen Beschränkungen (Panzer-, Gas-, Luft- und U-Boot-Waffe wurden gänzlich untersagt). Eine 50 km tiefe Sicherheitszone rechts des Rheins hatte als entmilitarisierte Zone zu gelten. Einer interalliierten Militär-Kontrollkommission wurde zwecks Kontrolle der Abrüstungsbestimmungen unbeschränkter Zugang zu allen entsprechenden Objekten eingeräumt.

Reparationen: Deutschland hatte für alle Kriegsverluste und Kriegsschäden materielle und finanzielle Wiedergutmachung zu leisten. Um dies zu rechtfertigen, wurde der Kriegsschuldartikel 231 in den Versailler Vertrag aufgenommen, wodurch Deutschland und seinen Verbündeten wider besseres Wissen die alleinige Schuld am Kriege angelastet wurde. Die Höhe der Reparationszahlungen sollte später durch eine Reparationskommission festgelegt werden. Im Rahmen der Reparationsforderungen beschlagnahmte man sofort das deutsche Privateigentum im Ausland und die deutschen Auslandsguthaben. Deutsches Privateigentum wurde auch in einigen neutralen Staaten konfisziert. Die Entschädigung der enteigneten Privateigentümer überließ man dem Deutschen Reich. Deutschland musste den größten Teil seiner Handelsflotte sowie jedes zweite Binnenschiff abliefern und hatte zur Kompensation von Kriegsschäden in Frankreich, Belgien usw. Sachleistungen zu erbringen (z. B. Lokomotiven, Waggons, 60 % der geförderten Kohle, Holz, die Hälfte des Milchviehbestandes). Gefordert wurde die Auslieferung von rund 900 „Kriegsverbrechern" aus Militär und Politik (unter ihnen der Kaiser).

Deutschland war trotz der bedeutenden Gebietsabtretungen mit ihren wirtschaftlichen Auswirkungen in seiner Kernsubstanz erhalten geblieben. Die harte und ungerechte Behandlung im Versailler Vertrag (von der deutschen Propaganda als „Schandfrieden" und „Diktatfrieden" bezeichnet) führte jedoch zu wirtschaftlichen und politischen Instabilitäten in bisher noch nicht erlebten Ausmaßen.

7. DIE WEIMARER REPUBLIK (1919–1933)

7.1. Von der Novemberrevolution bis zum Krisenjahr 1923

Die November-Revolution

Die patriotische Begeisterung der ersten Kriegsmonate hatte sich spätestens 1916 gelegt. Geblieben waren bei der Masse der Bevölkerung Unmut und Verzweiflung. Dazu beigetragen hatte vor allem die katastrophale Ernährungslage. Bereits ab Sommer 1917 regte sich der Widerstandswille gegen die sinnlose Weiterführung des Krieges. All dies entlud sich mit dem militärischen Zusammenbruch Deutschlands spontan in der Novemberrevolution von 1918, welche zum Sturz der Monarchie führte und den Weg zur Gründung des ersten demokratischen Staates in Deutschland, der Weimarer Republik, frei machte.

Bereits 1916 hatte sich aus den Reihen des linken Flügels der Gewerkschaften und der USPD vor allem in Berlin die Geheimorganisation der **„Revolutionären Obleute"** konstituiert, die ihre Vertrauensleute in den Großbetrieben (bes. der Metallindustrie) hatten und auf ein zentrales Kommando hin die Führung der ab 1916 erwarteten Revolution in Deutschland übernehmen wollten. Im Sommer 1917 war es vereinzelt zu **Meutereien in der Kriegsflotte** gekommen (am 2.8.1917 Dienstverweigerung von ca. 400 Matrosen der „Prinzregent Luitpold"). Von August bis September 1917 kam es in vielen Städten zu **Streiks**, Antikriegsaktionen und Demonstrationen. So streikten unter der Führung der USPD vom 15. bis zum 18.8.1917 in den Leunawerken bei Merseburg ca. 12.000 Arbeiter. Am 28.1.1918 erging ein Streikaufruf der Revolutionären Obleute („Januarstreiks"), dem in Berlin ca. 400.000 Munitionsarbeiter Folge leisteten. Dieser Streik griff auf weitere Städte über und hatte schließlich etwa 1 Mio. Arbeiter erfasst (Forderungen zur Verbesserung der Lebensmittelversorgung, verbunden mit politischen Forderungen). Als der verschärfte Belagerungszustand verhängt und wichtige Betriebe unter militärische Aufsicht gestellt worden waren, brach der Streik am 4.2.1918 zusammen; einzelne Streikführer wurden zu Freiheitsstrafen verurteilt. Nachdem der U-Boot-Krieg am 20.10.1918 als Vorbedingung für Waffenstillstandsverhandlungen auf Verlangen der USA eingestellt worden war, fasste die Marineleitung den Entschluss, zur Ehrenrettung der deutschen Flotte den Engländern eine letzte große Seeschlacht zu liefern. Als der Befehl zum Auslaufen der Flotte gegeben wurde, kam es am 29.10.1918 in Wilhelmshaven zu Meutereien der Matrosen und am 3.11.1918 zum **Matrosenaufstand in Kiel**, der am 4./5.11.1918 auf Brunsbüttel und Lübeck, am 6.11.1918 auf Hamburg, Altona sowie Cuxhaven und schließlich auf die Städte des Binnenlandes übergriff. Zunächst wurde mit diesem Aufstand die Forderung nach der Abdankung des Kaisers verbunden, in dessen Person man zu Unrecht die Ursache für die sinnlose Weiterführung des Krieges sah. Der Kaiser war am 29.10.1918 von Berlin in das Hauptquartier des Heeres nach Spa abgereist.

Auch Wilson hatte in seiner Note vom 23.10.1918 zu verstehen gegeben, dass Deutschland nur mit erträglichen Friedensbedingungen rechnen könne, wenn der Kaiser nicht mehr an der Spitze des Staates stehe. Friedrich Ebert, Vorsitzender der MSPD, war aus anderen Gründen für die Abdankung. Gegenüber Prinz Max von Baden soll er geäußert haben: „Wenn der Kaiser nicht abdankt, dann ist die soziale Revolution unvermeidlich. Ich aber will sie nicht, ja, ich hasse sie wie die Sünde." Auch Prinz Max war der Ansicht, dass die Monarchie nur gerettet werden kann, wenn der Kaiser zurücktritt, und bemühte sich am Vormittag des 9.11.1918 vergeblich darum, den Kaiser dazu zu bewegen.

Unter dem Einfluss der aufständischen Matrosen, deren Abgesandte die Revolution in den Städten des Reiches, ohne auf Widerstand durch Polizei, Militär oder das Bürgertum zu stoßen, in Gang brachten, konstituierten sich unter der Parole „Alle Macht den Räten" ab 3.11.1918 in vielen Städten und Ortschaften, in Berlin erst unter dem Einfluss der „Revolutionären Obleute" am 9.11.1918 **Arbeiter- und Soldatenräte**, welche die vollziehende Gewalt übernahmen, in den meisten Fällen jedoch pragmatisch vorgingen und unter dem Einfluss der MSPD sowie der Gewerkschaften für eine Übergangszeit nur die lokalen Verwaltungen kontrollierten und Maßnahmen zur Aufrechterhaltung der inneren Ruhe und Ordnung sowie der Lebensmittelversorgung trafen.

Am 9.11.1918 kam es in Berlin zu einzelnen **Streiks** unter Führung der „Revolutionären Obleute", an deren Spitze sich die USPD stellte (für den 11.11.1918 wurde zum Generalstreik aufgerufen). Zur gleichen Zeit erwog der Kaiser in Spa, den Aufstand militärisch niederzuschlagen. Hindenburg und andere Truppenführer (v. a. General Groener) machten ihm klar, dass die deutschen Soldaten nicht gegen die Heimat marschieren würden, sondern Frieden haben wollten. Hindenburg gab dem Kaiser den Rat, in die Niederlande zu emigrieren. Dies befolgte der Kaiser am 10.11.1918.

Am 9.11.1918 traten die MSPD-Minister aus der Regierung aus, um ihren Einfluss auf die Arbeiterschaft nicht zu verlieren; die Reichstagsfraktion der MSPD übernahm die Regierungsgewalt. Am 9.11.1918 um 12 Uhr erklärte Prinz Max von Baden eigenmächtig, dass sich der Kaiser entschlossen habe, dem Throne zu entsagen (tatsächlich erfolgte der **Thronverzicht Kaiser Wilhelms II.** erst am 28.11.1918), trat selbst zurück und übergab die Regierungsgewalt an **Friedrich Ebert**. Am 9.11.1918 um 14 Uhr rief **Philipp Scheidemann** (MSPD) gegen den Willen Eberts vom Reichstagsgebäude die „Deutsche Republik" aus, um linksradikalen Gruppen um den Spartakusbund zuvorzukommen, deren Führer **Karl Liebknecht** um 16 Uhr vom Balkon des Berliner Schlosses die „Freie sozialistische Republik" proklamierte. In Bayern war bereits am 7.11.1918 eine Räterepublik ausgerufen worden. Auch in allen anderen deutschen Staaten verschwand in wenigen Tagen die Monarchie, ohne dass sich eine Hand zu ihrer Verteidigung gerührt hätte. Damit lag die politische Macht in den Händen der in sich gespaltenen sozialistischen Bewegung.

Der gewaltsamen Veränderungen abgeneigte, innerhalb der SDP eher konservative Ebert strebte einen geordneten Übergang zu dem neuen Staatswesen an und betrachtete sich bis zur Einberufung einer verfassunggebenden Nationalversammlung lediglich als deren Treuhänder. Bereits in seinen ersten Proklamationen rief er zu **Ruhe und Ordnung** auf. Wichtig war für Ebert zunächst die Sicherstellung der Lebensmittelversorgung und die Inganghaltung der Industrie; die Umgestaltung der Gesellschaft wurde dem untergeordnet. Mit der USPD einigte sich Ebert am 10.11.1918 über die Bildung einer Regierung, dem **„Rat der Volksbeauftragten"**, mit Ebert, Scheidemann und Landsberg von der MSPD sowie Haase, Dittmann und Barth von der USPD. Zum eigentlichen Vollzugsorgan sollte hingegen nach dem Willen der USPD ein aus Vertretern der USPD sowie der Spartakisten bestehender radikal-sozialistischer Vollzugsrat aus den Berliner Arbeiter- und Soldatenräten gebildet werden. Die am 10.11.1918 von der USPD in den Zirkus Busch einberufene Versammlung der Berliner Arbeiter- und Soldatenräte wählte allerdings einen paritätisch zusammengesetzten **Vollzugsrat** (bestehend aus 7 MSPD-Mitgliedern, 7 revolutionären Obleuten und 14 Soldaten, von denen Letztere mehrheitlich für die Ziele der MSPD gewonnen worden waren), welcher den Rat der Volksbeauftragten bestätigte. Damit war schon nach einem Tag die Vorentscheidung für einen gemäßigten Kurs gefallen.

Am 10.11.1918 ging Ebert auf des Angebot General Groeners ein, mit ehemaligen kaiserlichen Truppen die Ruhe und Ordnung im Auftrag der Regierung aufrechtzuerhalten, wenn das Offizierskorps die Befehlsgewalt behielte. Damit war die Grundsatzentscheidung für den Generalstab und gegen die Soldatenräte gefallen, denen man nur beratende Funktion hinsichtlich der Ordnung in der Truppe zubilligte. Somit stand das Übereinkommen der Mehrheitssozialisten (MSPD) mit dem Generalstab am Anfang der Weimarer Republik.

Dem Rat der Volksbeauftragten fiel die undankbare Aufgabe der Unterzeichnung des **Waffenstillstandsabkommens** zu, welche am 11.11.1918 im Salonwagen des französischen Marschalls Foch im Wald von Compiègne von deutscher Seite auf Wunsch Hindenburgs durch den Zentrumspolitiker und Staatssekretär Matthias Erzberger erfolgte. Indem Matthias Erzberger das Waffenstillstandsabkommen unterzeichnete, wurde die Verantwortung der militärischen Führer für die Niederlage verschleiert und der später von Hindenburg verbreiteten **„Dolchstoßlegende"** Vorschub geleistet, wonach das im Felde ungeschlagene deutsche Heer durch den von der sozialistischen Agitation in der Heimat sowie in der Etappe geschürten Defätismus und schließlich durch die Novemberrevolution von hinten erdolcht worden sei.

Mit dem Abschluss des **Stinnes-Legien-Abkommens** vom 15.11.1918 wurde die im Weltkrieg begonnene Zusammenarbeit zwischen den Gewerkschaften als Vertretung der Arbeitnehmer und den Arbeitgebern fortgesetzt. Mit diesem Abkommen wurde der Grundstein für die durch gewerkschaftliche Mäßigung geprägte sozialpolitische Gesetzgebung während der Weimarer Republik gelegt. Die sozialistischen Gewerkschaften waren seit dem Weltkrieg zur größten Massenorganisation in Deutschland geworden (1914 2,5 Mio. eingeschriebene Mitglieder; 1919 über 7 Mio.) und bildeten den Rückhalt für die Politik der MSPD. Die christlichen und Hirsch-Dunkerschen Gewerkschaften hatten eine ähnliche Entwicklung genommen. Den Arbeiterräten gelang es nicht, die Gewerkschaften hinsichtlich der Regelung der Arbeits- und Lohnverhältnisse zu verdrängen.

Auf dem „1. Reichskongress der Arbeiter- und Soldatenräte" (16.-21.12.1918) mit etwa 500 Delegierten aus ganz Deutschland (mehrheitlich MSPD) wurde die Übertragung der gesetzgebenden und vollziehenden Gewalt an den Rat der Volksbeauftragten bestätigt. Anstelle des Vollzugsrates wurde ein ausschließlich aus MSPD-Mitgliedern bestehender **Zentralrat** gewählt, der formell oberstes provisorisches Staatsorgan war und den Rat der Volksbeauftragten kontrollieren sollte, diese Aufgabe aber praktisch nicht wahrnahm. Als Wahltermin für eine verfassunggebende Nationalversammlung setzte man den 19.1.1919 fest. Mit diesen Beschlüssen hatten sich die Arbeiter- und Soldatenräte auf Reichsebene selbst entmachtet und die Errichtung einer sozialistischen Räterepublik als Alternative zur parlamentarischen Demokratie aufgegeben. Räterepubliken bestanden nur kurzzeitig in Bayern (Münchener Räterepublik 7.4.-1./2.5.1919) sowie in Bremen (bis 5.2.1919).

In der folgenden Zeit gingen linke sowie radikale Gruppen mehrfach mit Waffengewalt gegen die Weimarer Republik vor, welche sich dieser Gefahr mit Hilfe von ehemals kaiserlichen Truppen bzw. daraus hervorgegangenen Freiwilligenverbänden (Freikorps) erwehrte.

Um den Reichskongress unter Druck zu setzen, hatten sich die Spartakisten bereits im Dezember 1918 in Berlin Straßenkämpfe mit Soldaten, welche die MSPD für sich gewonnen hatte, geliefert.- Um ihren Soldforderungen Nachdruck zu verleihen, belagerte am 23.12.1918 die im November 1918 zum Schutz der Revolutionsregierung von Cuxhaven nach Berlin beorderte **Volksmarinedivision** die Reichskanzlei und setzte den MSPD-Stadtkommandanten Otto Wels im Berliner Schloss fest. Er wurde von aus dem Feld zurückgekehrten Truppen befreit. Weil es dabei zu Verlusten bei der Volksmarinedivision gekommen war, nahmen die dem Rat der Volksbeauftragten angehörenden USPD-Minister diesen „Matrosenmord" zum Anlass, um am 29.12.1918 zurückzutreten. Ersetzt wurden sie durch MSPD-Mitglieder.

Auf dem Parteitag vom 30.12.1918 bis 1.1.1919 trennte sich der Spartakusbund von der USPD, und es kam durch Zusammenschluss des Spartakusbundes mit den Bremer Linksradikalen zur Gründung der **„Kommunistischen Partei Deutschlands"** **(KPD)**. Ein Revolutionsausschuss aus KPD und linker USPD löste am 5.1.1919 in Berlin den bewaffneten Aufstand (**„Januaraufstand"**) gegen die Regierung Ebert-Scheidemann aus und erklärte diese für abgesetzt. Am 11.1.1919 marschierten monarchistisch bzw. rechtsradikal eingestellte regierungstreue Truppen und Freiwilligenverbände unter Führung des Volksbeauftragten Noske in Berlin ein und schlugen den Aufstand blutig nieder; Karl Liebknecht und Rosa Luxemburg wurden am 15.1.1919 durch Freikorpsoffiziere ermordet.

Noch während die Nationalversammlung tagte, kam es von Februar bis Mai 1919 zu weiteren Streiks und Ausschreitungen linksradikaler Kräfte im Ruhrgebiet, in Sachsen, Thüringen, Berlin und München, welche durch die Reichsregierung mit Hilfe monarchistischer und rechts gerichteter Freikorps ebenfalls blutig niedergeschlagen wurden, was Ebert den Ruf eines „Arbeiterverräters" und Reichswehrminister Noske den Ruf eines „Bluthundes" einbrachte.

Die Weimarer Nationalversammlung

Die Wahlen zur Nationalversammlung (19.1.1919) wurden nach dem neuen Wahlgesetz vom 30.11.1918 durchgeführt. Das Mehrheitswahlrecht hatte man durch das Verhältniswahlrecht ersetzt. Wahlberechtigt waren jetzt auch Frauen und Soldaten. Das aktive Wahlalter hatte man von 25 auf 20 Jahre herabgesetzt.

Von den politischen Kräften aus der Zeit des Kaiserreiches traten die beiden sozialistischen Arbeiterparteien **MSPD** und **USPD** sowie das **Zentrum** an. – Die Bayerische Volkspartei **(BVP)** war am 12.11.1918 durch Abspaltung aus dem Zentrum hervorgegangen.- Die Deutsche Demokratische Partei **(DDP)** war am 20.11.1918 als linksliberale Partei des fortschrittlichen Bürgertums von Politikern der Fortschrittlichen Volkspartei und des linken Flügels der Nationalliberalen Partei gegründet worden. Die DDP vertrat wie die MSPD die parlamentarische Demokratie und war sozial eingestellt, lehnte jedoch den Sozialismus ab. Ihre Wähler waren vor allem Angestellte, Beamte, Lehrer sowie weitere Schichten des Bürgertums, darunter viele Juden. – Nachdem durch die Gründung der DDP die Bildung einer liberalen Sammlungspartei gescheitert war, wurde im Dezember 1918 die Deutsche Volkspartei (**DVP**) als rechtsbürgerlich und betont nationale Partei aus dem rechten Flügel der Nationalliberalen Partei und aus Teilen der Fortschrittlichen Volkspartei gebildet. Den Vorsitz übernahm Gustav Stresemann. Die DVP war die Partei der Großindustrie (insbesondere der Schwerindustrie), der Unternehmerverbände sowie der beamteten Akademikerschaft und trat für die wirtschaftliche Förderung der Industrie und des Mittelstandes ein. Ihre Wähler waren insbesondere Unternehmer, Handwerker, Kaufleute sowie Haus- und Grundbesitzer. – Die Deutschnationale Volkspartei (**DNVP**) wurde im November 1918 als protestantisch verankerte, bürgerliche Rechtspartei durch Politiker der Freikonservativen, der Deutsch-Konservativen Partei, der Alldeutschen und der Christlich-Sozialen gebildet. Sie vertrat den Adel, das Beamtentum, die Offiziere, das gehobene Bürgertum, die Großgrundbesitzer und den gewerblichen Mittelstand. Sie vertrat die Beibehaltung der privaten Wirtschaft und die Wiederherstellung der Monarchie. – Die **Wirtschaftspartei** konstituierte sich Anfang 1919 und vertrat die Interessen des Mittelstandes.

Das **Wahlergebnis** der ersten demokratischen Wahl ergab (Mandate): MSPD (163), Zentrum und BVP (91), DDP (75), DNVP (44), USPD (22), DVP (19), Wirtschaftspartei (4) von insgesamt 421 Sitzen.

Wegen der politischen Unruhen in Berlin trat die Nationalversammlung am 6.2.1919 in **Weimar** zusammen. Nachdem der Zentralrat (s. o.) der Nationalversammlung die Hoheitsrechte abgetreten hatte, verabschiedete die Nationalversammlung am 10.2.1919 das „Gesetz über die vorläufige Reichsgewalt" und wählte am 11.2.1919 **Friedrich Ebert** zum vorläufigen **Reichspräsidenten**. Am 13.2.1919 trat das von Friedrich Ebert ernannte **Kabinett Scheidemann** (13.2.-20.6.1919) unter Ministerpräsident Philipp Scheidemann (MSPD; 1865-1939) sein Amt an. Die Regierung stützte sich auf eine Koalition aus MSPD, DDP und Zentrum, die sog. **Weimarer Koalition**. Die am 31.7.1919 verabschiedete sog. **Weimarer Verfassung** trat am 14.8.**1919** als Staatsgrundgesetz des ersten demokratischen Staates in Deutschland in Kraft.

Mit dem Zusammentritt der Weimarer Nationalversammlung war die **Novemberrevolution formalrechtlich beendet**. Um eine Revolution im eigentlichen Sinne hatte es sich nicht gehandelt, denn die auf dem Privateigentum beruhende Wirtschaft blieb unangetastet (keine Sozialisierungen), die kaiserliche Verwaltung einschließlich der Justizverwaltung blieb in ihrer Grundstruktur erhalten, und personelle Veränderungen wurden nicht vorgenommen. Auch die infolge der Demobilisierung geschrumpfte Armee blieb in ihrem Kern erhalten und kooperierte seit den Tagen des Revolutionsbeginns mit der MSPD. So überstanden auch das höhere Beamtentum und das Offizierskorps mit ihrer überkommenen Ehr- und Dienstauffassung den Umbruch und stellten die Kontinuität in Verwaltung und Heer sicher. Seiteneinsteiger aus den Reihen der neuen politischen Kräfte wurden in der Verwaltung verhältnismäßig schnell assimiliert. Lediglich in den politischen Spitzenpositionen waren die alten Führungseliten nicht mehr vertreten. In das politische Machtvakuum drängten jetzt die Funktionäre von Parteien, Gewerkschaften, Arbeitgeberverbänden und anderen Interessengruppen, welche ideologische oder egoistisch-wirtschaftliche Ziele verfolgten, denen es aber vielfach an Verantwortungsbewusstsein für die Gemeinschaft fehlte.

Die Weimarer Verfassung

„Das Deutsche Reich ist eine Republik. Die Staatsgewalt geht vom Volke aus" (Artikel 1 der Verfassung). Zur Gewährleistung dieses Grundsatzes der Volkssouveränität waren die höchsten verfassungsmäßigen Reichsorgane, die parlamentarische Volksvertretung (Reichstag) und das Staatsoberhaupt (Reichspräsident), auf 4 bzw. 7 Jahre in allgemeiner, gleicher, geheimer und unmittelbarer Verhältniswahl zu wählen. Um zwischen den Wahlen die Einflussnahme auf laufende politische Prozesse zu ermöglichen, waren Volksbegehren und Volksentscheid vorgesehen.

Der **Reichstag** war Träger der obersten Reichsgewalt. Er übte die Reichsgesetzgebung aus; ihm war die Reichsregierung verantwortlich. – Der **Reichspräsident** hatte den Oberbefehl über die Reichswehr, ernannte und entließ die Kabinettsmitglieder, konnte den Reichstag auflösen sowie aufgrund Art. 48 („Notstandsartikel") die Länder mittels bewaffneter Macht zur Einhaltung der Verfassung anhalten (Reichsexekution) und bei erheblicher Störung oder Gefährdung der öffentlichen Sicherheit und Ordnung geeignete Maßnahmen einschließlich des Einschreitens mit bewaffneten Kräften zu deren Wiederherstellung erlassen; Grundrechte konnten in diesem Zusammenhang teilweise oder vollständig außer Kraft gesetzt werden. Der Reichspräsident verfügte damit über diktatorische Vollmachten, die mit Hilfe der Reichswehr durchsetzbar waren. Durch die Kombination von Notverordnungen mit dem Recht der Auflösung des Reichstages und dem Recht der Einsetzung von Reichsregierungen konnte der Reichspräsident mittels von ihm eingesetzter Präsidialkabinette am Reichstag vorbeiregieren und damit die parlamentarische Demokratie paralysieren. – Die Interessen der Länder vertrat der **Reichsrat** (föderaler Charakter des Reiches). Sein Einfluss auf die Gesetzgebung war jedoch gering und überwindbar. – Die Steuerhoheit lag im Wesentlichen beim Reich. – Der Katalog der verfassungsmäßig garantierten **Grundrechte** umfasste die traditionellen **liberalen Freiheitsrechte**, aber auch neue sozialstaatliche Grundrechte.

Diese Verfassung war ein Kompromiss zwischen kapitalistischen und sozialistischen Prinzipien. Es war nicht abzusehen, in welche Richtung das Pendel letztlich ausschlagen würde. In Artikel 48 kamen die instabilen politischen Verhältnisse, durch welche die parlamentarische Demokratie von links und von rechts in ihrem Bestand bedroht wurde, zum Ausdruck.

Am 12.11.1918 hatte die österreichische Provisorische Nationalversammlung die **Republik „Deutschösterreich"** proklamiert und erklärte diese zum Bestandteil der „Deutschen Republik". Die Ursache dafür waren insbesondere wirtschaftliche Gründe, aber auch die traditionellen deutschnationalen Vorstellungen, welche nach der Zurückführung Österreichs auf die deutschsprachigen Gebiete der zerfallenen Donaumonarchie in der Bevölkerung breite Zustimmung gefunden hatten. Im Friedensvertrag von Saint-Germain-en-Laye (10.9.1919) zwischen den Siegermächten des 1. Weltkrieges und Österreich verboten die Siegermächte die Führung des Namens „Deutschösterreich" sowie den Anschluss an das „Deutsche Reich".

Die sozialen Rahmenbedingungen

Bereits mit der Weimarer Verfassung von 1919 fiel die Entscheidung für ein parlamentarisch-demokratisches Staatswesen auf marktwirtschaftlicher Grundlage, nur dass man in das liberale privatkapitalistische System verfassungsmäßig garantierte sozialpartnerschaftliche und sozialstaatliche Elemente einbaute. Getragen wurde dieser Kompromiss zwischen den Prinzipien des liberalen Ordnungsstaates und des interventionistischen Leistungsstaates durch eine Koalition von MSPD, Zentrum und DDP. Ein gesellschaftlicher Kompromiss zwischen Arbeitgebern und Arbeitnehmern war bereits am 15.11.1918 in der Vereinbarung der „Zentralarbeitsgemeinschaft der industriellen und gewerblichen Arbeitgeber und Arbeitnehmer Deutschlands" (**Stinnes-Legien-Abkommen**) fixiert worden. Darin wurden die Gewerkschaften als Vertreter der Arbeiterschaft anerkannt sowie der Abschluss von kollektiven Arbeitsverträgen (Tarifverträgen), die Einsetzung von Arbeiterausschüssen und der 8-Stunden-Tag vereinbart. Mit der Verordnung des Rates der Volksbeauftragten vom 23.12.1918 wurden die Tarifverträge rechtsverbindlich, und in den Unternehmen setzte man Schlichtungsausschüsse ein.

Im Gegensatz zur Verfassung von 1871 und zum Grundgesetz von 1949 enthielt die Verfassung von 1919 Bestimmungen zur Wirtschaftsordnung. Die liberale Tradition der Verfassung von 1871 wurde zwar übernommen, jetzt jedoch durch sozialrechtliche Schutzbestimmungen im Sinne sozialer Gerechtigkeit eingeschränkt, indem man die in der Revolution entstandene Institution der Arbeiterräte in Form der Betriebsräte mit in die Verfassung hineinnahm. In dem am 18.1.1920 verabschiedeten **Betriebsrätegesetz** wurde die Institution der Betriebsräte, die in Unternehmen mit mehr als 20 Arbeitern gebildet werden konnten, rechtlich konkretisiert. Die Betriebsräte hatten ein Mitspracherecht bei Entlassungsfragen sowie bei der Festlegung der Arbeitsbedingungen usw., während die wirtschaftlichen Interessen der Arbeiter von den Gewerkschaften über die von diesen mit den Arbeitgebern ausgehandelten Tarifverträge wahrgenommen wurden.

Am System der Sozialversicherung wurde kaum etwas geändert. Hinzu kam allerdings später auf Grundlage des „Gesetzes über Arbeitsvermittlung und Arbeitslosenversicherung" die ab

1.10.1927 in Kraft getretene **Pflichtversicherung gegen Arbeitslosigkeit**.

Die Annahme des Vertrages von Versailles

Am 7.5.1919 übergab man in Versailles dem Außenminister
von Brockdorff-Rantzau die Friedensbedingungen. Einwände
durften geltend gemacht werden, hatten aber kaum Erfolg.
Die am 16.6.1919 übergebenen endgültigen Bedingungen (s. o.)
sollten laut Ultimatum binnen einer Woche von Deutschland
unterzeichnet werden. Das deutsche Volk war über diesen Dik-
tatfrieden empört, und kam zu spontanen Demonstrationen.
Das Kabinett Scheidemann trat am 20.6.1919 zurück, weil es
hinsichtlich der Unterzeichnung des Vertrages innerhalb der
Regierung zu unüberbrückbaren Differenzen gekommen war.
Sogar militärischen Widerstand hatte man, obgleich nach
Einschätzungen von Hindenburg und Groener aussichtslos, in
Erwägung gezogen. Das von MSPD und Zentrum getragene
Kabinett Bauer (21.6.1919 – März 1920) unter Gustav Bauer
(MSPD) unterzeichnete am 28.6.1919 im Spiegelsaal des Schlosses
von Versailles notgedrungen den Vertrag, weil ansonsten die
Besetzung Deutschlands erfolgt wäre.

Der Kapp-Putsch

Die rechten Gegner der Republik, v. a. hohe Militärs und
ostpreußische Verwaltungsbeamte, hatten bereits im Juni 1919
versucht, einen Militärputsch zur Absetzung der Reichsregierung
in die Wege zu leiten, um die Unterzeichnung des Versailler
Vertrages zu verhindern. Nachdem dies nicht gelungen war,
agierten diese Kräfte, unterstützt durch die deutschnationale
und völkisch-alldeutsche Presse, auch weiterhin. Angegriffen
wurden vor allem die führenden Politiker der MSPD (z. B. Ebert)
sowie des Zentrums (z. B. Erzberger) als „Novemberverbrecher",
welche 1918 der kämpfenden Truppe in den Rücken gefallen
wären („Dolchstoßlegende") und letztlich das durch den Versailler
Vertrag heraufbeschworene Elend verursacht hätten. Hindenburg
hatte durch seine Äußerungen vor einem Untersuchungsausschuss
der Nationalversammlung (18.11.1919) zum Aufkommen und zur
Verbreitung der „Dolchstoßlegende" entscheidend beigetragen.

Die rechte Opposition hatte sich im Oktober 1919 in der **„Nationalen Vereinigung"** zusammengefunden, welcher u. a. General a. D. Ludendorff und der ostpreußische Generallandschaftsdirektor Wolfgang Kapp angehörten. Diese Vereinigung wurde vor allem von ostelbischen Großgrundbesitzern und adligen Offizieren unterstützt, welche durch die Novemberrevolution ihren politischen Einfluss verloren hatten. An gewaltbereitem Potenzial standen den Putschisten die Freikorps zur Verfügung. Letztere waren zwecks Niederschlagung linker Unruhen, für die Grenzkämpfe vor allem im Osten Deutschlands sowie gegen die Bolschewisten im Baltikum aufgestellt und größtenteils in die vorläufige Armee aufgenommen worden, die schließlich aus rund 500.000 Mann bestand, aber mit Inkrafttreten des Versailler Vertrages (10.1.1920) auf 100.000 Mann reduziert werden musste. Die Freikorps wehrten sich gegen ihre Auflösung und schlugen sich deshalb auf die Seite der „Nationalen Vereinigung". Die bevorstehende Auflösung der Marinebrigade Ehrhardt, untergebracht in Döberitz bei Berlin, war der Anlass für den Aufstand gegen die Reichsregierung, den **Kapp-Putsch**. Ziel desselben war die Ablösung der Parteien und des Parlaments durch eine Präsidialregierung. Die Putschisten rückten am 13.3.1920 in Berlin ein. Die Regierung Bauer und Reichspräsident Ebert flohen über Dresden nach Stuttgart, denn der Chef des Truppenamtes, General Hans von Seeckt, wollte die Reichswehr aus der Politik heraushalten und weigerte sich, auf die Putschisten schießen zu lassen. Damit hatte sich das Bündnis zwischen republikanischer Regierung und Armeeführung praktisch erledigt. General Seeckt lehnte jedoch auch jede Zusammenarbeit mit den Putschisten ab und wirkte damit beispielgebend auf anfangs in ihrer Haltung unsichere Reichswehr-Kommandeure. Auch die Beamten nahmen keine Anweisungen der Putschisten entgegen. Der Aufruf der USPD, der MSPD und der Gewerkschaften vom 13.3.1920 zum **politischen Massenstreik** wurde befolgt. Am 17.3.1920 gaben die Putschisten auf und ergriffen die Flucht.

Die Kabinette zwischen Kapp-Putsch und dem Krisenjahr 1923
Am 27.3.1920 erfolgte die Bildung des **Kabinetts Müller** (27.3.1920 – 21.6.1920) unter Hermann Müller (MSPD) aus MSPD,

Zentrum und DDP. Es war das letzte Mehrheits-Kabinett der Weimarer Koalition.

In Teilen Sachsens und Thüringens, vor allem aber im Ruhrgebiet radikalisierte sich die Streikbewegung, und die aus Arbeitern bestehende **Ruhrarmee** besetzte das Ruhrgebiet. Diese Aufstände wurden bis Mitte April von der Reichswehr sowie von Freikorps brutal niedergeschlagen.

Das Ergebnis der **Reichstagswahlen vom 6.6.1920** war: MSPD (113 Abgeordnete), USPD (81), Zentrum (67), DNVP (66), DVP (62), DDP (45), BVP (18), KPD (2). – Die „Weimarer Koalition" (MSPD, Zentrum, DDP) hatte ihre Mehrheit verloren, Gewinner waren die linken und rechten Flügelparteien (DVP, DNVP bzw. USPD, KPD), auf welche fast die Hälfte der Wählerstimmen entfiel. Das Ergebnis dokumentierte die Abkehr von der Republik („Republik ohne Republikaner"), verbunden mit einer Radikalisierung des politischen Lebens. Diese Tendenz sollte während der Weimarer Republik erhalten bleiben, sodass ab jetzt Minderheits-Koalitionen gegen linke und rechte Mehrheiten regierten.

Am 25.6.1920 kam das **Kabinett Fehrenbach** (25.6.1920 – 4.5.1921) unter Konstantin Fehrenbach (Zentrum; 1852-1926), eine bürgerliche Minderheitsregierung aus Zentrum, DDP und DVP zustande. Die MSPD verweigerte ihre Mitwirkung und ging in die Opposition, weil sie nicht mehr bereit war, bürgerliche Regierungsinitiativen zu unterstützen und dadurch bei der Arbeiterschaft an Einfluss zu verlieren. – Seit der Regierung Fehrenbach wurde die Reparationsfrage zum entscheidenden Moment deutscher Innen- und Außenpolitik.

Die **Reparationsfrage**: Die USA verlangten von Deutschland keine Reparationen, bestanden aber auf der Rückzahlung der Kriegskredite, die sie an ihre Alliierten ausgereicht hatten. Letztere beglichen ihre Schulden in den USA über die deutschen Reparationszahlungen. – Deutschland brachte die Reparationszahlungen durch Steuern und Abgaben auf. Um das dadurch entstehende Finanzdefizit auszugleichen und die Wirtschaft in Gang zu halten, was schon im Hinblick auf die weiteren Reparationszahlungen erforderlich war, nahmen der Staat und die private Wirtschaft Kredite in den USA auf. – Auf der alliierten **Reparationskonferenz in Spa** (5.-16.7.1920) nahmen erstmals

deutsche Vertreter teil. Als Termin für den Abschluss der Reduzierung des Heeres auf 100.000 Mann und die Ablieferung un-
erlaubter Waffen wurde der 1.1.1921 festgesetzt. Die Weigerung
Deutschlands, die Kriegsverbrecher auszuliefern, wurde faktisch
hingenommen. Deutschland musste sich verpflichten, monatlich
2 Mio. t Kohle als Reparationsleistung zu liefern. Hinsichtlich der
Reparationszahlungen legte man lediglich einen Verteilerschlüs-
sel fest (es sollten erhalten Frankreich 52 %, England 22 %, Italien
10 %, Belgien 8 %, Übrige 8 %). – Auf der Pariser Konferenz der
Alliierten (24.-29.1.1921) wurde die Reparationssumme auf 226
Mrd. Goldmark festgelegt, die bis 1963 gezahlt werden sollten.
Deutschland wurde einer scharfen Finanz- und Zollkontrolle
unterworfen. – Als Deutschland auf der **1. Londoner Reparationskonferenz** (1.-7.3.1921) die festgesetzte Reparationssumme
vermindert wissen wollte, wurden am 8.3.1921 Düsseldorf und
Duisburg (mit Ruhrort) besetzt und am 9.4.1921 durch eine
Zollgrenze vom Reich abgeschlossen. Am 27.4.1921 legte die
Reparationskommission die zu zahlende Summe auf 132 Mrd.
Goldmark fest (jährliche Raten von 2 Mrd. Goldmark, dazu eine
26%ige Abgabe auf den Export). Die Regierung Fehrenbach
wertete dies als Misserfolg ihrer Regierungstätigkeit und trat
am 4.5.1921 zurück. – Am 5.5.1921 drohten die Alliierten im
Londoner Ultimatum mit der Besetzung des Ruhrgebietes, wenn
die genannte Summe binnen 6 Tagen nicht anerkannt und mit den
Reparationszahlungen nicht binnen 25 Tagen begonnen würde.

Am 10.5.1921 bildete sich das **Kabinett Wirth** (10.5.1921 –
14.11.1922) unter Joseph Wirth (Zentrum, linker Flügel; 1879-
1956), einer Minderheitsregierung der Weimarer Koalition aus
Zentrum, DDP und MSPD). Erste Regierungshandlung war
am 11.5.1921 die Annahme des Londoner Ultimatums. Dies
war vor allem wegen der drohenden Ruhrbesetzung geboten.
Reichskanzler Wirth und sein Wiederaufbauminister (später
Wirtschaftsminister) Walther Rathenau (DDP) waren bestrebt,
den geforderten Reparationszahlungen genauestens nachzu-
kommen, um anhand des dadurch zu erwartenden Niedergangs
der deutschen Wirtschaft die Alliierten von der Unerfüllbarkeit
ihrer Forderungen zu überzeugen. Von ihren Gegnern wurden
Wirth und Rathenau als „Erfüllungspolitiker" diffamiert. – Ein

außenpolitischer Erfolg war der Abschluss des **Rapallo-Vertrages** (16.4.1922) zwischen Deutschland und Sowjetrussland. Die Vertragspartner verpflichteten sich zum gegenseitigen Verzicht auf Entschädigungsforderungen aus dem Weltkrieg, regelten ihre Handelsbeziehungen nach dem Grundsatz der Meistbegünstigung und nahmen diplomatische Beziehungen auf. Durch diesen Vertrag durchbrach Deutschland die außenpolitische Isolierung, erweckte aber gleichzeitig das Misstrauen der Alliierten gegenüber Deutschland, denn sie sahen in dieser deutsch-sowjetischen Zusammenarbeit eine Gefährdung ihrer Interessen („Gespenst von Rapallo"). – Als außenpolitischer Misserfolg wurde dem Kabinett Wirth die für Deutschland ungünstige Teilung Oberschlesiens durch den Völkerbund im Oktober 1922 angelastet, bei welcher der Völkerbund das Abstimmungsergebnis zuungunsten Deutschlands ausgelegt hatte. – Um die Republik zu diskreditieren, verlegten sich die Gegner der Demokratie immer wieder auf Hetze bis hin zu Morddrohungen gegen demokratisch gesinnte Parteifunktionäre und Regierungsmitglieder, die man als Helfer der Alliierten diffamierte. Als erstes prominentes Opfer wurde am 26.8.1921 **Matthias Erzberger erschossen**, welcher 1918 das Waffenstillstandsabkommen unterzeichnet hatte und 1919 aus Vernunftgründen für die Anerkennung des Versailler Vertrages eingetreten war. Am 24.6.1922 wurde der „Erfüllungspolitiker" **Walther Rathenau erschossen**. Beide politischen Morde wurden von rechtsextremistischen Offizieren verübt. Der Reichstag erließ daraufhin am 21.7.1922 das **„Gesetz zum Schutz der Republik"**, welches ein strenges Vorgehen gegen militante Rechtsextremisten ermöglichte. – Als es dem Kabinett Wirth nicht gelang, seine Arbeit auf eine breitere parlamentarische Basis zu stellen, trat es zurück.

Am 22.11.1922 übernahm das **Kabinett Cuno** (22.11.1922 – 12.8.1923) unter Wilhelm Cuno (parteilos; Generaldirektor der Hamburger Großreederei HAPAG) die Regierung. Es war ein rechtsbürgerliches Minderheitskabinett und stützte sich auf DDP, Zentrum, DVP und BVP. In die Zeit des Kabinetts Cuno, welches als „Kabinett der Wirtschaft" in die Geschichte einging, fällt die Ruhrbesetzung. Cuno war der Meinung, dass die Erfüllungspolitik aufgegeben und die Reparationszahlungen an die wirtschaftlichen Möglichkeiten Deutschlands angeglichen werden müssten. Außerdem wurde der Zugang zu ausländischen Krediten gefordert, um die Reparationszahlungen sicherzustellen. Am 12.8.1923 trat das Kabinett Cuno resigniert zurück (Anlass war ein Misstrauensantrag der SPD-Fraktion).

7.2. Das Krisenjahr 1923

Durch den Ruhrkampf trat der Zusammenbruch der Währung mit der Hyperinflation in seine letzte Phase. Dies bedrohte große Teile der Bevölkerung existenziell und erschütterte die Wirtschaft (Ende der sog. Inflationskonjunktur). Die sich verschlechternden Lebensbedingungen riefen vor allem die revolutionären Kräfte von links auf den Plan, aber auch die konservativen und nationalistischen Kräfte waren entschlossen, diese Staatskrise zur Beseitigung der Republik zu nutzen. Separatisten betrieben eine Politik der Abtrennung von Reichsteilen.

Wichtige Entscheidungen in diesem Krisenjahr traf das **Kabinett Stresemann** (13.8. – 23.11.1923) unter Gustav Stresemann (DVP), eine „Regierung der nationalen Sammlung" (große Koalition aus DVP, Zentrum, DDP und SPD). Diese wurde am 6.10.1923 umgebildet. Am 13.10.1923 schied die SPD unter Bruch des Koalitionsabkommens aus. – Am 23.11.1923 scheiterte das Kabinett Stresemann an der Ablehnung einer Vertrauensfrage und trat zurück.

Der Ruhrkampf

Am 9.1.1923 stellte die Reparationskommission auf Betreiben Frankreichs gegen die Stimme Englands einen angeblich durch Deutschland absichtlich verursachten geringfügigen Rückstand von Reparationslieferungen fest. Diesen Rückstand nahm Frankreich zum Anlass für die Besetzung des Ruhrgebietes am 11.1.1923 durch eine französisch-belgische Armee. Man unterstellte Industrie und Verwaltung französischer Kontrolle, errichtete eine Zollgrenze gegenüber dem Reich (27.1.1923) und verhängte den verschärften Belagerungszustand (29.1.1923). Die deutsche Regierung rief am 11./13.1.1923 zum **passiven Widerstand** auf und stellte die Reparationslieferungen an Frankreich und Belgien ein. Die Besatzungsmacht reagierte mit Terror und wirtschaftlichen

Repressalien. Als es von deutscher Seite zu **Sabotageakten** kam, reagierte die französische Besatzungsmacht mit standrechtlichen Erschießungen sowie mit militärischen Einsätzen, bei denen es unter den deutschen Zivilisten Tote und Verwundete gab. Die Reichsregierung unterstützte den Ruhrkampf mit Geld und Lebensmitteln.

Am 26.9.1923 wurde der Ruhrkampf beendet, indem Stresemann aus wirtschaftlichen Gründen die Einstellung des passiven Widerstandes verkündete. Der Ruhrkampf hatte rund 3,5 Mrd. Goldmark gekostet und die Inflation eskalieren lassen, indem die Reichsbank hemmungslos Banknoten drucken ließ. Stresemann hatte vergeblich versucht, von den Franzosen als Gegenleistung wirtschaftliche und politische Zugeständnisse zu erreichen. Diese hatten jedoch auf einer bedingungslosen Einstellung des Ruhrkampfes bestanden. Die Beendigung des Ruhrkampfes wurde Stresemann als „zweite deutsche Kapitulation" angelastet; man beschimpfte ihn als „Verzichtspolitiker".

Der Konflikt mit Bayern und der Hitlerputsch

Nach dem Kapp-Putsch war Bayern unter einer durch Gustav von Kahr geführten bürgerlichen Rechtsregierung zum Zufluchtsort von Gegnern der Republik geworden, die sich in militärähnlichen Verbänden sowie in politischen Organisationen zusammenschlossen und hier frei agitieren konnten. – Zu diesen Organisationen gehörte auch die seit dem 30.9.1920 unter dem Namen Nationalsozialistische Deutsche Arbeiterpartei (**NSDAP**) im Vereinsregister eingetragene Partei, die am 5.1.1919 von völkisch-antisemitischen Kreisen als „Deutsche Arbeiterpartei" in München gegründet worden war. Im September 1919 trat Adolf Hitler dieser Partei bei und wurde am 29.7.1921 deren mit weitgehenden Vollmachten ausgestatteter Vorsitzender. Durch Hitlers Rede- und Organisationstalent wurde diese politische Gruppe bald zu einer straff und autoritär geführten Partei umgeformt, mit der sich Hitler ein Instrument zur Durchsetzung seiner politischen Ziele schuf („Der Führer hat immer recht!"). Das Grundübel sah Hitler in den Juden, welche als „Novemberverbrecher" der kämpfenden Truppe 1918 in den Rücken gefallen wären (Dolchstoßlegende) und das deutsche Volk durch ihre

Beherrschung der Finanzmärkte in „Zinsknechtschaft" hielten. Der daraus abgeleitete Judenhass begründete den zügellosen Antisemitismus der nationalsozialistischen Bewegung. – Aus Protest gegen die Aufgabe des Ruhrkampfes verkündete die bayerische Regierung den Ausnahmezustand und übertrug am 26.9.1923 die Exekutivgewalt dem zum Generalstaatskommissar ernannten Gustav von Kahr, der sich auf zum Teil bewaffnete vaterländische Verbände, die sich v. a. aus ehemaligen Angehörigen der Freikorps rekrutierten, stützte. Von den Parteien hatte die NSDAP mit der SA (Sturmabteilung) eine als Ordnungsdienst deklarierte, eigene militärische Organisation aufgebaut. Als Propagandainstrument hatte die NSDAP die Zeitung „Völkischer Beobachter" erworben. Als diese Zeitung wegen ihrer Hetze gegen das Reich im Rahmen des Ausnahmezustandes am 19.10.1923 verboten werden sollte, weigerte sich von Lossow, kommandierender General der in Bayern stationierten 7. Reichswehrdivision, diesen Befehl auszuführen. Als Lossow daraufhin am 20.10.1923 durch Reichswehrminister Otto Geßler (DDP) entlassen wurde, ließ er sich zusammen mit seiner gesamten Division verfassungswidrig durch Kahr in bayerische Dienste übernehmen. Nun bestand die Gefahr, dass von Bayern der von verschiedener Seite propagierte „Marsch auf Berlin", ein bewaffneter Aufstand gegen die Reichsregierung mit dem Ziel eines politischen Umsturzes, ausgehen konnte. Reichspräsident Ebert beauftragte daraufhin am 3.11.1923 den Befehlshaber der Reichswehr, General von Seeckt, die Reichswehr in Bayern einmarschieren zu lassen (Reichsexekution); Seeckt lehnte ab („Reichswehr schießt nicht auf Reichswehr"), tadelte jedoch Lossow wegen dessen Befehlsverweigerung und warnte Kahr eindringlich vor einem Umsturzversuch. Als Kahr am 8.11.1923 mit seinen Anhängern im Münchner Bürgerbräukeller zusammentraf, überfiel Hitler mit seiner SA die Versammlung und zwang Kahr, Lossow sowie den Kommandeur der bayerischen Polizei, Seisser, sich für die „nationale Erhebung" und den Marsch auf Berlin zu erklären. Diese stimmten zu. Hitler erklärte die Reichsregierung sowie die bayerische Landesregierung für abgesetzt, und sich selbst ernannte er zum Kanzler einer provisorischen Nationalregierung. Nachdem Kahr seine Handlungsfreiheit wiedererlangt hatte, widerrief er seine Zusage und floh mit der bayerischen Regierung nach Regensburg. Die NSDAP gab ihren Umsturzplan nicht auf. Der von General Ludendorff angeregte Demonstrationszug durch die Innenstadt von München mit Ludendorff und Hitler an der Spitze wurde von der bayerischen Landespolizei in Höhe der Münchner Feldherrenhalle am 9.11.1923 gewaltsam aufgelöst; 3 Polizisten und 16 Putschisten kamen dabei ums Leben. Ludendorff ließ sich verhaften, Hitler floh und wurde später festgenommen. Im Münchner Hochverratsprozess (26.2. – 1.4.1924) gegen 10 Putschisten wurden 4 von ihnen, darunter Hitler, zu 5 Jahren Festungshaft mit Bewährung nach sechsmonatiger Strafverbüßung verurteilt, Ludendorff sprach man wegen seiner militärischen Verdienste frei, und die 15-monatige Festungshaft gegen die Übrigen wurde zur Bewährung ausgesetzt. Hitler verfasste während seiner Festungshaft in Landsberg am Lech seine Programmschrift „Mein Kampf". – Nach Bekanntwerden des Hitlerputsches hatte Ebert die vollziehende Gewalt im Reich an Seeckt übertragen. Die NSDAP wurde im ganzen Reich verboten. Zwar unterblieb die Reichsexekution gegen Bayern, Seeckt stellte dort jedoch die Disziplin der Reichswehr wieder her. Im Januar 1924 gab Seeckt die Ausübung der vollziehenden Gewalt wieder an Ebert zurück.

Der Separatismus und die Putschversuche von links

In dem von den Franzosen besetzten linksrheinischen Gebiet einschließlich der Pfalz nahmen Separatisten die der Regierung in Berlin angelasteten wirtschaftlichen Schwierigkeiten zum Anlass für den Versuch, sich vom Reich zu lösen. Unterstützt wurden die Separatisten von Frankreich, denn diese hatten Interesse an einer vom Reich getrennten und unter dem Einfluss Frankreichs stehenden Pufferzone. So wurden am 21.10.1923 eine **„Rheinische Republik"** in Aachen sowie am 12.11.1923 eine **„Pfälzische Republik"** in Speyer ausgerufen. Beide Staatsgründungen scheiterten jedoch nach kurzer Zeit am Widerstand der Bevölkerung.

In Sachsen und Thüringen hatten sich am 10.10. bzw. am 16.10.1923 Landesregierungen aus Vertretern von SPD und KPD gebildet. Bereits vorher waren von der SPD und der KPD gemeinsam „Proletarische Hundertschaften" gegen Putschversuche von rechts aufgestellt worden. Nachdem am 27.9.1923 vom

Kabinett Stresemann der Ausnahmezustand im Reich verhängt worden war, übten die Wehrkreisbefehlshaber in den Ländern die vollziehende Gewalt aus. So ordnete General Müller am 13.10.1923 die Auflösung der „Proletarischen Hundertschaften" in Sachsen an. Als der SPD-Ministerpräsident Sachsens, Erich Zeigner, daraufhin die Hundertschaften zum Kampf aufrief, wurde die **Reichsexekution** für Sachsen angeordnet. Die Reichswehrverbände rückten am 22.10.1923 in Leipzig und Dresden ein, übernahmen die vollziehende Gewalt und besetzten bis 6.11.1923 ganz Sachsen. Am 29.10.1923 erfolgte die gewaltsame Auflösung der Regierung Zeigner. Analog ging die Reichswehr in Thüringen vor.

In Unkenntnis der Zurücknahme des KPD-Beschlusses vom 20.10.1923 zur Auslösung des Generalstreiks in Deutschland, welcher die allgemeine Revolution auslösen sollte, schlug Ernst Thälmann in Hamburg los. Dieser bewaffnete **Hamburger Aufstand** (23.-25.10.1923) wurde von Polizei und Reichswehr mit Unterstützung von Marineeinheiten niedergeschlagen.

Die Inflation

Die Inflation hatte bereits mit der Finanzierung des Weltkrieges begonnen und bis zum Ende desselben zu einer Wertminderung der Mark auf etwa die Hälfte geführt. Dass die inflationäre Entwicklung weiter fortschritt, hat mehrere Ursachen. Um der Inflation gegenzusteuern, wären vor allem eine entschlossene Sparpolitik, Steuererhöhungen sowie eine Erhöhung der Preise und möglicherweise eine baldige Währungsreform erforderlich gewesen. Weil dies aber zur drastischen Verschlechterung der Lebensverhältnisse eines großen Teils der Bevölkerung geführt hätte, glaubten die eben erst zur Macht gekommenen Parteien und Interessengruppen, darauf verzichten zu müssen, denn sie benötigten die Wählerstimmen zur Legitimation der neuen Staatsform. So wurden die Preise auch weiterhin niedrig gehalten, sodass der inflationäre Geldüberhang ungebremst zunahm. Außerdem deckte der Staat seinen vor allem durch Sozialausgaben (Kriegsopferversorgung; Arbeitslosenunterstützung) und staatlich finanzierte Auftragsprogramme zur Ankurbelung der Wirtschaft ständig steigenden Finanzbedarf durch das Drucken von Banknoten, denen keine Warendeckung gegenüberstand. Andererseits mußte aber die Wirtschaft gefördert werden, damit Deutschland seine Reparationsschulden bezahlen konnte. Erschwerend kam hinzu, dass Frankreich und Belgien die Reparationszahlungen in Devisen verlangten, welche schwer zu erwirtschaften waren, weil die Franzosen sowie die Engländer ihren Markt von deutschen Waren abschotteten und die USA hohe Einfuhrzölle erhoben. – Die Finanzierung des Ruhrkampfes über das Drucken von Banknoten ließ die Inflation in ihre letzte Phase (Hyperinflation) eintreten. Hatte man Ende Dezember 1922 für 1 Dollar 9000 Mark zahlen müssen, so waren es im April 1923 20.000 Mark, im Juli 1923 353.000 Mark, im August 1923 4,6 Mrd. Mark, im Oktober 1923 23 Mrd. Mark und am 15.11.1923 schließlich 4,2 Billionen Mark.

Stabilisierung der Währung: Am 15.10.1923 wurde als ein vom Staat unabhängiges Kreditinstitut die „Deutsche Rentenbank" gegründet. Diese belastete den gesamten gewerblich genutzten Grundbesitz mit einer Hypothek in Höhe von 3,2 Mrd. Goldmark. Diese Vermögensschuld war fiktiv, denn sie hätte von der Landwirtschaft und der Industrie kaum eingetrieben werden können, vermittelte aber das Gefühl, dass hinter der von der Deutschen Rentenbank zu schaffenden neuen Währung, der Rentenmark, als Sicherheit das volkswirtschaftliche Grundvermögen stand. Die Rentenbank gab ab 15.11.1923 die Rentenmark aus und brachte diese auf dem Umweg über Kredite in den Umlauf, von denen das Reich 1,2 Mrd. Rentenmark und die Reichsbank zur Weiterleitung an die Geschäftsbanken weitere 1,2 Mrd. Rentenmark erhielten. Die Geschäftsbanken tauschten ab 15.11.1923 eine Billion Mark der alten Währung gegen eine Rentenmark ein. Ebenfalls am 15.11.1923 stellte die Reichsbank den Ankauf von Schatzwechseln und Schatzanweisungen der Reichsregierung und damit das Drucken von Banknoten ein. Mit dieser Abwertung des Geldes im Verhältnis 1 : 1 Billion wurde das Geldvolumen dem Warenangebot angeglichen und die marktregulierende Funktion der Preise wiederhergestellt. Ab 30.8.1924 gab die Reichsbank als endgültiges Zahlungsmittel die Reichsmark (RM) heraus (1 Rentenmark = 1 Reichsmark), welche zu 40 % mit Gold und Devisen und zum übrigen Teil durch Wechsel gedeckt sein musste. Damit war im Vergleich zur Währung vor dem Krieg nur eine Goldkernwährung geschaffen worden.

Gewinner der Inflation waren die öffentlichen und privaten Schuldner, aber auch die Spekulanten, welche Kredite aufgenommen, dafür Immobilien und sonstige Sachwerte aufgekauft („Flucht in Sachwerte") und die Kredite später in entwertetem Geld zurückgezahlt hatten. Zu den Schuldnern gehörte auch der Staat. Auf dem Höhepunkt der Inflation betrug die sich auf 164 Mrd. Mark belaufende Kriegsschuld des Staates nur noch 16,4 Pfennige. Ob die Inflation von der Regierung geplant worden ist, um diese Kriegsschuld und die weiteren Staatsschulden auf diese Weise zu tilgen, ist umstritten. Im Verlaufe der Inflation hatten auch die Landwirte ihre gesamte Hypothekenlast abgestoßen und Industrielle ihre Unternehmen vergrößert. Insgesamt führte Letzteres zur Konzentration der industriellen Produktion (Konzernbildung). Andererseits kam es aber auch zu einem Ausverkauf der deutschen Wirtschaft, indem Ausländer aufgrund des mehr als günstigen Umtauschkurses Grundstücke, Fabriken, Aktien usw. erwarben. Gewinner waren auch alle Besitzer von Immobilien und Sachwerten.

Verlierer der Inflation waren die Besitzer von Geldvermögen sowie die Gläubiger. Dazu gehörten die Besitzer von Schuldscheinen (z. B. Reichsanleihen), Sparguthaben sowie sonstigem Geldkapital und damit große Teile des Mittelstandes, aber auch Versicherungsunternehmen und Banken. Der Mittelstand wurde zusätzlich noch dadurch ruiniert, dass viele Mittelständler durch den Wertverfall des Geldes in Not gerieten und ihre Immobilien und Sachwerte gegen bald wertloses Geld verkaufen mussten. Damit bewirkte die Inflation eine durchgreifende Veränderung der sozialökonomischen Strukturen. Vor allem kam es durch die Zerstörung der kleinen Vermögen zur Verarmung der kleinbürgerlichen Schichten einschließlich der Akademiker, wodurch auch die Voraussetzungen für die Übernahme politischer Verantwortung durch diese Schichten verloren ging. Durch die Inflation weniger betroffen waren zunächst die Lohnarbeiter, denn sie konnten durch gewerkschaftlichen Druck meist die Angleichung der Löhne an die Inflationsrate durchsetzen, was allerdings in der Endphase der Inflation auch nicht mehr griff.

7.3. Die innere Festigung der Weimarer Republik (1924-1929)

Auf die politischen Wirren des Jahres 1923 folgte eine Zeit der politischen Stabilisierung sowie des wirtschaftlichen Aufschwungs. Letzterer wurde mit dem Inkrafttreten des Dawes-Planes eingeleitet, welcher die Reparationszahlungen regelte und den Weg für umfangreiche Kreditaufnahmen frei machte.

Die Innenpolitik (1924-1929)

Trotz des wirtschaftlichen Aufschwungs blieb die innenpolitische Unsicherheit bestehen. Dies führte zur parteipolitischen Zersplitterung, sodass bis 1928 nur oft wechselnde, bürgerliche Vielparteien-Kabinette zustande kamen, an denen mehrfach auch die rechtsgerichtete DNVP beteiligt war. Vor allem die durch die Inflation sozial deklassierten Mittelschichten sowie die Arbeitslosen wandten sich den radikalen Flügelparteien zu, v. a. der NSDAP (1930 107 statt vorher 12 Mandate im Reichstag). Dieser Rechtsruck manifestierte sich unter anderem in der Wahl Hindenburgs zum Reichspräsidenten, in der Entscheidung zur Fürstenabfindung sowie im Flaggenstreit.

Das erste und zweite **Kabinett Marx** (30.11.1923 – 15.12.1924; Weiterführung der Amtsgeschäfte bis 6.1.1925), geführt von Wilhelm Marx (Zentrum), ein Minderheits-Kabinett der bürgerlichen Mitte, wurde von Zentrum, BVP (bis zur Kabinettsumbildung vom 4.5.1924), DVP (Außenminister Stresemann) und DDP getragen. Finanzminister war der parteilose Hans Luther. Die SPD tolerierte dieses Kabinett und stimmte auch für das am 8.12.1923 vom Reichstag angenommene und bis 15.2.1924 befristete sog. „Ermächtigungsgesetz", auf dessen Grundlage das Kabinett zur Sanierung des Reichshaushaltes eine Reihe meist unpopulärer Notverordnungen zur Lohn-, Preis-, Steuer- und Sozialpolitik erließ, welche vor allem die Arbeiterschaft hart trafen (z. B. Steuererhöhungen; Verlängerung der Arbeitszeit bis auf 12 Stunden). Gleichzeitig schlug man jedoch auch einen konsequenten Sparkurs ein (z. B. radikaler Personalabbau in den öffentlichen Verwaltungen). Die durch die Inflation abgewerteten Vermögensanlagen wurden auf 15 %

aufgewertet, was vor allem auch dem Mittelstand zugute kam. Als auch die bürgerlichen Abgeordneten die Zustimmung zu weiteren Notverordnungen ablehnten, wurde am 13.3.1924 der Reichstag aufgelöst. Von den Neuwahlen (4.5.1924) profitierten die radikalen Flügelparteien (DNVP, KPD). Für die KPD kam außerdem noch begünstigend hinzu, dass am 24.9.1922 die USPD in der jetzt Vereinigten SPD (VSPD, im folgenden als SPD bezeichnet) aufgegangen war und sich viele ehemalige USPD-Wähler der KPD zugewandt hatten.

Es folgten zwei **Kabinette Luther** (15.1.1925 – 12.5.1926; davon 2. Kabinett ab 19.1.1926) mit dem Reichskanzler Hans Luther (zunächst parteilos, seit 1926 DVP) an der Spitze einer bürgerlichen rechten Minderheitskoalition mit Zentrum, DDP, DVP und DNVP; nach Abschluss der Locarno-Verträge traten die DNVP-Minister zurück. Das zweite Kabinett Luther trat nach dem Streit um die Flaggenfrage zurück (dabei ging es um eine Verordnung, welche die deutschen Auslandsvertretungen dazu berechtigen sollte, neben der Reichsflagge Schwarz-Rot-Gold auch die Handelsflagge Schwarz-Weiß-Rot zu führen).

Am 28.2.1925 war Reichspräsident Friedrich Ebert an einer verschleppten Blinddarmentzündung verstorben. Er war mehrfach als „Landesverräter" beleidigt worden, hatte deswegen Prozesse geführt und darüber seine Gesundheit vernachlässigt. In ihm verlor Deutschland den verlässlichsten Garanten für den Fortbestand der Republik. – Am 26.4.1925 wurde der greise kaiserliche Generalfeldmarschall Paul von **Hindenburg** als Kandidat der Rechtsparteien im 2. Wahlgang zum **Reichspräsidenten** gewählt. Er hatte 14,7 Mio. Stimmen erhalten (Wilhelm Marx 13,8 Mio.; Ernst Thälmann [KPD] 1,9 Mio.). Der populäre Hindenburg war Repräsentant des untergegangenen deutschen Kaiserreiches und überzeugter Monarchist. Das Wahlergebnis war zustande gekommen, weil sich weite Kreise der Bevölkerung von der Republik distanziert hatten („Republik ohne Republikaner"), der sie die Schuld an den existenzbedrohenden Krisen seit 1918 gaben. Die Arbeiterbewegung, aber auch der politische Katholizismus waren in sich gespalten. Das Volk suchte einen starken Mann, einen „Ersatzkaiser", dem man für die Zukunft vertrauen konnte. Diesen glaubte man in dem populären Weltkriegsgeneral und Sieger von Tannenberg gefunden zu haben.

Während es im Reich politisch nach rechts ging, war im größten Land des Reiches, dem Freistaat **Preußen**, die entgegengesetzte Tendenz feststellbar, indem dort am 3.4.1925 das SPD-Kabinett von Otto Braun (SPD) die Regierung übernahm. Dieser politische Dualismus zwischen dem Reich und Preußen bestand bis 1932. Die gewaltsame Beseitigung des Kabinetts Braun in Preußen leitete den Untergang der Weimarer Republik ein.

Das dritte **Kabinett Marx** (17.5. – 17.12.1926) wurde durch das Zentrum, DVP, DDP und BVP getragen. – Das vierte und fünfte Kabinett Marx (29.1.1927 – 12.6.1928) stützte sich auf das Zentrum, DVP, DNVP und BVP. – Der größte sozialpolitische Fortschritt in der Weimarer Republik war das am 7.7.1927 vom Reichstag angenommene „**Gesetz über die Arbeitsvermittlung und Arbeitslosenversicherung**". Damit wurde die letzte Lücke in der Sozialgesetzgebung geschlossen. Bis dahin hatten seit 1918 als Provisorien auf dem Verordnungswege bzw. durch Einzelgesetze eingeführte Unterstützungsmöglichkeiten bestanden.

Die **Reichstagswahlen** vom 20.5.1928 brachten wesentliche Veränderungen. Die SPD konnte beträchtliche Stimmengewinne verbuchen. Eine schwere Niederlage mussten die bürgerlichen Parteien hinnehmen, vor allem die DNVP. Die im Februar 1925 wiedergegründete NSDAP erhielt 12 Mandate. Es war aber gleichzeitig die Wahl mit der geringsten Wahlbeteiligung seit 1919. Von den rund 10 Mio. Nichtwählern waren die meisten potenzielle Erstwähler. Für den Ausgang der nächsten Wahlen würde entscheidend sein, wer diese Wählergruppe für sich würde mobilisieren können.

Weil jetzt auch die SPD wieder regierungswillig war, kam es zur Bildung des zweiten **Kabinetts Müller** (28.6.1928 – 27.3.1930) aus SPD, DVP, DDP, BVP und Zentrum, der letzten Großen Koalition der Weimarer Republik. Diese Koalition scheiterte letztlich daran, dass es nicht gelang, sich auf ein gemeinsames Konzept für die Bewältigung der finanzpolitischen Probleme zu einigen. In der letzten Phase dieses Kabinetts 1929/30 ging es vor allem um die Finanzierung der wegen hoher Arbeitslosigkeit gestiegenen Ausgaben für die Arbeitslosenversicherung. Die SPD und die freien Gewerkschaften plädierten für eine Anhebung der Beiträge zur Arbeitslosenversicherung von 3,5 % auf 4 %, wovon die Arbeitgeber und die Arbeitnehmer je 0,25 % zahlen sollten. Außerdem sollten die Steuern auf Besitz erhöht werden, und die Festbesoldeten des öffentlichen Dienstes (Beamte, Angestellte) sollten zu einem einmaligen Notopfer herangezogen werden. Letzteres hatten auch das Zentrum und die DDP vorgeschlagen. Die Gegenseite wollte die Unternehmen und die Besitzenden nicht belasten und bestand stattdessen auf einer Senkung der Leistungen aus der Arbeitslosenversicherung. Nach einem Vermittlungsvorschlag Brünings (Zentrum), sollte der Finanzausgleich durch Reichszuschüsse erfolgen. Dieser Vermittlungsvorschlag wurde abgelehnt, und zwar auch von der SPD. Daraufhin trat das Kabinett Müller zurück.

Der Anlass zum Rücktritt des Kabinetts Müller stand in keinem Verhältnis zu seinen politischen Folgen, denn es gelang in den nächsten Jahre nicht mehr, ein Kabinett auf parlamentarischer Grundlage zu bilden. Indem die Flügelparteien der Großen Koalition SPD und DDP, d. h. die Flügelparteien der politischen Mitte, nicht mehr willens waren, Kompromisse im Sinne einer ideologiefreien Staatsgesinnung zu finden und das Feld Präsidialkabinetten überließen, die von außerparlamentarischen Kräften gesteuert wurden, brachten sie den Parlamentarismus der Weimarer Republik zu Fall. Letzteres bewirkten also nicht die extremen Flügelparteien, welche damals bei 491 Abgeordneten nur über 54 (KPD) bzw. 12 (NSDAP) Mandate verfügten.

Die Außenpolitik (1924-1929)

Geprägt wurde diese gegenüber den Jahren von 1918 bis 1923 politisch ruhige Periode der Konsolidierung hinsichtlich der Außenpolitik durch Gustav Stresemann, der nach seiner Demission als Reichskanzler in allen nachfolgenden Kabinetten bis zu seinem Tode (3.10.1929) als Außenminister wirkte. Er war der wohl bedeutendste und einflussreichste Staatsmann der Weimarer Republik. Diese Periode deutscher Geschichte (1923/24-1929) wird deshalb auch als die **„Ära Stresemann"** bezeichnet. Er sah seine Aufgabe darin, auf dem Wege von Verhandlungen und der Verständigung dem Deutschen Reich wieder Anerkennung unter den Völkern zu verschaffen und das Problem der Reparationszahlungen zu regeln. Dabei ging es vor allem um die Entspannung der deutsch-französischen Beziehungen, mit dem Ziel, dem französischen Sicherheitsbedürfnis entgegenzukommen und im Gegenzug eine Revision der harten französischen Reparations-Forderungen und Annexions-Absichten zu erreichen. Stresemanns ebenfalls um Verständigung bemühter Partner war der französische Staatsmann Aristide Briand. Stresemann und Briand erhielten am 10.12.1926 den Friedensnobelpreis. Nur auf Grundlage der deutsch-französischen Verständigung war es möglich, Deutschland in ein System des europäischen Gleichgewichts und der europäischen Friedenssicherung einzubeziehen, in dem sich die westeuropäischen Staaten (v. a. Frankreich und England) den Staaten Osteuropas (v. a. Polen und die UdSSR) gegenüberstanden.

Das Problem der Reparationszahlungen: Im Sommer 1923 stand fest, dass Deutschland die 1921 festgesetzten Zahlungen nicht leisten konnte. So wurde v. a. mit Unterstützung der USA erreicht, der wirtschaftlichen und politischen Vernunft zum Durchbruch zu verhelfen. Das Ergebnis dieser Verhandlungen war ein neuer Zahlungsplan für die Reparationsleistungen ab 1.9.1924, der **Dawes-Plan**. Damit gaben die Alliierten jetzt ihr System politischer Gewaltmaßnahmen auf und orientierten sich am wirtschaftlich Möglichen. Nicht im Protokoll aufgenommen wurde die Zusage des neuen, verständigungsbereiten französischen Premierministers Herriot, dass Frankreich das Ruhrgebiet innerhalb eines Jahres räumen würde. Die **Räumung des Ruhrgebietes** erfolgte tatsächlich vom 14.7. bis zum 31.7.1925. Fast gleichzeitig wurden Düsseldorf und Duisburg geräumt (25.8.1925). – Deutschland hatte bis zum 31.8.1924, also bis zum Inkrafttreten des Dawes-Planes, bereits insgesamt im Wert von 51,7 Mrd. Goldmark Geld- und Sachleistungen erbracht; bis 30.6.1931 erhöhte sich diese Summe durch die geleisteten Reparationszahlungen auf insgesamt 62,8 Mrd. Goldmark. Nimmt man nur diesen Betrag und lässt die Verluste aus der Abtretung der Kolonien und Reichsgebiete usw. außer Acht, dann war Deutschland pro Kopf der Bevölkerung zwölfmal höher mit Reparationen belastet worden als Frankreich im Jahre 1871 durch Deutschland.

Dem Sicherheitsbedürfnis Frankreichs sollte durch den Abschluss der **Locarno-Verträge** (Paraphierung 16.10.1925 in Locarno) Rechnung getragen werden. Deutschland einerseits sowie Frankreich und Belgien andererseits verzichteten auf eine gewaltsame Änderung ihrer Grenzen. In diesem Garantiepakt erkannte Deutschland die im Vertrag von Versailles festgesetzte Westgrenze an, behielt sich aber eine Revision seiner Ostgrenze vor. Diese Verträge sollten mit dem Beitritt Deutschlands zum Völkerbund in Kraft treten. Frankreich schloss mit Polen sowie mit der Tschechoslowakei Beistandspakte ab, welche bei einem Angriff Deutschlands auf diese Länder wirksam werden sollten. – Am Tage der Unterzeichnung der Locarno-Verträge (1.12.1925) begann die **Räumung der ersten Rheinland-Zone** durch die englischen Besatzungstruppen.

Eine Ergänzung der Locarno-Verträge stellte der **deutsch-sowjetische Freundschaftsvertrag** (Berliner Vertrag vom 24.4.1926; ratifiziert am 29.6.1926) dar. Er bestimmte die gegenseitige Neutralität im Falle eines Verteidigungskrieges oder eines wirtschaftlichen Boykotts durch dritte Mächte.

Am 10.9.1926 trat Deutschland dem **Völkerbund** bei und erhielt einen ständigen Sitz im Völkerbundrat. Damit war Deutschland wieder als gleichberechtigtes Mitglied in die Völkerfamilie aufgenommen. – Am 31.1.1927 wurde die **interalliierte Militärkommission aus Deutschland abgezogen**, was einem Verzicht der Alliierten auf eine Kontrolle der Abrüstungsbestimmungen entsprach. – Deutschland trat am 27.8. 1928 dem **Briand-Kellogg-Pakt** bei, in dem sich die Vertragspartner zur Ächtung des Krieges als Mittel der Politik bekannten.

Angesichts der vorauszusehenden Zahlungsschwierigkeiten hinsichtlich des Dawes-Planes wurde ein neuer Zahlungsplan, der **Young-Plan**, für die restlichen Reparationsschulden ausgearbeitet, am 17.5.1930 von allen beteiligten Staaten ratifiziert und rückwirkend ab 1.9.1929 in Kraft gesetzt. An die Annahme des Young-Planes und dessen Erfüllung wurde die **Räumung des Rheinlandes gekoppelt**. – Aus der zweiten Rheinland-Zone wurden bis 30.11.1929 alle alliierten Truppen abgezogen; die dritte Zone räumte man bis 30.6.1930 und damit fünf Jahre vor der im Vertrag von Versailles festgelegten Frist.

Die Wirtschaft (1924-1929)

Im Jahre 1924 setzte ein **wirtschaftlicher Aufschwung** ein, welcher von manchen Historikern mit den Gründerjahren nach 1871 verglichen wurde.

Durch die Inflation wurde zwar der größte Teil des Geldkapitals zerstört, das Realkapital (Gebäude, Industrieanlagen, Vorräte usw.) blieb jedoch erhalten. Der Kapitalmangel, welcher noch durch die politisch bedingte Hochzinspolitik verstärkt wurde, regte zu **Rationalisierungs-Investitionen** an, sodass mit geringem Investitionsvolumen beträchtliche Arbeitsproduktivitäts-Steigerungen möglich wurden. Durch diesen Aufbau der Industrie mit modernen Maschinen, der vor allem auch die Elektro-, die chemische, die optische, zum Teil aber auch die Textil-Industrie sowie den Maschinenbau betraf, konnte Deutschland sich wieder seiner Vorkriegs-Stellung in der Weltwirtschaft annähern und überholte in der industriellen Erzeugung England und Frankreich, blieb aber weit hinter den USA zurück. – Gleichzeitig kam es in Deutschland zur Kapitalkonzentration durch **Kartellbildung** (z. B. 1925 IG Farben). – Durch den Bau von Schiffen verfügte Deutschland 1930 wieder über eine **Handelsflotte** mit 4,2 Mio. BRT (1914 waren es 5,4). – Im Jahre 1926 erreichte der **Export** den Vorkriegsstand und nahm bis 1929 weiter zu. – Für Investitionen, aber auch für die Bezahlung der Reparationen hatte Deutschland Auslandsanleihen aufgenommen und sich damit gegenüber dem Ausland stark verschuldet. – Erst 1927, dem wirtschaftlich günstigsten Jahr der Stabilisierungsphase, wurde das Sozialprodukt von 1913 wieder erreicht, ging aber von 1928 bis 1932 wieder um ein Viertel auf das Niveau der Jahrhundertwende zurück. – Die **Arbeitslosigkeit** ging bis 1925 auf rund 200.000 Personen zurück, stieg aber durch den Konjunktureinbruch von 1925/26 wieder sprunghaft auf 2,3 Mio. an, fiel dann wieder auf 1,3 Mio. (1927), um 1928 auf 1,9 Mio. sowie im Winter 1929/30 auf 3 Mio. Arbeitslose anzusteigen. Weil jetzt immer noch die geburtenstarken Vorkriegsjahrgänge auf den Arbeitsmarkt drängten, bewirkte die steigende Arbeitslosigkeit die berufliche Perspektivlosigkeit vieler junger Menschen.

Besonders in den Jahren von 1927 bis 1930 wurde die Wirtschaft durch Steuern, Sozialabgaben und Löhne stark belastet, wodurch eine Hemmung des Wirtschaftswachstums eintrat und die Wettbewerbsfähigkeit der deutschen Wirtschaft litt (Sinken der Exporte).

Der **Konjunkturabschwung** ab Juni 1928 bewirkte, dass die öffentlichen Einnahmen ab dem zweiten Halbjahr 1929 zu sinken begannen. Obgleich die SPD den Forderungen der bürgerlichen Parteien, die Abgabenlast noch stärker auf den privaten Verbrauch und damit auf die Masseneinkommen zu verlagern, entgegenkam, zerbrach im März 1930 die Große Koalition des Kabinetts Müller wegen Streitigkeiten um die Finanzierung der Arbeitslosenversicherung. Die Unternehmer, deren wirtschaftliche Macht zugenommen hatte, waren nicht mehr bereit, die Kosten des ausgehandelten sozialen Ausgleichs mitzutragen, und stellten damit den gesellschaftlichen Kompromiss infrage, auf den sich die Weimarer Republik gründete. Dies zeigte sich auch darin, dass sie mit Erfolg gerichtlich gegen das Verfahren der Zwangsschlichtung durch den Alleinentscheid staatlicher Schlichter vorgingen.

So scheiterte an der Selbstsucht der Unternehmer am Ende der Weimarer Republik letztlich nicht nur die politische Liberalität, sondern auch die Wirtschaftsliberalität, denn es folgten Präsidialregierungen, welche versuchten, auch die Wirtschaft mit Notverordnungen in den Griff zu bekommen (Wirtschaftsprotektionismus und -dirigismus).

7.4. Der Zerfall der Weimarer Republik (1930-1933)

Die Weltwirtschaftskrise (1929-1933)

Der Zerfall der Weimarer Republik vollzog sich vor dem Hintergrund der Weltwirtschaftskrise. Dass Deutschland in die Krise hineingerissen wurde, war insbesondere eine Folge der **Abhängigkeit vom Auslandskapital**, denn auch Deutschland war zum Schuldner der USA geworden (vor dem 1. Weltkrieg waren die USA Schuldner der europäischen Staaten). Hinzu kam der Preisverfall der deutschen landwirtschaftlichen Erzeugnisse durch Billigimporte, wodurch die Verkaufserlöse von 1928 bis 1932/33 auf 62 % sanken. – Von den vor allem in den USA aufgenommenen Auslandskrediten von etwa 25,5 Mrd. Goldmark

(Ende 1930) waren etwa 15 Mrd. Goldmark kurzfristig, d. h. in weniger als einem Jahr, von den Gläubigern kündbar. Diesen Auslandskrediten standen nur 0,8 Mrd. Goldmark in Devisen bei der Reichsbank sowie 4,5 Mrd. Goldmark kurzfristiger deutscher Auslandsforderungen gegenüber. – Als es in den USA als Folge des Einbruchs der Nachkriegs-Hochkonjunktur am 25.10.1929 („**Schwarzer Freitag**") zum Kurssturz an der New Yorker Börse kam, musste sich dies wegen des Rückrufs der nach Europa vergebenen, hier aber von den Banken langfristig angelegten Kredite auch auf die deutsche Wirtschaft auswirken. Mit dem Wahlerfolg der NSDAP im September 1930 weitete sich der schon vorher begonnene Abzug ausländischen Kapitals zu einer Kapitalflucht aus. Diese Tendenz sowie die Abhebungen inländischer Gläubiger verstärkten sich ab Mai 1931 als Folge der Zahlungsunfähigkeit österreichischer Banken und nachfolgend deutscher Banken, sodass die Reichsbank innerhalb weniger Wochen über die Hälfte ihrer Gold- und Devisenbestände verlor. Zu Rückrufaktionen kam es aber auch infolge der Agitation der extremen Parteien (NSDAP, KPD) gegen den Young-Plan (Gefährdung der Reparationszahlungen) sowie durch die finanzpolitischen Maßnahmen Brünings Mitte 1931. Im Juni/Juli 1931 war der Höhepunkt der deutschen Banken-Krise erreicht. Am 13.7.1931 begannen die **Firmenzusammenbrüche** in Deutschland.

Als dadurch Deutschlands Zahlungsfähigkeit hinsichtlich der Reparationsleistungen gefährdet war, griffen die Siegermächte ein, setzten mit dem **Hoover-Moratorium** (20.6./6.7.1931) die Reparationszahlungen aus. Auf der **Reparationskonferenz von Lausanne** (16.6.-9.7.1932) verständigten sich die Siegermächte des 1. Weltkrieges auf die Einstellung der Reparationszahlungen gegen eine einmalige Abfindung von 3 Mrd. RM in Form von Schuldverschreibungen (die Restschuld ist übrigens nach dem 2. Weltkrieg im Jahre 1953 in das Londoner Schuldenabkommen einbezogen worden).

Die 1928 einsetzende **Depression** übertraf in Deutschland alles bisher Dagewesene. Rückgang der Investitionen von 1928 bis 1932 auf ein Drittel. Rückgang des Exports von 1929 bis 1932 von 13,5 Mrd. RM auf 4,8 Mrd. RM, der industriellen Produktion auf 53 % sowie des Volkseinkommens um 43 %. Die zur Verelendung der Unter- und Mittelschichten führende Arbeitslosigkeit nahm zu. Die Zahl der Arbeitslosen (in % der insgesamt Erwerbsfähigen) stieg von 6,3 % (1928) über 8,5 % (1929), 14,0 % (1930), 21,9 % (1931) auf 29,9 % (1932), um danach erst wieder langsam zurückzugehen (1933 25,9 %; 1934 13,5 %; 1935 10,3 %; 1936 7,4 %; 1937 4,1 %). Damit gab es im Januar 1933 wie im Vorjahr über 6 Mio. Arbeitslose (Februar 1932: 6,14 Mio.).

Die staatlichen Maßnahmen zur Wirtschaftslenkung: Zwecks Arbeitsbeschaffung erhielten im September 1930 Reichspost, Reichsbahn und der Wohnungsbau zusätzliche Mittel; Notstandsarbeiten wurden auch weiterhin durchgeführt. 1931 gab der Staat für Arbeitsbeschaffungsmaßnahmen 385 Mio. RM aus. Insgesamt resultierte daraus aber keine wirksame Beschäftigungspolitik. Die Notverordnung vom 8.12.1931 (Herabsetzung der Preise, Zinsen, Mieten und Löhne sowie der Sozialversicherungsleistungen; Steuererhöhungen) sollte Deutschlands Wettbewerbsfähigkeit auf dem Weltmarkt verbessern. Als dies nicht griff, drosselte man die Importe und erreichte dadurch eine positive Handelsbilanz. Damit hatte die staatliche Lenkungswirtschaft wieder bestimmtere Formen angenommen. – Die Kabinette Papen und Schleicher setzten die öffentlichen Arbeitsbeschaffungsprogramme fort (Straßen- und Kanalbau; Meliorationen). Das Arbeitsbeschaffungsprogramm unter dem Kabinett Papen über 302 Mio. RM wurde unter dem Kabinett Schleicher auf 500 Mio. RM erhöht. Unter dem Kabinett Papen gab der Staat zur Ankurbelung der Wirtschaft für die vom 1.10.1932 bis 30.9.1933 fälligen Umsatz-, Gewerbe-, Grund- und Beförderungssteuern Steuergutscheine in Höhe von 40 % aus, d. h. diese suspendierten Steuern konnten zu einem späteren Zeitpunkt beglichen werden (Notverordnungen vom 4./5.9.1932). Diese gestundeten Steuergelder sollten von den Unternehmen zur Ausführung öffentlicher Arbeiten ausgegeben werden. Auch bestand jetzt bei Mehrbeschäftigung von Arbeitern die Möglichkeit der freien Lohnzumessung (Senkung der Tariflöhne um bis zu 50 %). Alle diese Maßnahmen kamen erst nach der Machtübernahme durch Hitler voll zur Auswirkung.

Dass sich in Deutschland die Überwindung der Krise im Gegensatz zu anderen Ländern so lange hinzog, lag an den politisch instabilen inneren Verhältnissen, durch die z. B. potenzielle ausländische Kreditgeber abgeschreckt wurden. Dadurch schaukelten sich diese politischen Instabilitäten weiter auf, indem sich die enttäuschten und verarmten Unter- und Mittelschichten der Bevölkerung von der Republik abwandten und viele in den Sog der extremen Flügelparteien NSDAP und KPD gerieten.

Die Präsidialkabinette

Weil nach dem Rücktritt des Kabinetts Müller keine Kabinettsbildung auf parlamentarischer Grundlage mehr zustande kam, regierten in den folgenden Jahren vom Reichspräsidenten eingesetzte Kabinette (Präsidialkabinette), welche nur vom Vertrauen des Reichspräsidenten abhängig waren und mit Hilfe des Notverordnungsrechts regierten. Neu war, dass jetzt der Erlass von Notverordnungen mit der Auflösung des Reichstages verbunden wurde, wenn Letzterer von seinem verfassungsmäßigen Recht, Notverordnungen zu blockieren, Gebrauch machte. Diese Entwicklung entsprach einem konservativen Verfassungswandel. Ab dem Kabinett Papen verstärkten sich die außerparlamentarischen Einflüsse auf den Reichspräsidenten. Dies waren die Hochfinanz, die Großindustrie, die ostelbischen Großagrarier, die Reichswehrführung und die Berater Hindenburgs (v. a. Staatssekretär Otto Meißner, General Schleicher sowie der Sohn des Reichspräsidenten Oskar), welche das Ziel verfolgten, unter dem Schein der Demokratie ein antiparlamentarisches und autoritäres System zu etablieren. – Während das Kabinett Brüning noch vom Parlament toleriert wurde, ging man danach zu reinen Präsidialkabinetten über.

Gleichlaufend mit der Verschlechterung der wirtschaftlichen Lage (Weltwirtschaftskrise) kam es zur Radikalisierung des politischen Lebens.

Das erste der Präsidialkabinette war das **Kabinett Brüning** (28.3.1930 – 30.5.1932), geführt von Heinrich Brüning (Zentrum). Dessen Ziel war es, den Reichshaushalt auszugleichen, um dadurch die Arbeitslosigkeit einzudämmen und so die politische Radikalisierung nach rechts und nach links zu stoppen. Als Mittel hierzu praktizierte er eine **Deflationspolitik**, d. h. einerseits eine radikale Kürzung der Staatsausgaben und andererseits

Steuererhöhungen. Als weitere deflatorische Maßnahmen am 16.7.1930 vom Reichstag abgelehnt worden waren, beschloss das Kabinett deren Durchsetzung mittels zweier **Notverordnungen** (während es von 1925 bis 1929 keine Notverordnungen gegeben hatte, standen 1930 98 Reichsgesetzen 5 Notverordnungen gegenüber, 1931 10 Reichsgesetzen 41 Notverordnungen und 1932 5 Reichsgesetzen 66 Notverordnungen). Als daraufhin der Reichstag gegen diese Notverordnungen vorging, löste der Reichspräsident am 18.7.1930 denselben auf und setzte Neuwahlen fest. Größter Gewinner der **Reichstagswahlen** vom 14.9.1930 war die NSDAP, deren Mandate von 12 auf 107 stiegen. Auch jetzt hätten sich die Parteien der ehemaligen Großen Koalition noch gegen die NSDAP und die KPD durchsetzen können, aber es kam zu keiner Einigung. – Brüning erreichte zwar einen ausgeglichenen Reichshaushalt, dies aber auf Kosten der Wirtschaftslage. Bereits unmittelbar nach den Reichstagswahlen war es zum verstärkten Abruf von Auslandskapital gekommen, sodass die **Weltwirtschaftskrise** jetzt auch voll auf Deutschland durchschlug. Massenarbeitslosigkeit und eine davon ausgehende Radikalisierung des politischen Lebens waren die Folge. Die vorher kaum bekannte **NSDAP** profilierte sich durch ihre Hetzkampagne gegen den Young-Plan und wurde jetzt zur Massenpartei. Am 11.10.1931 schloss sich die sog. Nationale Opposition (NSDAP, DNVP unter Führung von Hugenberg, „Stahlhelm" unter Seldte, Alldeutscher Verband, sonstige Vaterländische Verbände), die bereits bei den Aktionen gegen den Young-Plan zusammengearbeitet hatte, in Bad Harzburg gegen das Kabinett Brüning zur **„Harzburger Front"** zusammen, die mit Aufmärschen und Hetz-Reden den offenen Kampf gegen die Republik führte. Im Gegenzug vereinigte sich am 16.12.1931 das inzwischen SPD-orientierte Reichsbanner Schwarz-Rot-Gold mit dem Allgemeinen Deutschen Gewerkschaftsbund und dem Arbeitersportbund zur **„Eisernen Front"** und nahm mit den gleichen Mitteln den Kampf gegen die Nationalisten auf. Damit hatten die politischen Kräfte den Schwerpunkt ihrer politischen Arbeit vom Parlament auf die Straße verlegt. Die Wirtschaftskrise hatte sich zur Staatskrise ausgeweitet. – **Außenpolitisch** erreichte Brüning aufgrund seines hohen internationalen Ansehens eine für Deutschland befriedigende Regelung der Reparationszahlungen. Für die Rettung der Weimarer Republik kam dieser außenpolitische Erfolg jedoch zu spät. Brüning selbst hatte bereits am 30.5.1932 aufgrund von Intrigen zurücktreten müssen.

Am 10.4.1932 war **Hindenburg** im zweiten Wahlgang mit Unterstützung der SPD **erneut zum Reichspräsidenten** gewählt worden (Hindenburg 19,3 Mio., Hitler 13,4 Mio., Thälmann 3,7 Mio. Stimmen).

Das vom Reichspräsidenten berufene **Kabinett Papen** (1.6. – 17.11.1932) führte Franz von Papen (Zentrum, ab 3.6.1932 parteilos). Der Reichstag wurde aufgelöst (4.6.1932). Das Verbot von SA und SS hob man auf (16.6.1932) und gestattete die Uniformierung politischer Verbände. – Am 20.7.1932 bewirkte Papen mittels einer Notverordnung des Reichspräsidenten die staatsstreichartige **Absetzung des SPD-Kabinetts Otto Braun in Preußen** ("Preußenschlag") und übernahm als Reichskommissar in Preußen, dem weitaus größten Land im Reich, die Regierungsgeschäfte. Damit hatte Papen die letzte republikanische Regierung und wesentliche Stütze der Republik im Reich beseitigt und vor allem die preußische Polizeimacht seiner Verfügungsgewalt unterstellt. – Durch die **Reichstagswahlen** vom 31.7.1932 wurde die **NSDAP** mit 230 Mandaten stärkste Fraktion; die KPD erhielt 89 (vorher 77), die SPD 133 Mandate (vorher 143). Die bürgerlichen Parteien erlitten erhebliche Einbußen. – Der Versuch Papens, die NSDAP für ein Koalitionskabinett zu gewinnen, scheiterte, denn Hitler beanspruchte die gesamte Macht. Seit Aufhebung des SA-Verbots setzte die NSDAP auf Terror (Mordanschläge, Überfälle), welcher Todesopfer auf beiden Seiten zur Folge hatte. Um derartige "politische Gewaltakte" zu unterbinden, wurden am 9.8.1932 zwei Verordnungen erlassen ("Verordnung des Reichspräsidenten gegen den politischen Terror"; "Verordnung der Reichsregierung über die Bildung von Sondergerichten"). Angedroht wurden Zuchthaus und Todesstrafe. – Nachdem der Reichstag am 12.9.1932 auf Antrag der KPD die Aufhebung der Notverordnung vom 4.9.1932 (Außerkraftsetzung des Tarifrechts) beschlossen und mit 512 gegen 42 Stimmen dem Kabinett Papen das Misstrauen ausgesprochen hatte, wurde die Auflösung des Reichstages verkündet. – Am 6.11.1932 fanden erneut **Reichs-**

tagswahlen statt. Die NSDAP erhielt nur noch 196 Mandate. Eine bürgerliche Mehrheit kam aber trotzdem nicht zustande. – Während der Einfluss der NSDAP zu sinken begann, hatte die Wirtschaftskrise bereits im Juli/August 1932 ihren Tiefpunkt durchlaufen, und die industrielle Produktion begann wieder zu steigen. Dies war ein Alarmsignal für die NSDAP. – Im **Industriebrief** (19.11.1932), einer von dem Bankier Hjalmar Schacht (Dez. 1923 bis April 1930 Präsident der Reichsbank) initiierten Eingabe von 20 Großindustriellen, Bankiers und Großagrariern an Hindenburg, wurde eine vom parlamentarischen Parteiwesen unabhängige Regierung (Präsidialkabinett) gefordert, um unter Überwindung des Klassengegensatzes (Beseitigung der Demokratie) einen Wiederaufstieg der deutschen Wirtschaft zu bewirken. Empfohlen wurde Hitler als Reichskanzler. – Um der Staatskrise begegnen zu können, schlug Papen dem Reichspräsidenten vor, den Reichstag aufzulösen und auf unbestimmte Zeit ohne Reichstag zu regieren, denn NSDAP und KPD verfügten mit zusammen 296 Mandaten über die Mehrheit, um jede Notverordnung zu Fall bringen zu können. Eine derartige Diktatur des Kabinetts Papen wäre nur mit Zustimmung der Reichswehr möglich gewesen, welche Reichswehrminister von Schleicher jedoch ablehnte, denn die Reichswehr sollte nicht in einen Bürgerkrieg hineingezogen werden. Auch Hindenburg schreckte vor einem Bürgerkrieg zurück, ließ Papen fallen und beauftragte Schleicher mit der Kabinettsbildung.

Das **Kabinett Schleicher** (3.12.1932 – 28.1.1933), geführt von General Kurt von Schleicher (parteilos), wollte eine parlamentarische Mehrheit zustande bringen und hoffte auf Zerwürfnisse innerhalb der NSDAP (Abspaltung einer Gruppe um Gregor Strasser). Dies zerschlug sich jedoch. Auch die Gewerkschaften, denen Schleicher mit umfangreichen staatlichen Arbeitsbeschaffungsmaßnahmen imponieren wollte, zogen sich misstrauisch zurück. Die Großagrarier und die Großindustriellen protestierten beim Reichspräsidenten gegen diese sozialen Maßnahmen Schleichers. Inzwischen intrigierte der abgesetzte Papen gegen seinen Rivalen Schleicher, indem er am 4.1.1933 im Hause des Bankiers Schröder in Köln mit Hitler zusammentraf. Im Ergebnis dieses Gespräches ließ Papen Hindenburg wissen, dass Hitler jetzt nicht mehr auf seinem Alleinherrschaftsanspruch bestehe, sondern zur Beteiligung an einer Koalitionsregierung bereit sei. Für die Unterstützung Hitlers wurde auch die Umgebung Hindenburgs, der Staatssekretär Meißner und Hindenburgs Sohn Oskar, gewonnen. Als dann Schleicher am 23.1.1933 dem Reichspräsidenten seinerseits vorschlug, den Reichstag auf unbestimmte Zeit auszuschalten, was Schleicher seinem Konkurrenten Papen nicht hatte zugestehen wollen, war Schleicher nicht mehr zu halten und trat am 28.1.1933 zurück. Damit war der Weg für eine Koalitionsregierung aus Nationalsozialisten, Deutschnationalen und anderen Konservativen frei.

Am Abend des 29.1.1933 legte Papen dem Reichspräsidenten die Namensliste der neuen Regierung vor. Hindenburg hatte sich lange gesträubt, den „böhmischen Gefreiten" Adolf Hitler zum Reichskanzler zu berufen, war jedoch durch Papen davon überzeugt worden, dass keine Gefahr bestünde, denn die Nationalsozialisten wären im Kabinett in der Minderheit, und den unberechenbaren Hitler würde man schon zähmen können.

Die Weimarer Republik war am Ende. Den demokratischen Kräften war es nicht gelungen, die Bevölkerung nach dem abrupten Abbruch der monarchistischen Tradition zu demokratischen Lebensformen hinzuführen. Den Grundstein zu diesen Schwierigkeiten legten die Siegermächte des 1. Weltkrieges, indem sie durch ihre Reparationsforderungen die Entwicklung der deutschen Wirtschaft schwer behinderten, was die Bevölkerung den demokratischen Kräften anlastete. Die Folge der wirtschaftlichen Schwierigkeiten war eine Verelendung großer Teile der Bevölkerung. Davon profitierten die Feinde der Republik von rechts und von links, sodass sich die Wirtschaftskrise zur Staatskrise ausweitete. Durch die kleinlichen parteipolitischen Differenzen der Parteien der politischen Mitte (SPD, Zentrum, DDP) wurde schließlich die missbräuchliche Anwendung des Notverordnungsrechts herausgefordert, was zur Selbstausschaltung des parlamentarischen Systems führte. Gewinner waren die Nationalsozialisten, deren Herrschaftsmethoden man für das geringere Übel gegenüber den als chaotisch empfundenen Zuständen der Weimarer Republik hielt.

8. Das Deutsche Reich unter dem Nationalsozialismus (1933-1945)

8.1. Die Machtergreifung

Die wichtigsten innenpolitischen **Ziele** des Nationalsozialismus bestanden in der Abschaffung der Demokratie, in der Zerschlagung der organisierten Arbeiterbewegung, in der Gesundung der Wirtschaft sowie in der Vertreibung der Juden aus Deutschland. Alle diese Ziele sollten nach Auffassung der Nationalsozialisten das Reich stabilisieren, um das übergeordnete außenpolitische Ziel der territorialen und rassenpolitischen Neuordnung Europas, verbunden mit der Gewinnung neuen Lebensraumes im Osten, erreichen zu können.

Am **30.1.1933** ernannte Reichspräsident Hindenburg den Führer der stärksten Reichstagsfraktion, **Adolf Hitler**, zum **Reichskanzler**. Das war eine ganz legale Amtseinführung eines Kabinetts auf Zeit. Für Hitler bedeutete es jedoch die Machtergreifung durch die NSDAP auf Dauer, welche die Nationalsozialisten noch am Abend des 30.1.1933 mit einem Fackelzug feierten. Diesem **Kabinett „des nationalen Zusammenschlusses"** gehörten außer Hitler nur noch zwei Nationalsozialisten an, und zwar Wilhelm Frick (Innenminister) und Hermann Göring (zunächst Minister ohne Geschäftsbereich und Reichskommissar für die Luftfahrt; seit April 1933 Innenminister von Preußen; bald darauf weitere Ämter). Außerdem gehörten dem Kabinett an: Franz von Papen (Vizekanzler und Reichskommissar für Preußen), Alfred Hugenberg (DNVP; Wirtschaft, Ernährung, Landwirtschaft, Reichskommissar für Osthilfe; Rücktritt am 27.6.1933 und Ablösung durch Kurt Schmitt, an dessen Stelle am 30.7.1934 Hjalmar Schacht trat), Franz Seldte (Arbeitsminister; seit April 1933 NSDAP), Konstantin Freiherr von Neurath (Außenminister), Johann Ludwig Graf Schwerin von Krosigk (Finanzminister), Generalleutnant Werner von Blomberg (Reichswehrminister), Freiherr Eltz von Rübenach (Post und Verkehr), Franz Gürtner (DNVP, Justiz); am 13.3.1933 kam noch Joseph Goebbels (Volksaufklärung und Propaganda) hinzu.

Hinter dieser Regierung stand die **deutsche Schwerindustrie**. Die NSDAP war von diesen Kreisen mindestens seit der Zeit um 1930 finanziell unterstützt worden. Zwischen der Industrie und der Hitlerbewegung vermittelten der Bankier Hjalmar Schacht und der Großindustrielle Albert Vögler. An erster Stelle der Finanziers Hitlers standen die Stahlproduzenten, die Besitzer der Kohlengruben, die Versicherungsunternehmen sowie die chemische Industrie. Am 20.2.1933 erläuterte Hitler vor führenden Vertretern der Industrie seine politische Konzeption bis hin zur Abschaffung der Demokratie sowie zur Wiederaufrüstung und fand dort volle Unterstützung. Auf Vorschlag Schachts spendete die Industrie bereits für den anstehenden Reichstags-Wahlkampf 3 Mio. RM.

Auf Forderung Hitlers wurde der Reichstag am 1.2.1933 aufgelöst und dessen Neuwahl auf den 5.3.1933 festgesetzt. Im Wahlkampf entfaltete sich ungehemmt die mit Terror gegen Andersdenkende gepaarte nationalsozialistische Propaganda. Am 27.2.1933 brannte das Reichstagsgebäude. Hitler ließ verbreiten, dass die Kommunisten die Brandstifter gewesen wären und damit das Signal zum kommunistischen Aufstand hätten geben wollen. Bisher konnte nicht nachgewiesen werden, ob an dieser Brandstiftung die NSDAP bzw. die KPD beteiligt waren, genützt hat sie aber ausschließlich den Nationalsozialisten. Am 23.12.1933 verurteilte man im **Reichstagsbrandprozess** den holländischen Kommunisten Marinus van der Lubbe, der keinen Kontakt zur KPD hatte, als Alleintäter wegen dieser Brandstiftung aufgrund der dafür am 29.3.1933 erlassenen sog. „Lex van der Lubbe", welche rückwirkend die Todesstrafe für Brandstiftung einführte. Die Reichsregierung nahm den Reichstagsbrand zum Vorwand, um am 28.2.1933 auf der Grundlage des Notverordnungsrechts die **„Verordnung zum Schutz von Volk und Staat"** und die **„Verordnung gegen Verrat am deutschen Volk und hochverräterische Umtriebe"** zu erlassen. Damit wurden wesentliche verfassungsmäßig garantierte Grundrechte außer Kraft gesetzt, die Begriffe Hoch- sowie Landesverrat erweitert und die Strafen verschärft. Bereits in der Nacht vom 27.2. zum 28.2.1933 wurden ca. 4000 Funktionäre der KPD inhaftiert, womit die Praxis der „Schutzhaft" einsetzte. Viele der Verhafteten ermordete man in Lagern, den sog. wilden KZ, sowie in Gefängnissen und Folterkellern (die Folter wurde wieder gängige Rechtspraxis, um Geständnisse zu erpressen oder auch nur, um die Gefangenen zu quälen). Den Vorsitzenden der KPD, Ernst Thälmann, verhaftete man am 3.3.1933. Die Parteileitungen der KPD gingen ins Exil. Die kommunistische und die sozialistische Presse wurden verboten. Verfolgt wurden auch die Mitglieder des republikanischen Reichsbanners Schwarz-Rot-Gold, dessen Zentrale man am 11.3.1933 besetzte. Die „Verordnung zum Schutz von Volk und Staat" begründete bis zum Ende des „Dritten Reiches" den verfassungsrechtlichen Ausnahmezustand und war in Verbindung mit der „Verordnung gegen Verrat…" bis zuletzt die formaljuristische Grundlage für den nationalsozialistischen Terror. So begründete man damit bis zuletzt auch Todesurteile gegen Widerstandskämpfer.

Die **Reichstagswahlen** (5.3.1933) ergaben bei insgesamt 647 Mandaten folgendes Ergebnis; NSDAP 288, DNVP 52, SPD 120, KPD 81, DVP 2, Zentrum/BVP 92, DStP (Deutsche Staatspartei) 5 Mandate. Die Eröffnung des neu gewählten Reichstages fand am 21.3.1933 in Potsdam statt („**Tag von Potsdam**"). Die KPD war in diesem Reichstag nicht mehr vertreten (ihre Mandate hatte man annulliert). – Obgleich die Regierungs-Koalition (NSDAP; DNVP) mit ihrer zwar knappen Mehrheit die Möglichkeit gehabt hätte, auf parlamentarischem Wege zu regieren, ließ sich Hitler am 23.3.1933 durch den Reichstag mit einer Zweidrittelmehrheit ein „**Ermächtigungsgesetz**" (Gesetz „zur Behebung der Not von Volk und Reich") bestätigen, welches der Reichsregierung für vier Jahre das Recht gab, ohne Beteiligung des Reichstages und des Reichsrates Gesetze zu erlassen. Auch durfte der Reichstag jetzt nicht mehr über völkerrechtliche Verträge entscheiden. Lediglich Stellung und Rechte des Reichstages wurden nicht angetastet, und die Institutionen Reichstag und Reichsrat blieben bestehen. Das Ermächtigungsgesetz entsprach einer **Selbstausschaltung des Reichstages**, wodurch die Entwicklung eines unkontrollierten Führerregimes in Gang gesetzt wurde. Als einzige Partei hatte die SPD dagegen gestimmt. Somit war das Ermächtigungsgesetz mit den Stimmen der bürgerlichen Parteien durchgekommen.

Die weitere Entwicklung zum **Einparteien-Staat** unter der despotischen Herrschaft eines Führers („**Führerstaat**") wurde vollzogen durch die Gleichschaltung der Länder, das Verbot der anderen Parteien, die Zerschlagung der Opposition innerhalb der nationalsozialistischen Bewegung und die Gleichschaltung aller öffentlich-rechtlichen Institutionen und Verbände.

Hinsichtlich der **Gleichschaltung der Länder** wurde Preußen bereits seit dem Staatsstreich von 1932 vom Reich aus regiert. Als Göring mit der Machtübernahme (30.1.1933) kommissarischer preußischer Innenminister wurde, unterstand ihm und damit der NSDAP mit der preußischen Polizei der größte und bestorganisierte Polizeiapparat Deutschlands. In den anderen, nicht von der NSDAP regierten Ländern setzte man unmittelbar nach den Reichstagswahlen Reichskommissare für die Polizei ein, welche die Vertreter der Länder im Reichsrat instruierten und die Polizeigewalt SA-Führern anvertrauten. Der politischen Polizei nahm sich die SS unter ihrem Führer Heinrich Himmler an. Himmler erhielt zunächst den Befehl über die politische Polizei Bayerns und bis April 1934 über die politische Polizei aller Länder. Durch das „**Vorläufige Gesetz zur Gleichschaltung der Länder mit dem Reich**" (31.3.1933) wurden die Landtage ohne Neuwahlen entsprechend dem Stimmenverhältnis der Reichstagswahlen umgebildet. Durch das „**2. Gesetz zur Gleichschaltung der Länder mit dem Reich**" (7.4.1933) wurden die Reichskommissare durch Reichsstatthalter abgelöst, welche befugt wurden, die Landesregierung nach zentralen Anweisungen einzusetzen bzw. zu entlassen. Das „**Gesetz über den Neuaufbau des Reiches**" (30.1.1934) bildete die Rechtsgrundlage für die Auflösung der Landtage. Am 14.2.1934 wurde der Reichsrat aufgelöst, und dessen Hoheitsrechte fielen an das Reich. Damit waren die Länder staatsrechtlich liquidiert und die föderative Struktur des Reiches durch eine staatliche Zentralverwaltung ersetzt worden.

Die **Auflösung der Parteien**: Nachdem die KPD faktisch bereits am 28.2.1933 verboten worden war, folgte am 22.6.1933 das Verbot der SPD (Legalisierung des Ausschlusses der Mandatsträger am 7.7.1933), ohne dass dieser Partei ihre gegenüber dem Nationalsozialismus geübte Loyalität etwas genützt hätte. Die übrigen Parteien lösten sich selbst auf, so am 27.6. die DNVP und die DVP, am 28.6. die DDP, am 4.7. die BVP sowie am 5.7.1933 das Zentrum. Damit war die NSDAP als einziger politischer Willensträger übrig geblieben (Einparteiensystem), und den Reichstag hatte man zum Akklamationsorgan für Maßnahmen der Regierung degradiert. Mit dem **„Gesetz gegen die Neubildung von Parteien"** (14.7.1933) wurde der Einparteien-Staat gesetzlich festgeschrieben. Eine Scheinlegalisierung dieser Monopolstellung der NSDAP war das **„Gesetz zur Sicherung der Einheit von Partei und Staat"** (1.12.1933). Nach Hitlers Verständnis bestimmte die NSDAP die Richtung und die Ziele, während die Institutionen der Verfassung lediglich ausführende Organe waren. Zu Reichsministern ohne Geschäftsbereich wurden jetzt Rudolf Heß (seit 21.4.1933 „Stellvertreter des Führers") und Ernst Röhm (seit 1930 Stabschef der SA) berufen. – Am 1./2.7.1933 wurde der „Stahlhelm" der SA unterstellt. – Am 2.2.1934 wurden alle monarchistischen Verbände verboten.

Außerdem erfolgte die **Gleichschaltung aller Verbände, Vereine und sonstiger Interessengruppen**, indem sie zu NS-Verbänden umfunktioniert wurden, sodass fast alle Bürger („Volksgenossen") von der nationalsozialistischen Bewegung erfasst, aktiviert und kontrolliert wurden. – An der Spitze der nationalsozialistischen Bewegung stand die **NSDAP** mit ihrer straffen Organisations-Hierarchie (Hoheitsträger der Partei) vom Parteiführer über die Gauleiter, die Kreisleiter, die Ortsgruppenleiter bis zu den Blockleitern. Die nächste Ebene wurde durch die **„Gliederungen der NSDAP"** gebildet. Dazu gehörten die Sturmabteilungen (SA), die Schutzstaffeln (SS), das NS Kraftfahrerkorps (NSKK), die Hitlerjugend (HJ), die NS Frauenschaft, der NS Deutsche Studentenbund, der NS Deutsche Dozentenbund. **„Angeschlossene Verbände"** waren die Deutsche Arbeitsfront, der NS Deutsche Ärztebund, der NS Lehrerbund, der Reichsbund der deutschen Beamten, der NS Rechtswahrerbund, die NS Volkswohlfahrt, der NS-Bund deutscher Techniker, die NS Kriegsopferversorgung, der Deutsche Reichsbund für Leibesübungen, der Reichsbund der Kinderreichen usw. Für alle diese Verbände galt das Führerprinzip (keine Wahl, sondern Einsetzung der Führer). Wichtigstes Anliegen all dieser Gliederungen und Verbände war die Schulung, d. h. die politische Beeinflussung ihrer Mitglieder, welche vom Reich zentral durch den Hauptideologen der NSDAP, Alfred Rosenberg, geleitet wurde. Jeder Verein wurde ebenso nach dem Führerprinzip geleitet (durch die Kreisleitung der NSDAP Einsetzen des Vereinsführers, der seinerseits die Vorstandsmitglieder einsetzte). Die meisten Vereine wurden außerdem den genannten Verbänden angeschlossen.

Gleichschaltung der Gewerkschaften: Obgleich sich der Allgemeine Deutsche Gewerkschaftsbund von der SPD gelöst und das NS-Regime am 20.3.1933 seiner Loyalität versichert hatte sowie am 1. Mai, dem „Tag der nationalen Arbeit" (jetzt erstmals gesetzlicher Feiertag), zusammen mit den NS-Organisationen marschiert war, wurden am 2.5.1933 die Häuser der Freien Gewerkschaft von Kommandos der SA und der NSBO (Nationalsozialistische Betriebszellenorganisation) besetzt. Am 3.5. unterstellten sich die sonstigen Gewerkschaften dem NS-Regime. Zusammengeschlossen wurden die Mitglieder aller aufgelösten Gewerkschaften in der am 10.5.1933 gegründeten **„Deutschen Arbeitsfront" (DAF)**. Schwerpunkt dieser Einheitsorganisation war die weltanschauliche Schulung. Zum Aufgabenbereich der DAF gehörten auch Fragen der Arbeitsbedingungen und der Arbeitsplatzgestaltung im Rahmen der Aktion „Schönheit der Arbeit" mit dem Ziel, im „Leistungskampf" der Betriebe die Arbeitsleistung zu steigern. Die DAF organisierte außerdem die kulturelle Betreuung der Betriebsbelegschaften („Gefolgschaften") im Rahmen der Organisation „Kraft durch Freude" (KdF), der massenwirksamsten und populärsten Organisation des NS-Regimes (z. B. Organisation kultureller Veranstaltungen und Ferienreisen, für Viele die erste Urlaubsreise im Leben). Unter der Regie der DAF wurde am 26.5.1938 der Grundstein für das Volkswagenwerk sowie für die Stadt Wolfsburg gelegt und im September 1938 der erste „Volkswagen" der Öffentlichkeit vorgestellt. Von den rund 336.000 Bestellern, von denen etwa 60.000 bei Kriegsausbruch das Auto bereits bezahlt hatten, kam keiner in den Besitz eines Volkswagens, denn die gesamte Produktion wurde zur Motorisierung der Wehrmacht eingesetzt.

Die **Selbstverwaltung der Städte und Gemeinden wurde abgeschafft**, indem auch hier die NSDAP nach dem Führerprinzip die Bürgermeister einsetzte, die ihrerseits wiederum die Stadträte („Ratsherren") bzw. Gemeinderäte ernannten. Die Legalisierung dieser Maßnahmen erfolgte durch die Gemeindeordnung vom 30.1.1935.

Auch an den **Universitäten** und Hochschulen setzte man die Rektoren sowie Dekane ein und bevormundete Lehrkörper und Studenten mittels des NS-Dozenten- sowie des NS-Studentenbundes.

Hinsichtlich der NS-„Kulturpolitik" kam es zunächst zu einigen sporadischem Aktionen, so zu den **Bücherverbrennungen** am 10.5.1933 in Berlin und anderen Städten, die vom NS-Studentenbund organisiert wurden. Verbrannt wurden die Bücher von dem NS-Regime missliebigen „undeutschen", v. a. jüdischen Autoren.

Zwecks Gleichschaltung der Kultur wurde die **Reichskulturkammer** gegründet (Gesetz vom 22.9.1933), welche dem Reichsministerium für Propaganda und Volksaufklärung (Goebbels) unterstand und dessen Monopolstellung hinsichtlich der Bevormundung des gesamten kulturellen Lebens begründete. Werke der bildenden Kunst, die nicht der Kunstauffassung bzw. den politischen Vorstellungen des NS-Regimes entsprachen oder von einem missliebigen Künstler geschaffen worden waren, entfernte man als „entartete Kunst" aus den Kunstsammlungen. Die Aufgabe der Presse bestand nicht mehr darin, zur freien Meinungsbildung anzuregen, sondern sie wurde zum Mittel der politischen Führung.

In Konkurrenz zum Ministerium für Propaganda und Volksaufklärung trat das am 1.5.1934 geschaffene Reichsministerium für Wissenschaft, Erziehung und Volksbildung unter Bernhard Rust. Die Schule wurde ein Instrument der **Erziehung zur nationalsozialistischen Weltanschauung**. Als diesbezügliche Musteranstalten schuf man die „Nationalpolitischen Erziehungsanstalten" (NAPOLA), die „Deutschen Heimschulen" und die „Adolf-Hitler-Schulen".

Eine weitere Form der Gleichschaltung bestand in der **berufsständischen Gliederung und Organisation der Volks-**

gemeinschaft. Am vollkommensten gelang dies mit dem am 13.9.1933 begründeten „Reichsnährstand", dem organisatorischen Zusammenschluss aller Erzeuger, Verarbeiter und Händler landwirtschaftlicher Produkte.

Die Kompetenzen aller dieser Gliederungen, Verbände, Organisationen, Ämter usw. wurden niemals klar voneinander abgegrenzt, sodass es zu erbitterten Machtkämpfen innerhalb der NS-Führerschicht kam und damit die Person Hitler immer die letzte Entscheidungsinstanz blieb, bei der alle Fäden der Macht zusammenliefen.

Eine Gleichschaltung der **Kirchen** gelang nur zu einem kleinen Teil. Hitler wollte den Einfluss der Kirchen für seine Zwecke nutzen. Der katholischen Kirche kam es darauf an, möglichst schnell eine rechtliche Vereinbarung zur Regelung des gegenseitigen Verhältnisses mit dem NS-Regime abzuschließen, was mit dem **Reichskonkordat** (20.7.1933) zwischen dem Deutschen Reich und dem Heiligen Stuhl gelang. Der Preis dafür war der Verzicht des katholischen Klerus auf parteipolitische Betätigung. Für die Militärseelsorge im Falle der Einführung der allgemeinen Wehrpflicht wurden in einem Geheimprotokoll Abmachungen getroffen. – Die evangelische Kirche war gespalten. Die staatlich anerkannten **Deutschen Christen** strebten eine NS-konforme Reichskirche an (am 27.9.1933 Wahl des Königsberger Pfarrers Ludwig Müller zum „Reichsbischof" durch die neugebildete „Nationalsynode"). Die **Bekennende Kirche** bildete eine Gegenkirche, erkannte die Deutschen Christen nicht an, betrachtete sich als die rechtmäßige evangelische Kirche in Deutschland, organisierte sich im September 1933 als oppositionelle Sammelbewegung unter Pfarrer Martin Niemöller im Pfarrernotbund und wählte als Leitungsorgane die sogenannten Bruderräte. – Der Einfluss beider evangelischer Kirchen in den Ländern war unterschiedlich. In Bayern und Württemberg konnte sich die Reichskirche nicht durchsetzen. Mit Kriegsbeginn vertagte Hitler die Auseinandersetzungen mit den Kirchen („Kirchenkampf") auf die Zeit nach dem Krieg. – Insgesamt sind die katholische und die evangelische Amtskirche während der NS-Zeit ihrem christlichen Auftrag nicht gerecht geworden. Nur einzelne Pfarrer traten mutig gegen das NS-Regime auf und haben dies vielfach mit Inhaftierung bzw. mit ihrem Leben bezahlt.

Der **„Röhmputsch"**: Nach der Auflösung der Zentrums-Partei hatte Hitler am 6.7.1933 die nationalsozialistische Revolution für beendet erklärt. Anderer Meinung war der Stabschef der SA, Ernst Röhm, nach dessen Vorstellungen die Umwälzungen weitergehen sollten, um in einer „zweiten Revolution" die eigentlichen Ziele der „Bewegung" durchzusetzen, wozu auch die von Gregor Strasser propagierten populären sozialistischen Forderungen gehörten. Erst durch den Terror der SA hatte die Machtübernahme so schnell und reibungslos vonstatten gehen können. Damit war innerhalb der nationalsozialistischen Bewegung der Wehrverband SA hinsichtlich seiner Bedeutung über die Partei hinausgewachsen, wodurch Röhm zum gefährlichen Rivalen Hitlers und der Parteileitung um Göring, Goebbels und Heß wurde. Zu den aktiven Gegnern Röhms gehörte auch die Reichswehrführung, denn Röhm wollte die Reichswehr mit der SA zu einer „Miliz" unter seiner Führung verschmelzen, wovon sich Hitler am 28.2.1934 distanziert hatte. Auch die SS unter Himmler und Heydrich, welche die politische Polizei führten, sahen in Röhm einen Rivalen. Obgleich auch Hitler dem konservativ-monarchistisch gesinnten Offizierskorps misstraute, entschied er sich dennoch gegen die SA und für die Reichswehr, denn er wollte Röhm loswerden und brauchte den militärischen Sachverstand des Offizierskorps der Reichswehr zur Verwirklichung seiner außenpolitischen Ziele, die nur mit militärischer Gewalt durchsetzbar waren. Ohne dass Pläne Röhms für einen Putsch gegen Hitler vorgelegen hätten, ließ Hitler am 30.6.1934 Ernst Röhm zusammen mit den höheren SA-Führern im Einvernehmen mit der Reichswehrführung durch die SS verhaften und an diesem bzw. in den nächsten zwei Tagen ermorden. Insgesamt wurden mindestens 83 Personen umgebracht. Mit einem Reichsgesetz vom 3.7.1934 ließ Hitler diese Morde als „Staatsnotwehr" für rechtens erklären. Damit hatte sich Hitler auch zum obersten Richter aufgeschwungen. Hindenburg und Papen beglückwünschten Hitler. In einer Reichstagsrede (13.7.1934) präsentierte sich Hitler als Sittenbewahrer, indem er die liquidierte SA-Führerschaft als einen Ring von Homosexuellen brandmarkte, was aber längst bekannt war und Hitler zuvor nie gestört hatte. – Nach diesen Morden wurde die SA bedeutungslos. – Mit dem „Röhmputsch" wurde die Periode der „Machtübernahme" als abgeschlossen erklärt.

Zum Machtfaktor wurden nach dem „Röhmputsch" die am 20.7.1934 aus der SA herausgelösten **Schutzstaffeln (SS)** unter Heinrich Himmler. Die SS war seitdem eine selbstständige, direkt Hitler unterstehende Gliederung der NSDAP. Indem sich Hitler bei seiner Machtausübung in zunehmendem Maße auf die SS stützte, kam es zu einer Infiltration aller machtentscheidenden Instanzen durch die SS, deren Hauptaufgabe es war, die politische Sicherheit zu garantieren. Mit der Ernennung Himmlers zum „Reichsführer SS und Chef der Deutschen Polizei im Reichsministerium des Innern" (17.6.1936) vereinigte Himmler alle für die Sicherheit zuständigen Machtmittel der NSDAP (SS) sowie des Staates (Polizei) und damit den gesamten Unterdrückungs- und Terrorapparat des Reiches in seinen Händen. Das zum Reichssicherheitshauptamt gehörende Referat IV B 4 war zuständig für die „Endlösung der Judenfrage". Seit 29.9.1939 war Himmler noch „Reichskommissar für die Festigung des deutschen Volkstums", wurde am 24.8.1943 Reichsinnenminister und nach dem Hitlerputsch ab 21.7.1944 Oberbefehlshaber des Ersatzheeres. Außerdem unterstanden ihm die SS-Bewachungstruppen der KZ sowie die zuletzt 38 Divisionen der Waffen-SS, die als Elitetruppe galt, ohne Rücksicht auf eigene Verluste eingesetzt wurde und durch die Härte der Kriegsführung (auch gegenüber der Zivilbevölkerung) auffiel.

Am 1.8.1934 erließ Hitler das „Gesetz über das Oberhaupt des Reiches", wonach mit dem Tode Hindenburgs das Amt des Reichspräsidenten mit dem des Reichskanzlers vereinigt werden sollte. Ab dem nächsten Tage (2.8.), an dem Hindenburg verstorben war, nannte sich Hitler **„Führer und Reichskanzler"**, ließ umgehend die Reichswehr auf seine Person vereidigen und bestätigte die Reichswehr als alleinigen Waffenträger der Nation. Am 19.8.1934 ließ sich Hitler die Zusammenlegung der beiden Staatsämter durch eine Volksabstimmung bestätigen (89,9 % Ja-Stimmen). Der Führerstaat, in welchem man alle Bereiche des gesellschaftlichen Lebens auf nur eine Person, den Führer, ausgerichtet hatte, war nun auch staatsrechtlich festgeschrieben worden. Sinnfälliger Ausdruck dieses Führerprinzips war der ab 1944 auch in der Wehrmacht obligatorische Führergruß. – Hitler hat sich immer wieder einzelne seiner Maßnahmen durch Plebiszite bestätigen lassen, um Volksverbundenheit zu demonstrieren. Dass das deutsche Volk durch die charismatische Verführungskunst Hitlers sowie andere psychologische Methoden der Massenbeeinflussung manipuliert oder durch Terror eingeschüchtert worden war, sahen auch Außenstehende manchmal nicht. Die Nationalsozialisten waren übrigens die Ersten, welche den Rundfunk als Massenmedium zur Beeinflussung des Volkes einsetzten (Entwicklung eines preiswerten „Volksempfängers", der sog. „Goebbels-Schnauze"). Dort, wo die NS-Propaganda noch nicht durchgedrungen war, kamen andere Wahlergebnisse zustande, so bei den ersten Betriebsratswahlen am 12./13.4.1935, wo teilweise nur 30 bis 40 % für die Kandidaten der NSDAP stimmten.

8.2. Wirtschafts- und Sozialpolitik

Dass sich die deutsche Bevölkerung trotz der entmündigenden Gleichschaltung und der Terrormaßnahmen dem NS-Regime mehrheitlich unterordnete, war vor allem auf die unübersehbaren Erfolge in der Wirtschaftspolitik zurückzuführen.

Bei der Machtübernahme 1933 war der Tiefpunkt der Weltwirtschaftskrise dank der staatlichen Maßnahmen der Kabinette Papen und Schleicher zur Wirtschaftsstabilisierung bereits überwunden. Diese Maßnahmen wurden weitergeführt und mit der Wiederaufrüstung verbunden (**rüstungsorientierte Krisenbekämpfung**). Bis 1935/36 war das Pro-Kopf-Niveau des Bruttosozialprodukts von 1928 überschritten, und die Industrieproduktion hatte sich gegenüber 1932 verdoppelt. Spätestens 1938 war die Vollbeschäftigung bzw. in einigen Branchen schon eine Überbeschäftigung erreicht. Diese Periode des Rüstungsaufschwungs (1934-1939) wurde schließlich von der Kriegswirtschaft (1940-1945) abgelöst. – **Bekämpfung der Arbeitslosigkeit**: Die staatlichen Maßnahmen zur Arbeitsbeschaffung sollten nach einer Erklärung Hitlers vom April 1933 alle der „Wehrhaftmachung" des deutschen Volkes dienen. Das erste Arbeitsbeschaffungsgesetz (1.6.1933) gewährte den Hausbesitzern und Landwirten Zuschüsse für Instandsetzungen und den Gewerbetreibenden steuerliche Vergünstigungen für die Erhaltung und den Ausbau kriegswichtiger Betriebe. Durch Ehestandsdarlehen wurden nicht nur bevölkerungspolitische Ziele verfolgt, sondern langfristig sollten damit auch Frauen vom Arbeitsmarkt genommen werden. Im Rahmen des zweiten Arbeitsbeschaffungsgesetzes (21.9.1933) ging es vor allem um den Bau von Luftschutzräumen. Im Juni 1933 erfolgte im Zusammenhang mit dem Ausbau des Straßen- und Schienennetzes sowie der Wasserwege nach strategischen Gesichtspunkten die Gründung des Unternehmens „Reichsautobahnen" (am 23.9.1933 bei Frankfurt/Main Baubeginn für die erste Autobahn). Der Rationalisierungsprozess wurde im Interesse der Arbeitsbeschaffung gestoppt, denn die Vergabe staatlicher Aufträge war daran gebunden, dass Maschinen nur dort eingesetzt wurden, wo dies unerlässlich war. Die Zahl der Arbeitslosen reduzierte sich außerdem durch das „Gesetz zur Überführung weiblicher Arbeitskräfte in die Hauswirtschaft". 1935 wurden durch die Einführung der allgemeinen Wehrpflicht (16.3.1935) sowie der allgemeinen sechsmonatigen Arbeitsdienstpflicht (26.6.1935) 1,5 Mio. junge Männer von Arbeitsmarkt genommen. Hinzu kamen die auf 1 bis 2 Mio. geschätzten arbeitsfähigen Personen, welche im Partei-, Polizei-, Überwachungs- und Bewirtschaftungsapparat beschäftigt wurden. Gefördert wurde auch der Wohnungsbau, wodurch die Rekordziffern in der zweiten Hälfte der 1920er Jahre erreicht und sogar übertroffen wurden (z. B. 1937 Bau von ca. 340.000 Wohnungen), wenn auch die Wohnungsnot dadurch nicht beseitigt werden konnte. Mit allen diesen Maßnahmen zur Arbeitsbeschaffung wollte man weniger eine Belebung der Wirtschaft als vielmehr eine schnelle propagandawirksame Bereinigung der Arbeitslosenstatistik erreichen. – Die Gewerbeordnung blieb formal bestehen, nur wurde die Gewerbefreiheit schrittweise durch administrative Maßnahmen eingeschränkt, sodass die Marktwirtschaft zwar nicht durch eine Zentralverwaltungswirtschaft, wohl aber durch eine **staatliche Lenkungswirtschaft** abgelöst wurde, in welcher Plan und Markt, d. h. bürokratische Lenkung und betriebliche Autonomie nebeneinander bestanden, denn es sollte nur so viel Planung und Lenkung wie nötig erfolgen, um auch noch die Vorteile der unternehmerischen Initiative und des freien Wettbewerbs für die Erreichung der rüstungswirtschaftlichen Ziele nutzen zu können. Fast jeder Unternehmer war zur Kooperation mit dem Staat bereit, wenn der Autonomieverlust durch zusätzliche Gewinne kompensiert wurde. Der staatliche Eingriff in die Wirtschaft erfolgte anfangs vor allem indirekt über staatliche Investitionen, welche 1938 bei 20 % des Volkseinkommens lagen und sich vor allem auf die Rüstungsindustrie bezogen. Eine umfassende Lenkung und Kontrolle der Wirtschaft begann mit dem am 9.9.1936 verkündeten **Vierjahrplan**, wobei diese wirtschaftliche Integration jedoch nur auf der Grundlage produktbezogener Einzelpläne erfolgte, sodass es nicht zu einer zentral gelenkten Planwirtschaft kam. Im Rahmen dieses Planes nahm der Anteil der Verbrauchsgüterindustrie an der Gesamtproduktion ab, während der Anteil der Produktionsgüterindustrie (insbesondere der rüstungsrelevanten Branchen) deutlich zunahm; die Großindustrie expandierte auf Kosten der Klein- und Mittelbetriebe. Die Umstellung von der zivilen auf die Rüstungsproduktion gelang nur unvollkommen; Autarkie wurde nicht erreicht. 1936/37 nahm der Einfluss der staatlichen Lenkung der Wirtschaft zu, die aber insofern nicht offen zutage trat, als sich jetzt die Wirtschaftsbürokratie der Großindustrie in den Dienst des Staates stellte und die Wirtschaft nachhaltiger im gewünschten Sinne beeinflusste, als dies der Staatsbürokratie möglich gewesen wäre. – Bereits seit 1934 erfolgte die mehr oder weniger lückenlose **Lenkung und Kontrolle des Außenhandels**. Die Ursache hierfür war der Mangel an Devisen, die zwecks Import von Rohstoffen und Nahrungsmitteln für den zivilen und militärischen Bedarf dringend benötigt wurden und deren Mangel durch die im Frühjahr 1934 einsetzende Kapitalflucht noch verstärkt worden war. Außerdem drohten die außenwirtschaftlichen Engpässe das Rüstungsprogramm zu beeinträchtigen. Weil die Devisen knapp waren, wurde der Außenhandel jetzt vor allem durch Handelsverträge bilateral über Kompensations- und Verrechnungsgeschäfte abgewickelt und verlagerte sich, wie aus militärisch-strategischen Gründen beabsichtigt, von den westeuropäischen Staaten und den USA nach Nord- und Südosteuropa, Vorderasien und Lateinamerika. Mit der Verkündung des Vierjahrplanes im September 1936 legte Hitler fest, dass der gesamte Import der Aufrüstung zu dienen habe, denn die deutsche Wirtschaft sollte in vier Jahren kriegsfähig gemacht werden. Bereits im Frühjahr 1936 war ein vom Reichswirtschaftsministerium unabhängiger „Rohstoff- und Devisenstab" unter Leitung von Hermann Göring geschaffen worden. Das Außenhandelsvolumen jedoch blieb weit hinter dem von 1928 zurück. – Zunehmend wurde die **Investitionspolitik** der Aufrüstung untergeordnet. Bereits 1934 erließ man ein umfassendes Investitionsverbot für die Textilindustrie. Ab 1936 waren alle größeren Investitionsprojekte genehmigungspflichtig. – Die marktregulierende freie Preisbildung ersetzte man zunehmend durch **staatliche Preisfestlegungen**. Am 18.10.1936 wurde auch noch ein allgemeiner **Lohn- und Preisstopp** verfügt. – Auch unterwarf man bis Kriegsbeginn immer mehr Rohstoffe, Produktionsmittel und Konsumgüter einer staatlichen Preisbildung sowie Mengenbewirtschaftung. – Zu dieser Lenkungswirtschaft gehörte auch die zunehmende **Einschränkung der freien Arbeitsplatzwahl**. Instrumente dazu waren die Verordnung über Arbeitskräfteverteilung (10.8.1934), die Einführung des Arbeitsbuches (26.2.1935), welches die Kontrolle der Arbeitsverhältnisse ermöglichte, sowie die verschiedenen Grade der Dienstverpflichtung. Bereits 1936 konnte die Einstellung von Arbeitern in kriegsunwichtige Unternehmen verboten werden. Eine umfassende Arbeitskräftelenkung wurde ab Kriegsbeginn vorgenommen. Für Rüstungsbetriebe konnten jetzt Arbeitskräfte auch zwangsverpflichtet werden. – Die **Reichsbank** verlor ihre Autonomie und wurde zur weisungsgebundenen Behörde für die Finanzierung der Staatsausgaben. Ab Januar 1939 hatte die Reichsbank dem Reich Kredite in jeder beliebigen Höhe zu gewähren und Reichsschatzwechsel in jeder geforderten Höhe anzunehmen. Dadurch waren der Geldschöpfung durch Neudruck von Geld Tür und Tor geöffnet. Diesem ständig wachsenden Geldstrom stand ein immer geringer werdendes Warenangebot gegenüber, was zu einem inflationären Geldüberhang führte. Durch das Gesetz über das Kreditwesen

(5.12.1934) wurden die Großbanken dem Reichsbankpräsidenten unterstellt. – Alle diese staatlichen Eingriffe ins Wirtschaftsleben hatten den Aufbau eines umfangreichen Behördenapparates zur Folge, dessen Aufbau vor allem mit Beginn des Vierjahrplanes vonstatten ging. Auch das Militär und die verschiedenen NS-Organisationen bauten ihre **Wirtschaftsverwaltungen** aus. Hinzu kamen Kommissare, Bevollmächtigte, Sonderbevollmächtigte usw., die in der Rüstungsindustrie für bestimmte Schwerpunkt-aufgaben oder beim Auftreten von Engpässen eingesetzt wurden. Es entstand insgesamt ein Mit-, Neben- und Gegeneinander von Zuständigkeiten und Behörden, wodurch es zu permanenten Kompetenzkonflikten kam, welche dem Aufbau einer zentral gelenkten Planwirtschaft entgegenstanden. – Weil im Kriegsfall mit dem Ausbleiben von Importen zu rechnen war, wurde **wirtschaftliche Autarkie** angestrebt. So schloss die Regierung einen Vertrag über die Herstellung von synthetischem Benzin („Benzinvertrag" vom 14.12.1933) mit der IG-Farben sowie Verträge über die Herstellung von synthetischem Kautschuk (am 1.3.1937 ging das erste Werk für die Herstellung synthetischen Kautschuks, das Bunawerk bei Schkopau, in Betrieb). Auch der Ausbau der Zellstoffindustrie wurde vorangetrieben. Weil diese Verfahren großtechnisch noch nicht ausgereift waren, übernahm der Staat die finanzielle Risikoabsicherung. Über Preis- und Absatzgarantien wurde der gewinnbringende Absatz dieser neuen Produkte sichergestellt. Hinsichtlich der Eisen- und Stahlerzeugung griff der Staat direkt in die Wirtschaft ein, da sich die deutschen Konzerne trotz Förderung aus Kostengründen gegen den verstärkten Einsatz des minderwertigen einheimischen Eisenerzes sperrten. So gründete man am 15.7.1937 auf Initiative Hermann Görings das staatliche Unternehmen „Reichswerke AG für Erzbergbau und Eisenhütten 'Hermann Göring'" (Verwaltungssitz in Salzgitter), welches den Abbau und die Verhüttung der bedeutenden Eisenerzvorkommen bei Salzgitter übernahm. Von den Reichswerken wurden bald weitere Unternehmen der Montanindustrie sowie Maschinenfabriken, Waffenfabriken usw. gegründet. Nach dem Anschluss Österreichs beschäftigten die Reichswerke rund 600.000 Arbeitnehmer. Im Rahmen der Autarkiebestrebungen wurden wegen Unrentabilität aufgelassene

Bergwerke und stillgelegte industrielle Anlagen wieder in Betrieb genommen. – Die Kohlenförderung wurde von 109,7 Mio. t (1933) auf 186,4 Mio. t (1938; einschließlich Saarland und Österreich), die Eisengewinnung von 2,6 Mio. t (1932) auf 15,0 Mio. t (1938) gesteigert. – Auch hinsichtlich der **Landwirtschaft** wurde Autarkie angestrebt. Trotz des Verlustes landwirtschaftlicher Nutzflächen (700.000 ha) durch Autobahnen, Westwall, Truppenübungs- und Flugplätze konnte die Eigenversorgung der Bevölkerung mit landwirtschaftlichen Produkten von 75 % (1932) auf 81 % (1937) gesteigert werden. – **Rüstungsfinanzierung**: Diese Wirtschaftspolitik erforderte beachtliche finanzielle Mittel, denn von 1933 bis 1939 stiegen die Kosten für die Aufrüstung um das 23-fache und die Staatsausgaben um das vierfache. Zwischen April 1933 und September 1939 betrugen die Staatsausgaben rund 120 Mrd. RM (davon rund 60 Mrd. RM Militärausgaben). Während die Militärausgaben 1933 erst 4 % der Gesamtausgaben betrugen, waren es 1938 mehr als 50 %. Die Finanzierung der Staatsausgaben erfolgte zu 56 % aus Steuern, Zöllen und sonstigen Abgaben, zu etwa 12 % aus sonstigen Einnahmen und zu 32 % durch Neuverschuldung. Indem die Banken, Sparkassen und Versicherungen verpflichtet worden waren, ihre Einlagen in Schuldtiteln des Reiches anzulegen, wurden die Spareinlagen der Bürger von diesen unbemerkt für die Rüstungsfinanzierung eingesetzt.

Die Sozialpolitik

Gleichzeitig zu den Arbeitsbeschaffungsmaßnahmen und der Ankurbelung der Rüstungsindustrie wurden gesetzliche Rahmenbedingungen zur **Ausschaltung von Arbeitskämpfen** geschaffen. Der Konflikt zwischen Kapital und Arbeit sollte durch die nationalsozialistische Volksgemeinschaft überwunden werden. Diesem Zweck diente die Auflösung der Gewerkschaften und der Zusammenschluss aller Arbeitenden in der NSDAP-Organisation **„Deutsche Arbeitsfront"** (zunächst der Arbeitnehmer, dann auch Eingliederung der Arbeitgeber), die keinerlei Kompetenzen hinsichtlich der Arbeits- und Sozialpolitik hatte. Die Festsetzung der Löhne und Arbeitsbedingungen (Gestaltung der Arbeitsverträge) wurde nach dem „Gesetz zur Ordnung der nationalen Arbeit" (20.1.1934) vielmehr auf der Grundlage staatlicher Tarifordnungen von weisungsgebundenen Beamten des Reichsarbeitsministeriums, den sog. „Treuhändern der Arbeit", übernommen, die bereits am 19.5.1933 eingesetzt worden waren. Durch dieses Gesetz hob man aber nicht nur die Tarifvertrags- und Schlichtungsordnung, sondern auch das Betriebsrätegesetz auf. Jetzt wurden die Beschäftigten als „Gefolgschaft" vom „Betriebsführer" autoritär geleitet. Der „Vertrauensrat", welcher an die Stelle des Betriebsrates trat, war keine Interessenvertretung der Arbeitnehmer, sondern der Betriebsgemeinschaft und damit letztlich der Unternehmer. – Neben den vorgenannten ideologisch belasteten sozialpolitischen Maßnahmen kam es zu **Verbesserungen auf dem Gebiet der klassischen Sozialpolitik.** Dies betraf den Ausbau des Arbeitsschutzes (eingeschränkt während des Krieges) und einige Vereinfachungen im Versicherungswesen durch Zusammenlegungen. Unter Verwendung von Beiträgen aus der jetzt weniger beanspruchten Arbeitslosenversicherung gelang die Sanierung der Sozialversicherung (insbesondere der Rentenversicherung). Ab 1.1.1939 gab es eine Pflichtversicherung für alle in die Handwerksrolle eingetragenen Handwerker (Alters- und Invalidenversicherung; Versicherung Hinterbliebener).

8.3. Rassenpolitik und Konzentrationslager

Die NS-Ideologen gingen davon aus, dass der „jüdisch-bolschewistische Weltfeind" zum Kampf gegen die **„arische Rasse"** angetreten sei und diese „rassisch minderwertigen" „Volks- und Reichsfeinde" vernichtet werden müssten. Zu diesen wurden neben allen politischen Gegnern vor allem Juden und „Zigeuner", aber auch sog. „Asoziale" und Homosexuelle gerechnet. Als minderwertig zählten ebenfalls die körperlich und geistig Behinderten.

Im Jahre 1933 gab es etwa 500.000 Deutsche **jüdischen Glaubens.** Zunächst wurde versucht, die Juden durch Benachteiligung (Aberkennung bürgerlicher Rechte, Verdrängung aus dem Berufsleben, Verbot der Benutzung öffentlicher Einrichtungen, Diskriminierung und Einschüchterung) zur Emigration zu treiben. Bereits am 1.4.1933 rief die NSDAP zum Boykott jüdischer Geschäfte auf, und das „Gesetz zur Wiederherstellung des

Berufsbeamtentums" (7.4.1933) führte zur Entlassung nichtarischer Beamten. Weitere Ausgrenzungsmaßnahmen folgten. Zur Verschärfung der Repressalien kam es durch die „Nürnberger Gesetze" (15.9.1935). In der Nacht vom 9.11. zum 10.11.1938 wurde über die SA ein Massenpogrom („Reichskristallnacht") organisiert, bei dem die Polizei nicht einschreiten durfte (91 Menschen wurden getötet, viele verletzt; etwa 20.000 Juden wurden verhaftet; 191 Synagogen gingen in Flammen auf; ca. 7500 jüdische Geschäfte wurden verwüstet, zahllose jüdische Friedhöfe geschändet). Ab 19.9.1941 mussten die Juden auch im Deutschen Reich, wie schon seit 1939 im Generalgouvernement eingeführt, einen gelben Stern, den sog. Judenstern, sichtbar an der Kleidung tragen. Am 12./13.2.1940 erfolgten die ersten Deportationen von Juden aus dem Reichsgebiet in Gettos in Polen. Am 1.10.1941 lebten noch 168.972 Juden in Deutschland. – Vor allem die Konzentrationslager waren das Instrument zum **Völkermord am Judentum (Holocaust** genannt). Bereits am 30.1.1939 hatte Hitler „prophezeit", dass im Falle eines Krieges die jüdische Rasse in Europa vernichtet würde. Der Entschluss zur Ausrottung des europäischen Judentums („Endlösung der Judenfrage") war von Hitler zwischen September und November 1941 gefasst worden. Schon im Polenfeldzug, besonders jedoch nach dem Einfall in die UdSSR gingen SS-Formationen gewaltsam gegen Juden vor. Ab Ende März 1942 kam es zu den ersten Deportationen aus dem Reichsgebiet in das Vernichtungslager nach Auschwitz. Damit wurden auch die deutschen Juden Opfer des von der SS organisierten Völkermordes. Den von der SS geleiteten KZ sowie den systematischen Massenerschießungen durch mobile Einsatzgruppen der SS und der stationären Einsatzkommandos der Sicherheitspolizei sind etwa sechs Millionen europäische Juden zum Opfer gefallen. – Viele Deutsche profitierten vom Judenmord, indem sie sich am konfiszierten jüdischen Eigentum bereicherten (z. B. Übernahme jüdischer Betriebe und Geschäfte). Insbesondere viele kleine Geschäftsleute waren froh, die jüdische Konkurrenz los zu sein. Die Amtskirchen unternahmen gegen den Völkermord an den Juden nichts.

Ebenso wie die Juden, so wurden auch die sog. „Zigeuner" (**Sinti und Roma**) von der SS verfolgt. Von den ca. 40.000 von den Behörden in Deutschland und Österreich erfassten Sinti und Roma sind etwa 25.000 ermordet worden. Die Befehle zu deren Liquidierung ergingen im Herbst 1941.

Auf Grundlage des „Gesetzes zur Verhütung erbkranken Nachwuchses" (14.7.1933) waren bereits etwa 375.000 körperlich bzw. geistig schwer behinderte Personen zwangssterilisiert worden, als man nach dem Euthanasiebefehl Hitlers (1.9.1939) zur Auslöschung „lebensunwerten Lebens" schritt und Insassen aus den Heil- und Pflegeanstalten im Rahmen des „Euthanasie"-Programms ermordete. Aufgrund heftiger Proteste der Kirche wurde dieses **„Euthanasie"-Programm** am 24.8.1941 offiziell beendet, jedoch unter anderen Tarnbezeichnungen in den KZ sowie in einigen Anstalten fortgesetzt.

Die **Konzentrationslager (KZ)** unterstanden seit 1934 der SS und sind zum Synonym für den Terror und die Verbrechen des NS-Regimes geworden. Derartige Lager waren bereits im Rahmen der Machtübernahme ab März 1933 als „wilde Konzentrationslager" durch die SA, die SS und die Polizei zur Ausschaltung politischer, weltanschaulicher und bisweilen persönlicher Gegner eingerichtet worden (aufgelöst 1934-1937). Bereits am 22.3.1933 hatte Himmler die Einrichtung eines ständigen Konzentrationslagers in Dachau bekannt gegeben. Ab 1936 entstanden bis zum Krieg sechs größere KZ, in denen man politische und weltanschauliche Oppositionelle, aber auch „Asoziale", Kriminelle, Homosexuelle, Angehörige von Sekten und später auch „Zigeuner" in „Schutzhaft" nahm. Ab Kriegsbeginn kamen KZ in den besetzten Gebieten hinzu. Dazu gehörten die in Polen zwischen Dezember 1941 und Sommer 1942 eingerichteten Vernichtungslager, in denen über drei Millionen Menschen, vor allem Juden, fabrikmäßig durch Giftgas getötet wurden. Zuletzt bestanden 29 KZ mit insgesamt 1014 Außenlagern. Letztere wurden insbesondere in Verbindung mit Rüstungsbetrieben eingerichtet, um die Häftlinge dort als billige Arbeitskräfte einzusetzen. In den KZ wurden im Laufe der Jahre ca. 7,2 Millionen Menschen inhaftiert, von denen nur ca. 500.000 überlebten. Die Menschen starben an Entkräftung und Krankheiten sowie an den Folgen physischen und psychischen Terrors einschließlich medizinischer Experimente.

8.4. Außenpolitik und Aufrüstung (1933-1939)

Die Außenpolitik betrachtete Hitler als sein eigentliches Aufgabenfeld. Bereits am 3.2.1933 erläuterte er vor den Befehlshabern des Heeres und der Marine seine außenpolitische Konzeption (Gewinnung von Lebensraum im Osten und dessen Germanisierung durch deutsche Besiedlung). Bei jeder Gelegenheit betonte Hitler seinen Friedenswillen sowie seine Absicht, die friedliche Revisionspolitik seiner Vorgänger hinsichtlich des Versailler Vertrages fortzusetzen. Ein kollektives Sicherheitssystem im Sinne des Völkerbundes lehnte er ab, vielmehr setzte Hitler auf zweiseitige Abkommen. Als die Konzeption des Völkerbundes zur Abrüstung, in welcher die Gleichberechtigung Deutschlands hinsichtlich des einzuhaltenden Niveaus der Rüstung akzeptiert worden war, am Misstrauen Frankreichs scheiterte, trat Deutschland im Oktober 1933 aus dem Völkerbund aus.

Am 13.1.1935 fand unter dem militärischen Schutz des Völkerbundes die im Versailler Vertrag vorgesehene Volksabstimmung zur künftigen Staatszugehörigkeit des **Saargebietes** statt. 90,73 % der Bevölkerung an der Saar entschieden sich für den Anschluss an Deutschland. Die Rückgliederung an Deutschland erfolgte am 1.3.1935. – Die nationale Hochstimmung aus diesem Anlass nutzte Hitler, um am 16.3.1935 die Wiedereinführung der **allgemeinen Wehrpflicht** zu verkünden. Der Völkerbund sowie Italien, England und Frankreich protestierten zwar gegen diesen Bruch der Entwaffnungsbestimmungen des Versailler Vertrages, dabei blieb es jedoch. Dies war der erste große außenpolitische Erfolg Hitlers.

Am 7.3.1936 erfolgte unter Bruch des Versailler Vertrages und Locarno-Vertrages die **Besetzung des entmilitarisierten Rheinlandes** durch die deutsche Wehrmacht, was nur einige laue Proteste zur Folge hatte.

Als die im August 1936 in Berlin durchgeführten Olympischen Spiele etwas zur Übertönung der internationalen Spannungen beigetragen hatten, verkündete Hitler am 24.8.1936 die **Verlängerung der einjährigen Militärdienstzeit auf zwei Jahre** als Antwort auf die Einführung der zweijährigen Dienstzeit in Frankreich.

Am 25.11.1936 folgte der Abschluss des **Antikominternpaktes** zwischen Deutschland und Japan. In einem geheimen Zusatzprotokoll wurde gegenseitige Neutralität im Falle eines nicht provozierten Angriffs oder einer Angriffsdrohung durch die UdSSR vereinbart. – Am 6.11.1937 trat Italien diesem Pakt bei (das Zusatzprotokoll erhielt Italien nicht zur Kenntnis). Der Beitritt Spaniens folgte am 27.3.1939.

Am 25.10.1936 war eine deutsch-italienische Übereinkunft zustande gekommen, die Mussolini am 1.11.1936 in einer Rede als **Achse Berlin-Rom** bezeichnete. Diese beinhaltete die enge politische Zusammenarbeit beider Länder, die deutsche Anerkennung der Annexion Abessiniens durch Italien, die gemeinsame Unterstützung des Franco-Regimes in Spanien und die Abgrenzung der beiderseitigen wirtschaftlichen Interessensphären in Südosteuropa.

Nachdem der Oberbefehlshaber der Wehrmacht und Reichskriegsminister, General Werner von Blomberg, und der Oberbefehlshaber des Heeres, Generaloberst Werner von Fritsch, am 5.11.1937 gegen die Eroberungspläne Hitlers militärische Bedenken vorgebracht hatten, nahm Blomberg am 27.1.1938 seinen Abschied, und Fritsch wurde am 4.2.1938 entlassen („**Fritsch-Krise**"). Hitler übernahm jetzt selbst den Oberbefehl über die Wehrmacht und schuf als seine Befehlszentrale das Oberkommando der Wehrmacht (OKW). Das OKW trat in Konkurrenz zum Oberkommando des Heeres (OKH) und des Generalstabes. Damit begannen auch innerhalb der Wehrmacht die für den Führerstaat unter Hitler typischen Kompetenzüberschneidungen.

Am 12.3.1938 erfolgte die **Besetzung Österreichs** durch deutsche Truppen. Am 13.3.1938 beschloss die neue Regierung Seyß-Inquart „Das Bundesverfassungsgesetz über die Wiedervereinigung Österreichs mit dem Deutschen Reich". Am 15.3.1938 sprach Hitler auf einer Großkundgebung in Wien, während gleichzeitig der NS-Terror gegen Regime-Gegner einsetzte. Hitler ließ sich diesen Anschluss durch eine Volksabstimmung in Österreich (10.4.1938) bestätigen (99,73 % Ja-Stimmen). – Seit dem Anschluss Österreichs an das Deutsche Reich war der offizielle Titel „**Großdeutsches Reich**". – Der NS-Terror forderte auch in Österreich zahlreiche Opfer (ca. 187.000 Menschen wurden in

Gefängnissen, Zuchthäusern bzw. KZ inhaftiert; davon kamen ca. 157.000 ums Leben). Etwa 230.000 Österreicher fielen im 2. Weltkrieg.

Mit dem Anschluss Österreichs an Deutschland stellte sich für Hitler die nationalpolitische und machtpolitische Frage nach dem Anschluss der Tschechoslowakei. Die dortige deutsche Minderheit der Sudetendeutschen hatte zwar bestimmte Sonderrechte, fühlte sich jedoch gegenüber den Tschechen benachteiligt. Vertreten wurden die Interessen der Sudetendeutschen von der Sudetendeutschen Partei, die sich offen zum Nationalsozialismus bekannte. Durch unannehmbare Forderungen dieser Partei gegenüber der tschechischen Regierung verschärften sich die politischen Spannungen (**Sudetenkrise**). Am 30.5.1938 erklärte Hitler gegenüber der Wehrmachtsführung seinen unabänderlichen Entschluss, die Tschechoslowakei in absehbarer Zeit militärisch zu zerschlagen. Generalstabschef Generaloberst Ludwig Beck lehnte die Mitverantwortung dafür ab und trat am 18.8.1938 zurück. Dessen Nachfolger ab 1.9.1938, General Franz Halder, nahm Kontakt zu oppositionellen Militärs auf und bereitete einen Staatsstreich mit der Verhaftung Hitlers vor, welcher ausgeführt werden sollte, wenn es wegen der Tschechoslowakei zum Krieg mit England und damit zum Weltkrieg kommen sollte. Halder informierte England über diesen Plan und forderte England auf, gegenüber Hitler nicht nachzugeben, weil er nur dann eine Legitimation für seinen Staatsstreich habe. England misstraute Halder und gab gegenüber Hitler trotz der Warnung nach. Zur Beilegung der Sudetenkrise traf sich Hitler mit den Regierungschefs Englands (Chamberlain), Frankreichs (Daladier) und Italiens (Mussolini) in München. Im **Münchener Abkommen** (29.9.1938) wurde Hitler zugestanden, vom 1.10.-10.10.1938 die sudetendeutschen Gebiete zu besetzen. England und Frankreich garantierten die Grenzen der Rest-Tschechoslowakei. Die Abtrennung des Sudetenlandes hätte nach den bestehenden Bündnissen eigentlich zum militärischen Eingreifen von Frankreich und der UdSSR führen müssen, aber Frankreich war ohne die Hilfe Englands dazu zu schwach, und das Eingreifen der UdSSR sollte vertragsgemäß nur zusammen mit Frankreich erfolgen.

Bereits am 21.10.1938 gab Hitler Weisungen, die **Besetzung der Rest-Tschechoslowakei** vorzubereiten, die am 15.3.1939 erfolgte. Am 16.3.1939 proklamierte Hitler von der Prager Burg aus das **„Protektorat Böhmen und Mähren"**, in dem der tschechischen Bevölkerung eine Scheinautonomie und -verwaltung zugestanden wurde. – Der Einmarsch deutscher Truppen in Prag stellte einen Wendepunkt in der europäischen Politik dar. Am 30.3.1939 erklärte Chamberlain vor dem Unterhaus, dass England im Falle eines Angriffs durch Deutschland den Polen beistehen würde. Außerdem war England besorgt, dass Hitler zuerst einen Schlag gegen den Westen führen könnte, um den Rücken für Eroberungen im Osten frei zu bekommen.

Gemäß dem Vertrag vom 22.3.1939 gab Litauen unter politischem Druck das Memelgebiet an das Deutsche Reich zurück; am 23.3.1939 marschierte dort die Wehrmacht ein.

Mit dem Handelsvertrag zwischen Deutschland und Rumänien (23.3.1939) wurde die gesamte rumänische Wirtschaft den Bedürfnissen des Deutschen Reiches untergeordnet. Besonders wichtig für eine künftige Kriegsführung waren für Deutschland das rumänische Erdöl sowie das rumänische Getreide.

Am 28.4.1939 kündigte Hitler den deutsch-englischen Flottenvertrag sowie den deutsch-polnischen Freundschaftsvertrag. – Nichtangriffspakte wurden von Deutschland mit Dänemark (31.5.1939) sowie mit Estland und Lettland (7.6.1939) geschlossen.

Am 22.5.1939 schlossen Deutschland und Italien den sog. **„Stahlpakt"**. Er sah auch im Falle eines Angriffskrieges gegenseitige diplomatische und militärische Unterstützung vor. Die Unveränderbarkeit der zwischen Großdeutschland und Italien bestehenden Grenze („Brenner-Grenze") wurde festgelegt, woraufhin am 21.10.1939 die deutsch-italienische Vereinbarung über Südtirol zustande kam, in welcher die Umsiedlung der Deutschen aus Südtirol ins „Großdeutsche Reich" festgelegt wurde.

Während Bündnisverhandlungen zwischen England, Frankreich, der UdSSR und Polen liefen, wurde der Abschluss des **Deutsch-Sowjetischen Nichtangriffspaktes** („Hitler-Stalin-Pakt") vom 23.8.1939 bekannt. Bereits am 19.8.1939 war ein deutsch-sowjetisches Wirtschaftsabkommen unterzeichnet worden. Dieser Nichtangriffspakt sah außer dem Verzicht auf gegenseitige Gewaltanwendung auch die gegenseitige Neutralität bei der kriegerischen Verwicklung mit dritten Mächten vor, und dies auch bei einem Angriffskrieg. Es sollte keine Beteiligung an gegnerischen Mächtegruppierungen erfolgen. In einem geheimen Zusatzprotokoll wurden die gegenseitigen Interessensphären abgegrenzt. In Polen verlief die Grenze zwischen den beiden Einflussgebieten entlang der Flüsse Narew, Weichsel und San. Dies entsprach einer Aufteilung Polens unter dem deutschen Reich und der Sowjetunion. Durch diesen Pakt konnte Stalin den Kommunismus in den baltischen, den mitteleuropäischen sowie den südosteuropäischen Raum hineintragen. Deutschland war durch diesen Pakt von der Gefahr eines Zweifrontenkrieges befreit und konnte auch gegen Polen vorgehen, ohne das Eingreifen der UdSSR befürchten zu müssen. Damit waren die diplomatischen Voraussetzungen für den Überfall Hitlers auf Polen geschaffen.

8.5. Der 2. Weltkrieg (1939-1945)

Der Polen-Feldzug (1939)

Am 22.8.1939 erklärte Hitler vor den Oberbefehlshabern und Kommandierenden, dass der Krieg mit Polen kurz bevorstehe. Deutschland könne wegen der hohen Rüstungsausgaben wirtschaftlich nur noch wenige Jahre durchhalten und brauche die Ressourcen des Ostens. – Am 25.8. wurden die Angriffsvorbereitungen angehalten, denn England hatte gegenüber Polen sein Garantieversprechen zu einem Bündnisvertrag erweitert und Mussolini hatte Italiens Teilnahme am Polenfeldzug abgesagt. Noch am 25.8. verhandelte Hitler mit England und Frankreich und erklärte sich bereit, auch mit Polen Gespräche aufzunehmen, wenn sich bis 30.8. um Mitternacht ein mit allen Vollmachten ausgestatteter polnischer Unterhändler bei ihm melden würde. Polen lehnte ab und verkündete am 30.8. die Generalmobilmachung.

Im Morgengrauen des **1.9.1939** begann der deutsche Angriff auf Polen. Am 3.9. erklärten Frankreich und England Deutschland den Krieg, ohne dass ein Entlastungsangriff im Westen erfolgte. Erst auf mehrfaches Drängen Deutschlands marschierte auch die Rote Armee (UdSSR) am 17.9. in Polen ein und rückte bis zu der im Hitler-Stalin-Pakt vereinbarten Demarkationslinie vor, welche die deutsche Wehrmacht bereits erreicht hatte. Am 28.9. kapitulierte Warschau vor der Wehrmacht. Am 6.10. war der Polenfeldzug beendet. Entscheidend für den Sieg der Wehrmacht war nicht nur deren zahlenmäßige Überlegenheit, sondern vor allem der massierte Einsatz von Panzern und Flugzeugen.

Am 28.9.1939 wurde das **deutsch-sowjetische „Grenz- und Freundschaftsabkommen"** geschlossen und darin der genaue Verlauf der deutsch-sowjetischen Grenze in Polen festgelegt. Abweichend vom Hitler-Stalin-Pakt erhielt Deutschland noch das Gebiet bis zum Bug sowie Gebiete um Lublin, während fast ganz Litauen der sowjetischen Einflusssphäre zugeschlagen wurde. Die in den baltischen Staaten lebenden Deutschen sollten in den neu errichteten Reichsgau Wartheland umgesiedelt werden. Ohne dass dies festgelegt worden wäre, lieferte die UdSSR deutsche Emigranten (meist Kommunisten) an Deutschland aus. – Hitlers Friedensangebot vom 6.10.1939 an England wurde abgelehnt.

Die 1919 an Polen abgetretenen Gebiete sowie das Wartheland wurden an das Reich angegliedert, das übrige polnische Gebiet fasste man als **Generalgouvernement Polen** zusammen.

Aufgrund des am 11.2.1940 abgeschlossenen deutsch-sowjetischen Handelsabkommens lieferte die UdSSR Getreide, Baumwolle, Eisen, Platin, Mangan und Erdöl, Deutschland lieferte Industriegüter und Kriegsgerät an die UdSSR. Der sowjetische Flottenstützpunkt Murmansk stand deutschen Hilfskreuzern und U-Booten zur Verfügung.

Die Besetzung Norwegens (1940)

Norwegen wurde aus wirtschaftlichen Erwägungen besetzt, denn das schwedische Eisenerz gelangte von Schweden mit der Eisenbahn zum norwegischen Hafen Narwik und von dort mit deutschen Schiffen nach Deutschland.

Am 9.4.1940 begann der Angriff auf Dänemark unter Bruch des deutsch-dänischen Nichtangriffspaktes und der Angriff auf Norwegen. Dänemark kapitulierte umgehend. Bei der Besetzung Norwegens kamen die Deutschen den Engländern zuvor. Am 10.6.1940 kapitulierte Norwegen. König Haakon floh mit der

Regierung nach England und organisierte dort den Widerstand gegen die deutschen Besatzungstruppen. Im Gegensatz zu Dänemark arbeitete in Norwegen nur eine kleine Gruppe um Vidkun Quisling mit den Deutschen zusammen.

Der Frankreich-Feldzug (1940)

Am 10.5.1940 begann der deutsche Angriff auf Frankreich. Um die Westverteidigungs-Linie Frankreichs (Maginot-Linie) zu umgehen, wurden auch die Niederlande, Belgien und Luxemburg überfallen. Luxemburg wurde überrannt. Die Streitkräfte der Niederlande kapitulierten am 25.5.1940. König Leopold III. von Belgien kapitulierte am 28.5.1940 und ging in deutsche Gefangenschaft.

In Frankreich gelang es, durch einen über die Ardennen nördlich Sedan bis zur Sommemündung und von dort nach der Kanalküste (Calais) vorgetragenen Panzerangriff die französische von der englischen Armee zu trennen. Zwischen dem 27.5. und 4.6.1940 konnten sich rund 215.000 Engländer und rund 123.000 französische Soldaten von Dünkirchen aus unter Zurücklassung des Kriegsgeräts nach England retten. Die Maginot-Linie wurde von Osten her bei Saarbrücken (14.6.) und bei Colmar (16.6.) durchbrochen. Am 14.6.1940 wurde Paris kampflos besetzt, und am 22.6. kapitulierten die französischen Truppen im Elsass. Kriegsentscheidend für die deutschen Erfolge waren vor allem die Panzerverbände. Der **Waffenstillstand** mit Frankreich wurde am 22.6.1940 in jenem Eisenbahnwaggon in **Compiègne** unterzeichnet, in dem Deutschland 1918 mit Frankreich den Waffenstillstand schließen musste. Frankreich wurde geteilt. Der größere nördliche Teil wurde von der deutschen Wehrmacht unter einem Militärbefehlshaber (General Stülpnagel) besetzt, der südliche Teil blieb unter der Regierung von Marschall Pétain, die sich im Badeort Vichy niederließ, französisch. Die „Vichy-Regierung" arbeitete mit Deutschland zusammen. Entgegen dem internationalen Asylrecht wurden durch Pétain deutsche Emigranten an Deutschland ausgeliefert.

Weil Italien nicht zu kurz kommen wollte, hatte Mussolini am 10.6.1939 Frankreich sowie England den Krieg erklärt und erfolglos die französischen Alpenstellungen angegriffen (diese mussten dann von den Deutschen erobert werden). Am 24.6.1940 wurde ein Waffenstillstand zwischen Italien und Frankreich geschlossen.

Kriegswirtschaft

Bei Kriegsausbruch war die deutsche Wirtschaft nur für einen Blitzkrieg gerüstet und noch weit davon entfernt, einen langanhaltenden Krieg durchhalten zu können. 1940 stand jedoch fest, daß der Krieg noch lange nicht zu Ende sein würde. Die Kriegswirtschaft stand deshalb noch vor schwierigen Aufgaben. Trotz dieses Mangels sowie der fortbestehenden Kompetenzüberschneidungen und der nicht miteinander abgestimmten Waffenprogramme des Heeres, der Luftwaffe und der Marine konnte die Kriegsproduktion im Verlauf der nächsten Jahre noch beträchtlich gesteigert werden, und die Ausstattung mit Kriegsmaterial erreichte im Sommer 1944 ihr Maximum. Erst ab Herbst 1944 wurde die Rüstungsproduktion durch die Bombenangriffe zunehmend beeinträchtigt. Beigetragen zu diesem **Rüstungs-Boom** hatte, dass nach den ersten Kriegserfolgen nicht nur die besetzten Länder in die deutsche Rüstungsproduktion einbezogen wurden, sondern es auch gelang, dass sich die unabhängig gebliebenen Staaten, wie Portugal, Spanien, die Schweiz, Schweden und die Türkei, auf den deutschen Rüstungsbedarf einstellten und die deutsche Industrie entsprechend belieferten.

Mit dem Überfall auf Polen (1939) kam das **Ost-Oberschlesische Revier** wieder zu Deutschland und wurde am 11.9.1939 an die Reichswerke „Hermann Göring" übertragen. Die Steinkohlenförderung betrug 1940 im deutschen Teil rund 28 Mio. t und im ehemaligen polnischen Teil Oberschlesiens (Ost-Oberschlesien) rund 40 Mio. t (vergleichsweise in Niederschlesien 4,6 Mio. t).

Nutzung der Ressourcen der besetzten Länder: Die besetzten Gebiete plünderte Deutschland aus und zwang sie ohne Rücksicht auf den Eigenbedarf zum Export kriegswichtiger Waren aus der laufenden Produktion nach Deutschland. Besonders rigoros ging man dabei in der UdSSR und in Polen vor. Ausgebeutet wurden vor allem die Rohstoffvorkommen der besetzten Länder (aus Polen kamen Kohle, Zink und Schwefelkies; aus Schweden Kupfer, Zink, Nickel, Titan und Wolfram; aus Frankreich Kohle, Eisenerz und Bauxit). In der UdSSR requirierte man neben Rohstoffen vor allem landwirtschaftliche Produkte. Die südosteuropäischen Länder waren bis 1941 lediglich Lieferanten für Rohstoffe und landwirtschaftliche Produkte, und erst danach wurde dort der Aufbau einer für Deutschland arbeitenden Industrie gefördert.

Rationalisierung: Ab Anfang 1942 wurde die Rüstungsindustrie zwecks Bedarfsdeckung rationalisiert und auf die Massenfertigung umgestellt. Die zentrale Planung hierfür lag in den Händen des Organisations-Genies Albert Speer, der am 8.2.1942 als Minister für Bewaffnung und Munition an die Stelle des tödlich verunglückten Fritz Todt getreten war. Die Realisierung dieses Rüstungsprogramms übernahmen die Konzerne, die über Steuervergünstigungen und Subventionen stimuliert wurden. Viele bisher für den zivilen Bedarf arbeitende Betriebe wurden auf die Rüstungsproduktion umgestellt. Die Rüstungsorganisation war so erfolgreich, dass erst 1944 für viele Waffensysteme die höchste Produktionsquote erreicht wurde.

Der **Arbeitskräftebedarf** wurde ab 1942 in steigendem Maße durch ausländische Arbeiter aus den besetzten Gebieten gedeckt, die man zunächst auf freiwilliger Basis anwarb. Bald kamen zivile Zwangsarbeiter, Kriegsgefangene und KZ-Häftlinge hinzu. Eine Vorreiterrolle spielten dabei die „Reichswerke", deren Betriebe sich größtenteils außerhalb des Reichsgebietes befanden. 1944 lag die Ausländerquote, bezogen auf die gesamte deutsche Wirtschaft, bei 20 % (in manchen Branchen bis 50 % und darüber), in der Landwirtschaft lag sie im August 1944 bei 46 %. Die Ernährung der Zwangsarbeiter war vor allem für die Ostarbeiter sehr schlecht, sodass viele von ihnen starben („Vernichtung durch Arbeit").

Obgleich es ab Kriegsbeginn Lebensmittelkarten gab, änderte sich für die deutsche Bevölkerung bis 1941 kaum etwas an der Versorgung, und selbst danach konnte bis kurz vor dem Zusammenbruch die **Versorgung mit Grundnahrungsmitteln** sichergestellt werden. Dies lag vor allem an den Lebensmittel-Zwangsimporten aus den besetzten Gebieten sowie am Einsatz von Zwangsarbeitern in der Landwirtschaft.

Während des Krieges kam es zu einer Konzentration der Produktion in **Schlesien**. Während der Weltwirtschaftskrise stillgelegte Anlagen wurden wieder in Betrieb genommen und dazu noch neue errichtet. Schlesien lag zunächst außerhalb des Aktionsradius der englischen sowie der amerikanischen Luftflotten und galt deshalb als bombensicher (man bezeichnete Schlesien deshalb als „Reichsluftschutzkeller"). Von 1943 bis November 1944 verlegte man deshalb viele Produktionsanlagen nach Schlesien. Allerdings wurden ab 7.7.1944 die treibstoffproduzierenden Hydrier- und Synthesewerke Blechhammer, Odertal und Heydebreck und in der folgenden Zeit auch die oberschlesischen Hydrier- und Synthesewerke von amerikanischen Bomberverbänden angegriffen. Weil jedoch die übrigen Industrieanlagen von Bombenangriffen verschont blieben, war Schlesien in der letzten Phase des Krieges der wichtigste Industriestandort des Reiches. Während nach einem Bericht vom 12.3.1945 aus den noch unbesetzten Teilen Oberschlesiens pro Tag 3700 Waggons Steinkohle abgingen, lieferte das Ruhrgebiet damals nur noch 3000 Waggons und das Saarland 1000 Waggons.

Die **Gesamtausgaben ab Kriegsbeginn** wurden zu 55 % über Verschuldung, zu 33 % durch ordentliche Einnahmen (v. a. Steuern) und zu 12 % durch Zahlungen aus dem Ausland (Kontributionen usw.) finanziert. Im September 1939 waren die Steuern kräftig erhöht worden (z. B. Kriegszuschlag von 50 % zur Lohn-, Einkommens- und Körperschaftssteuer). Als Folge der militärischen Rückschläge hob die Bevölkerung ab 1943 verstärkt ihre Ersparnisse ab. Dies sowie der verstärkte Rüstungsbedarf führten dazu, dass die Rüstungsaufträge zunehmend mit neu gedrucktem Geld bezahlt wurden. Der Geldumlauf stieg auf 812 RM pro Kopf der Bevölkerung (1932 hatte er 86 RM betragen), was einer Inflation entsprach, welche aber durch die 1936 eingefrorenen Preise verdeckt wurde. Am Ende des Krieges belief sich die Verschuldung des Reiches bei den Kreditbanken auf 110 Mrd. RM, bei den Sparkassen auf 54 Mrd. RM und bei den Versicherungen auf 25 Mrd. RM.

Der Kampf gegen England (1940)

Der Versuch Hitlers, nach dem Sieg über Frankreich eine Verständigung mit England herbeizuführen, misslang, zumal Chamberlain am 10.5.1940 von Churchill abgelöst worden war,

147

der gewillt war, bis zum Letzten Widerstand zu leisten. England hätte damals einer deutschen Invasion nur 12 Divisionen entgegenstellen können, Deutschland war jedoch auf eine Invasion nicht vorbereitet.

Am 16.7.1940 gab Hitler die Ausarbeitung für Pläne zur Invasion in England (Unternehmen „Seelöwe") in Auftrag. – Wegen der geringen deutschen Seestreitkräfte konnte eine Invasion nur gelingen, wenn Deutschland die Lufthoheit über das Kanal-Gebiet und Südengland gewann. Am 13.8.1940 begann die **Luftschlacht um England**. Es gelang jedoch nicht, die englische Jagdabwehr niederzukämpfen und dem englischen Küstenradar etwas entgegenzusetzen. Die Folge waren hohe Verluste, weshalb man bald auf Nachteinsätze überging. Einsätze wurden zunächst gegen die englische Luftfahrtindustrie geflogen, dann auf Wirtschaftszentren (7.9.-13.11.1940; v. a. auf London) sowie auf Industriestädte und Hafenanlagen (ab Mitte 14.11.1940; z. B. Zerstörung von Coventry am 14./15.11.1940). Ende März 1941 gab man die Bombenflüge auf. Das Ziel war nicht erreicht worden, die Invasion gegen England war bereits am 12.10.1940 auf unbestimmte Zeit verschoben worden.

Der **U-Boot-Krieg** gegen England, welcher vor allem die Versenkung von Handelsschiffen zum Ziel hatte, war anfangs erfolgreich. 1943/44 versenkten die deutschen U-Boote jedoch wegen verbesserter Abwehrmethoden sehr viel weniger Schiffsraum. Außerdem begann 1943 der neuhergestellte Schiffsraum die Verluste zu übersteigen. – Eine weitere Möglichkeit, England zu schaden, bestand in der Blockierung des Seeweges nach Indien durch das Mittelmeer. Ab 8.2.1941 landete ein **Afrika-Korps** in der italienischen Kolonie Libyen, über welches am 12.2.1941 General Erwin Rommel (seit 22.6.1942 Generalfeldmarschall; populärster deutscher Heerführer des 2. Weltkrieges) den Befehl übernahm.

Der Dreimächtepakt (1940)

Mit dem Abschluss des Dreimächtepaktes (27.9.1940) zwischen den Antikominternmächten Deutschland, Italien und Japan sollten die USA vom Eintritt in den Krieg abgehalten werden. Diesem Vertrag traten noch Ungarn (20.11.1940), Rumänien

(23.11.1940), die Slowakei (24.11.1940), Bulgarien (1.3.1941) und Kroatien (15.6.1941) bei, nicht jedoch die UdSSR wegen ihrer Balkaninteressen.

Der Balkankrieg (1941)

Deutschland fiel am 6.4.1941 in Jugoslawien und in Griechenland ein. Diese Kriege endeten mit der Kapitulation der besetzten Länder am 17.4. bzw. am 21.4.1941. Am 20.5.1941 sprangen deutsche Fallschirmjäger über Kreta ab und eroberten die Insel. Jugoslawien wurde zerschlagen. Am 11.4.1941 war Ungarn an der Seite der Achsen-Mächte in den Krieg eingetreten.

Der Russlandfeldzug (ab 1941)

Am 18.12.1940 wies Hitler die Planung für den Überfall auf die UdSSR an („Fall Barbarossa"). Am 22.6.1941 fielen die deutschen Truppen in die UdSSR ein. An der Seite Deutschlands kämpften Rumänien und Ungarn; am 26.6.1941 trat Finnland in den Krieg ein. Franco schickte eine spanische Freiwilligen-Division („Blaue Division"). Später kamen einige italienische Divisionen hinzu.

Nach spektakulären Anfangserfolgen wurde zu spät (2.10.) mit dem Vorstoß auf Moskau begonnen, der am 1.12.1941 kurz vor Moskau wegen des harten Winters, auf den die Wehrmacht nicht eingerichtet war, stecken blieb. Leningrad war ebenfalls nicht erobert worden. Diese militärischen Erfolge der UdSSR waren möglich geworden, weil Japan nicht in den Krieg gegen die UdSSR eingriff (geheimer Neutralitätspakt zwischen der UdSSR und Japan vom 13.4.1941) und die USA die UdSSR seit August 1941 mit Kriegsgerät sowie Munition unterstützte. Der Motorisierungsgrad der deutschen Wehrmacht war zu gering, und die deutschen Panzer hatten sich den sowjetischen Panzern als technisch unterlegen erwiesen. Zudem kam am 12.7.1941 ein englisch-sowjetische Vertrag zustande, auf dessen Grundlage die materielle Unterstützung der UdSSR durch England begann. Anfangs waren die Deutschen von der sowjetischen Bevölkerung als Befreier vom bolschewistischen Joch begrüßt worden. Als jedoch die SS mit ihren rassistischen Ausrottungspraktiken begann, schlug die Stimmung schnell um, und es formierte sich eine sowjetische Partisanenbewegung, welche der deutschen Wehrmacht hohe Verluste zufügte. Ihren östlichsten Verlauf erreichte die Front im Sommer/Herbst 1942. Die 6. deutsche Armee wurde im Verlauf einer am 19.11.1942 begonnenen sowjetischen Gegenoffensive am 23.11.1942 in **Stalingrad** eingeschlossen und kapitulierte am 31.1./2.2.1943. Dies war die Wende im Russlandfeldzug. Seitdem befand sich die Wehrmacht auf dem Rückzug. – Am 13.1.1943 befahl Hitler die totale Mobilisierung aller materiellen und personellen Reserven, um den „Endsieg" zu sichern. Die **öffentliche Ausrufung des „totalen Krieges"** erfolgte am 18.2.1943 durch Goebbels im Rahmen einer Propagandaveranstaltung im Berliner Sportpalast.

Der alliierte Bombenkrieg gegen Deutschland (ab 1942)

Dass die deutsche Lufthoheit verloren gegangen war, hatte sich bereits in der Luftschlacht gegen England gezeigt. Jetzt begannen die Alliierten, deutsche Industrieanlagen und Städte zu bombardieren. Ihre ersten Ziele waren die Industriegebiete an Rhein und Ruhr. Als erster Großangriff auf eine deutsche Stadt erfolgte am 28./29.3.1942 die Bombardierung Lübecks. Die Amerikaner gingen 1942/43 mit Großverbänden zu Tagesangriffen über. Der **alliierte Bombenterror** weitete sich aus. Erinnert sei an die verheerenden Bombenangriffe auf Hamburg (24./25.7.1943 mit rund 30.000 Toten; durch die Luftangriffe bis Kriegsende erhöhte sich die Zahl der Toten in Hamburg auf rund 55.000) und Leipzig (4.12.1943). Bis Kriegsende wurde durch die Alliierten die planmäßige Zerstörung deutscher Städte fortgesetzt. Dass es dabei nicht um militärische Ziele ging, zeigt die Zerstörung der mit Flüchtlingen aus den Ostgebieten überfüllten Kunststadt Dresden (13./14.2.1945), bei der ca. 35.000 Menschen starben, aber keine einzige der vielen Kasernen bombardiert wurde.

Der Eintritt der USA in den Krieg und die Eröffnung neuer Fronten

Nach dem Beginn des Krieges zwischen Japan und den USA (am 7.12.1941 Luftüberfall der Japaner auf die US-Pazifikflotte in Pearl Harbor) erklärten Deutschland und Italien den USA den Krieg. Damit war der europäische Krieg zum Weltkrieg geworden. Bereits ab 11.3.1941 war England durch die USA ohne Bezahlung materiell unterstützt worden; ab 6.11.1941 war diese Regelung auf die UdSSR ausgedehnt worden. Bereits am 11.9.1941 hatte US-Präsident Roosevelt der amerikanischen Flotte den Befehl erteilt, jedes aufgespürte deutsche U-Boot ohne Vorwarnung zu versenken.

Am 7./8.11.1942 landeten amerikanischen, englischen und frei-französischen Truppen in **Marokko** und **Algier** und nahmen den Kampf gegen das deutsche Afrikakorps auf. Die deutschen und italienischen Truppen kapitulierten am 13.5.1943 in Tunis. – Am 10.7.1943 landeten amerikanische und englische Truppen auf Sizilien und eroberten die Insel bis 17.8.1943. – Am 25.7.1943 wurde das faschistische Regime in Italien durch einen Staatsstreich entmachtet. Die Italiener gingen auf die Seite der Alliierten über. Am 3.9.1943 schloss Italien einen Waffenstillstand mit den Alliierten und diese landeten am 3.9. und 8.9.1943 in Kalabrien (**Italien**). Am 13.10.1943 erklärte die italienische Regierung Badoglio Deutschland den Krieg. Am 4.6.1944 besetzten die Alliierten Rom. Die deutsche Wehrmacht kapitulierte am 29.4.1945 in Norditalien.

Am 6.6.1944 landeten die Alliierten in der Normandie (Frankreich). Damit war die **Westfront** eröffnet.

Der deutsche Widerstand gegen den Nationalsozialismus

Am widerstandsbereitesten waren von Anfang an die Kräfte der **politischen Linken**, vor allem der KPD, aber bis Anfang Juli 1933 waren bereits 12.000 bis 15.000 Funktionäre der KPD inhaftiert worden. Trotzdem bewährten sich die Kommunisten im illegalen Widerstand. Das Zentralorgan der KPD, die „Rote Fahne", erschien noch bis 1935. Durch weitere Verhaftungen wurden auch die illegalen Organisationsstrukturen zerschlagen, die Arbeit ging jedoch im Rahmen von Betriebsgruppen weiter (Agitation, Sabotage der Kriegsproduktion). – Mit der KPD sympathisierte vor allem die nachrichtendienstlich für die UdSSR tätige Gruppe **„Rote Kapelle"**. Der kommunistische und der **sozialistische Widerstand** beschränkte sich auf kleine, überwiegend isoliert voneinander arbeitende Gruppen. Ursache dafür war das immer effizienter arbeitende NS-Terrorsystem, aber auch die Korrumpierung des überwiegenden Teils der Arbeiterschaft durch die wirtschaftlichen, außenpolitischen und militärischen Erfolge des NS-Regimes.

Der **bürgerlich-konservative, bürgerliche und kirchliche Widerstand** war aufgrund der vielfältigen politischen Ansichten von Anfang an auf Einzelpersonen und kleinere Gruppen begrenzt. Von den bürgerlichen Widerstandsgruppen, die insbesondere Konzeptionen für eine politische Neuordnung Deutschlands diskutierten, sind besonders der **Goerdeler-Kreis** sowie der **Kreisauer Kreis** wirksam geworden. Zum bürgerlichen Widerstand gehörte auch die studentische Gruppe **„Weiße Rose"**, welche nach der militärischen Niederlage von Stalingrad mit Flugblattaktionen zum Kampf gegen das NS-Regime aufrief.

Am bedeutsamsten war der **militärische Widerstand**, weil nur er in der Lage gewesen wäre, einen politischen Umsturz zu bewirken. Aber dieser Widerstand kam erst spät in Gang, weil das deutsche Offizierskorps durch traditionelle obrigkeitsstaatliche Grundeinstellung und durch seinen Treueid gegenüber Hitler an das formal legal zur Macht gelangte NS-Regime gebunden war und ihm dieses durch die Wiederaufrüstung und später die Kriegsführung die besten Möglichkeiten zur beruflichen Betätigung gab. Zweifel kamen erst im Zusammenhang mit dem militärischen Dilettantismus Hitlers auf (Fritsch-Krise, Rücktritt Becks). Der Widerstand Becks und Halders knüpfte an die politische Verantwortungslosigkeit Hitlers an. 1938 formierte sich eine Widerstandsgruppe um Admiral Wilhelm Canaris und Oberst Hans Oster. So übermittelte Oster den Alliierten die Termine der Invasion im Westen und in Norwegen. Es wurde klar, dass am Beginn eines Umsturzes die Tötung Hitlers stehen musste, um die Wehrmacht als einzig mögliches Instrument eines Umsturzes vom Treueid an Hitler zu lösen, dem größtenteils auf Hitler fixierten deutschen Volk die Bezugsperson zu nehmen und das Deutsche Reich wieder international verhandlungsfähig zu machen. Die Offiziere des militärischen Widerstands wollten den Krieg beenden und Deutschland wieder auf die Grenzen von 1937 zurückführen. Deshalb wurden nach den militärischen Niederlagen im Osten von Offizieren mehrere Attentatsversuche auf Hitler unternommen, die aber durch unglückliche Umstände nicht zum Ziel führten. Danach hatte von den zum Widerstand Entschlossenen nur noch Oberst Claus Graf Schenk von Stauffenberg als Stabschef des Befehlshabers des Ersatzheeres hin und wieder Zugang zu Hitler. Besonders nach den Massenmorden in den Vernichtungslagern der SS war der christlich orientierte Stauffenberg zum Entschluss gekommen, Hitler zu töten und die Durchführung des Umsturzes in die Hand zu nehmen. Das **Attentat auf Hitler** erfolgte am **20.7.1944**. Durch unglückliche Umstände wurde Hitler nur leicht verletzt. Der Umsturzversuch brach zusammen, und die hauptbeteiligten Offiziere wurden noch am Abend des 20.7. standrechtlich erschossen. Hitler fühlte sich in seinem schon immer gehegten Misstrauen gegen das Offizierskorps bestätigt, und es setzte eine Racheaktion größten Ausmaßes ein (etwa 7000 Verhaftungen und 200 Todesurteile). Hitler bediente sich bei der Verurteilung der Verschwörer des sogenannten Volksgerichtshofes. Bereits am 26.4.1942 hatte sich Hitler vom Reichstag als „Oberster Gerichtsherr" bestätigen lassen und erklärt, dass er über jedem Gesetz stünde.

Die Kraft des Widerstandes war nach dieser Terrorwelle endgültig gebrochen. Folgen dieses missglückten Umsturzversuches waren unter anderem eine Verschärfung des Terrors, die Unterstellung des Ersatzheeres unter Himmler, die Einführung des Hitlergrußes in der Wehrmacht anstelle der militärischen Ehrenbezeugungen sowie der Einsatz von NSDAP-Führungsoffizieren in der Wehrmacht, welche dort als NS-Propagandisten sowie als Spitzel wirkten.

Der Einmarsch der Alliierten ins Kerngebiet des Reiches

Anfang September 1944 hatten die Alliierten den Westwall erreicht. Am 7.3.1945 überschritten die Amerikaner bei Remagen den Rhein. Am 25.4.1945 trafen sich amerikanische und sowjetische Truppen in Torgau an der Elbe.

Am 16.4.1945 stand die Rote Armee 50 km vor Berlin, und der **Kampf um Berlin** begann. Am 2.5.1945 kapitulierten die Verteidiger von Berlin in Berlin-Tempelhof. Hitler hatte sich am 30.4.1945 im Führerbunker der Reichskanzlei erschossen.

Die **Gesamtkapitulation** der Wehrmacht wurde im US-Hauptquartier in Reims am 7.5.1945 durch Generaloberst Jodl unterzeichnet und trat am **8.5.1945**, 23.01 Uhr in Kraft. Sie wurde im sowjetischen Hauptquartier in Berlin-Karlshorst am 9.5.1945, 0.16 Uhr wiederholt und dort u. a. durch Generalfeldmarschall Keitel unterzeichnet.

8.6. Das Ende des Deutschen Reiches und die Kriegsfolgen

Auf mehreren Konferenzen ab 1943, den sog. **Kriegskonferenzen** der **Antihitlerkoalition**, vertreten durch Präsident Roosevelt (USA), Premierminister Churchill (Großbritannien) und Regierungschef Stalin (UdSSR), wurden Festlegungen zur Kriegsführung, zu den Kriegszielen sowie zur Nachkriegsordnung getroffen. – Bereits auf der Pressekonferenz nach Abschluss der Konferenz von **Casablanca** (14.-24.1.1943), an der Stalin wegen Unabkömmlichkeit als Oberbefehlshaber nicht teilnahm, hatte Roosevelt die bedingungslose Kapitulation Deutschlands, Italiens und Japans gefordert. Im amtlichen Konferenzprotokoll fehlt eine diesbezügliche Festlegung. – Die nächsten Konferenzen fanden in **Teheran** (28.11.-1.12.1943) und in **Jalta** (4.-11.2.1945) statt.

Nach der bedingungslosen Kapitulation der Wehrmacht sowie der am 23.5.1945 erfolgten Absetzung und Verhaftung der Regierung Dönitz übernahmen die Alliierten laut gemeinsamer Erklärung vom 5.6.1945 (**Berliner Erklärung**) unter Schaffung des Alliierten Kontrollrates (AKR) die oberste Regierungsgewalt in Deutschland sowie die Verwaltung in allen Instanzen bis zu den Gemeinden, erklärten die NSDAP für aufgelöst und erließen Haftbefehle gegen die NSDAP-Führer. Die Berliner Erklärung ist als staatsrechtliche Legitimation für die Tätigkeit des AKR als ausschließlichem Träger der Regierungsgewalt anzusehen. Damit markiert nicht die Kapitulationsurkunde, sondern die Berliner Erklärung das Ende des 1871 gegründeten Deutschen Reiches, dessen nationalsozialistische Periode aus propagandistischen Gründen im NS-Jargon mitunter auch als das „Dritte Reich" bezeichnet worden war.

In der Berliner Erklärung wurden die **Aufteilung Deutschlands in vier Besatzungszonen** sowie deren Grenzen bekannt gegeben. Bei der ursprünglichen Festlegung der Zonengrenzen

(4.11.1944) war man von den Grenzen Deutschlands von 1937 ausgegangen. Dadurch lag die Demarkationslinie zwischen der sowjetischen Zone und den Zonen der West-Alliierten, an der die Truppen der Alliierten bei Kriegsende stehen geblieben waren, sehr viel weiter östlich als dies nach Anerkennung der Oder-Neiße-Linie der Realität entsprach. So waren die Amerikaner und die Briten bis nach Wismar, Magdeburg und Leipzig vorgerückt. Dies wurde mit der Berliner Erklärung korrigiert. Bis 1.7.1945 zogen sich die Amerikaner und Briten aus Thüringen, Sachsen, Sachsen-Anhalt, Brandenburg und Mecklenburg auf die **neu festgelegten Zonengrenzen** zurück. Im Gegenzug hatte die UdSSR den Amerikanern, Briten und Franzosen den westlichen Teil **Berlins** überlassen.

Die abschließenden Festlegungen zur Nachkriegsordnung erfolgten auf der **Potsdamer Konferenz** (17.7.-2.8.1945 auf Schloss Cecilienhof bei Potsdam). Vertreten waren die USA (Präsident H.S. Truman), die UdSSR (J. W. Stalin) und Großbritannien (Premierminister W. Churchill, ab 28.7. C. Attlee). Es war sowohl die Letzte der Kriegskonferenzen als auch die letzte Gipfelkonferenz der drei Regierungschefs (der „großen Drei"). Das nicht mit eingeladene Frankreich stimmte den Beschlüssen am 7.8.1945 unter Vorbehalten zu.

Das unmittelbar nach Beendigung der Konferenz am 2.8.1945 publizierte Abschlusskommuniqué, welches eine auf die europäischen Fragen reduzierte Zusammenfassung der Konferenzergebnisse darstellt, ist als **Potsdamer Abkommen** bekannt und enthält die im Folgenden erläuterten Bestimmungen.

Die politische Macht im besetzten Deutschland war von einem **Alliierten Kontrollrat** mit Sitz in Berlin zu übernehmen. Er hatte die Einheitlichkeit der Politik in den einzelnen Besatzungszonen zu sichern. Für die Behandlung Deutschlands wurde das von den USA vorgeschlagene D-4-Programm (Demilitarisierung, Denazifizierung, Dezentralisierung, Deindustrialisierung) angenommen. Von Deutschland sollte nie mehr eine Bedrohung des Friedens in der Welt ausgehen können. **Politische Grundsätze für die Behandlung Deutschlands** waren deshalb Abrüstung und Entmilitarisierung, Auflösung aller nationalsozialistischen

Organisationen, Außerkraftsetzung aller unter der NS-Herrschaft erlassenen Gesetze, Demokratisierung Deutschlands (Rede-, Presse- und Religionsfreiheit; Bildung freier Gewerkschaften und demokratischer Parteien), Aufbau einer dezentralisierten Verwaltung von der kommunalen Ebene bis zu den Landesverwaltungen (bis auf Weiteres keine Zentralregierung; die Frage der künftigen Einheit Deutschlands ließ man offen), Aburteilung der Kriegsverbrecher (Prozess gegen Hauptkriegsverbrecher) und Entnazifizierung auf breiter Basis. Betont wurde die Verantwortlichkeit aller Deutschen für die nationalsozialistischen Verbrechen. Die Entnazifizierung sollte die Zerschlagung des Nationalsozialismus ergänzen und dessen Einfluss auf das öffentliche Leben (Entlassung aller nicht nur nominellen Mitglieder der NSDAP aus öffentlichen und halböffentlichen Ämtern), die Wirtschaft und das Erziehungswesen in Deutschland ausschalten (nach der später festgelegten Verfahrensweise konnten die Beschuldigten mit Internierung oder Gefängnis, Vermögensentziehung, Amtsverlust, Berufsverbot, Geldbuße oder Aberkennung des Wahlrechts bestraft werden).

Wirtschaftliche Grundsätze: Trotz der Aufteilung in Besatzungszonen und der dezentralen Verwaltung sollte Deutschland als wirtschaftliche Einheit betrachtet und der Zusammenbruch der Wirtschaft vermieden werden (faktisch wurde Deutschland aber bereits in Potsdam durch die Festlegungen zu den Demontagen in zwei Wirtschaftsgebiete unterteilt). Die **Reparationsverpflichtungen** bezogen sich auf die Inanspruchnahme der deutschen Auslandsguthaben sowie auf die Demontage von Industrieanlagen. Der UdSSR wurden zusätzlich noch 25 % der in den Westzonen demontierten Industrieanlagen zugesprochen (davon 15 % im Austausch gegen Lebensmittel und Rohstoffe, wodurch die Auswirkungen der Ausfälle an entsprechenden Ressourcen durch die Abtrennung der deutschen Ostgebiete gemildert werden sollten). Die Gesamtsumme der Reparationen blieb offen. In Jalta war allerdings bereits eine Reparationssumme von 20 Mrd. Mark genannt worden, wovon die UdSSR 50 % erhalten sollte. Die gesamte deutsche Kriegsflotte, aber auch die gesamte deutsche Handelsflotte (ca. 4,4 Mio. BRT) wurden als Kriegsbeute unter den Siegermächten aufgeteilt. Hinzu kam die Beschlagnahme deutscher Patente, Fabrikationsgeheimnisse usw. Nur seitens der UdSSR wurde durch fach- und sachkundige Kommissionen („Trophäenkommissionen") das organisierte Requirieren von Kunst- und Kulturgütern betrieben, die teilweise bis heute nicht zurückgegeben worden sind. Begründet wird dies mit der Requirierung bzw. Zerstörung von sowjetischen Kunst- und Kulturgütern durch Deutschland während des Krieges.

Das eroberte Reichsgebiet östlich der **Oder-Neiße-Linie** war durch die UdSSR bereits vor Konferenzbeginn polnischer Verwaltung unterstellt worden. Ausgenommen hatte man Nord-Ostpreußen (mit Königsberg), welches die UdSSR für sich beanspruchte. Man beschloss in Potsdam, die östlich der Oder und der westlichen Neiße (Görlitzer Neiße) gelegenen früher deutschen Gebiete bis zu einer endgültigen Grenzfestsetzung zwischen Polen und Deutschland in einem Friedensvertrag unter polnischer Verwaltung zu belassen. Beim Abschluss dieses Friedensvertrages wollten sich die Westmächte für eine Übergabe von Nord-Ostpreußen an die UdSSR einsetzen. Ausweisungen Deutscher aus den Ostgebieten, der Tschechoslowakei und aus Ungarn sollten gemäß einer im AKR vorzunehmenden Aufschlüsselung auf die einzelnen Besatzungszonen erfolgen und in geordneter und humaner Weise vorgenommen werden.

Die Kriegsfolgen

Diese ergaben sich aus den Verlusten und Zerstörungen während des Krieges sowie aus den Bestimmungen des Potsdamer Abkommens.

Bevölkerungsverluste: Es fielen 3,7 Mio. deutsche Soldaten aus dem Reichsgebiet, außerdem 0,66 Mio. volksdeutsche Soldaten verschiedener Staatszugehörigkeit. An deutschen Ziviltoten kommen hinzu 0,5 Mio. Todesopfer des Bombenkrieges, 1,7 Mio. Todesopfer durch die Vertreibung und 0,37 Mio. in die UdSSR verschleppte und dort umgekommene deutsche Zwangsarbeiter. Nicht erfasst sind jene Zivilisten, die auf deutschem Gebiet (insbesondere in den deutschen Ostgebieten) während der Kriegshandlungen umkamen, sowie jene, die aus Verzweiflung über drohende oder erlittene Misshandlungen und Vergewaltigungen, aus Kummer oder wirtschaftlicher Not ihrem Leben ein Ende setzten.

Territoriale Verluste: Die abgetretenen reichsdeutschen Ostgebiete östlich der Oder-Neiße-Linie umfassten mit 114.500 qkm
24,3 % des Reichsgebietes (in den Grenzen vom 31.12.1937) mit
einer Bevölkerung von 9,5 Mio., entsprechend 13,7 % der deutschen Gesamtbevölkerung (bezogen auf die Volkszählung vom
17.5.1939). In diesen Ostgebieten lagen 25 % (7,1 Mio. ha) der
landwirtschaftlichen Nutzfläche sowie 24,4 % (2,84 Mio. ha) der
Waldfläche des Reiches. Die Ostgebiete waren landwirtschaftliche
Überschussgebiete, deren Abtretung sich vor allem im Hinblick
auf die Umsiedlung der Bevölkerung dieser Ostgebiete in das
verbleibende Reichsgebiet katastrophal auf die Ernährungslage
in Deutschland auswirken musste. Deutschland verlor durch
diese Gebietsabtretungen die Schwerindustrie Oberschlesiens
sowie das Industriegebiet um Waldenburg. – In den abgetretenen
Ostgebieten hatte es kaum eine polnische Bevölkerung gegeben
(1932 waren nur rund 23.000 Stimmen = 0,3 % für polnische
Gruppen abgegeben worden).

Flucht und Vertreibung

Bereits auf der Konferenz von Jalta erhielt Stalin die Zustimmung zur Deportation deutscher Zivilisten aus den deutschen
Ostgebieten als Arbeitskräfte. Insgesamt wurden aus Deutschland
rund eine Million Menschen als Zwangsarbeiter in die UdSSR
verschleppt (davon rund 360.000 aus den deutschen Ostgebieten). – Mit dem Vorrücken der Roten Armee begann auch die
Massenflucht aus Schlesien. Bis zur Kapitulation waren von den
4,8 Mio. Bewohnern Schlesiens aus Oberschlesien etwa ein Drittel
und aus Niederschlesien etwa zwei Drittel geflohen. Ein Teil
dieser Flüchtlinge hatte sich nach Mähren, ein etwas größerer Teil
nach Sachsen gewandt. Nach der Kapitulation kehrten etwa eine
Million wieder in ihre Heimat zurück, sodass schließlich wieder
2,5 Mio. Deutsche in Schlesien lebten. Nach der Besetzung durch
die Rote Armee waren **Plünderungen und grausame Gewalttaten**
gegen die deutsche Zivilbevölkerung als Rache für die Verbrechen der Nationalsozialisten an der Tagesordnung. Es etablierten
sich polnische Verwaltungsbehörden. Sogenannte „Hitleristen"
(NSDAP- u. Polizeiangehörige; Personen, denen man zu Recht
oder zu Unrecht Vergehen gegen Polen vorwarf) wurden von den

polnischen Behörden in Straflagern, die zum Teil den Charakter von Vernichtungslagern annahmen, interniert. Anfang Juni 1945 sperrten die Polen die Oder-Neiße-Übergänge, und bereits in der zweiten Junihälfte 1945 setzte die Vertreibung der Deutschen ein (offiziell als **„unorganisierte Aussiedlung"** bezeichnet). Die Deutschen wurden von den Polen in brutaler Weise von Haus und Hof verjagt und unter laufenden Drangsalierungen in langen Elendszügen zu Fuß in die sowjetische Besatzungszone getrieben, nachdem ihnen vorher fast alles abgenommen worden war, was sie hatten mitnehmen können. Mitte Juli 1945 wurde diese Aktion von der UdSSR gestoppt. Auf Grundlage des Potsdamer Abkommens unterzeichnete der AKR den Plan zur **„organisierten Ausweisung"** zwar erst am 17.10.1945, diese Ausweisungen erfolgten aber bereits ab Sommer 1945 und waren keineswegs so human, wie dies im Potsdamer Abkommen festgelegt worden war. Ende 1947 war die Vertreibung im Wesentlichen abgeschlossen. Seit Anfang 1945 hatten 3,1 Mio. Deutsche als Flüchtlinge oder Vertriebene Schlesien verlassen müssen. Zurückgehalten wurden Deutsche v. a. in den Industriegebieten als qualifizierte Arbeitskräfte (in Oberschlesien und im Waldenburger Gebiet). Ausreisen wurden seit 1956 im Rahmen der Familienzusammenführung gestattet, was aber besonders in Oberschlesien sehr restriktiv gehandhabt wurde, sodass es auch nach 1990 noch zu Ausreisen aus Schlesien kam. – Aus den deutschen **Ostgebieten** (Ostpreußen, Ostpommern, Ostbrandenburg, Schlesien) wurden bis 1951 insgesamt 7,5 Mio. Deutsche vertrieben. Hinzu kamen 5,1 Mio. deutsche Volkszugehörige aus Südosteuropa und der Tschechoslowakei. Die 3,5 Mio. Deutschen aus der **Tschechoslowakei** wurden ebenfalls unter den geschilderten menschenunwürdigen Bedingungen außer Landes gejagt. Nur rund 100.000 Menschen waren dort vor der Besetzung geflohen. Durch widrige Umstände und wahllose Exekutionen kamen auch in der Tschechoslowakei viele unschuldige Deutsche ums Leben, denn die Hauptverantwortlichen hatten sich meist rechtzeitig absetzen können. Während der Vertreibung kamen insgesamt 1,7 Mio. Deutsche ums Leben. – Von den 12,6 Mio. (Stand 1950) Flüchtlingen bzw. Vertriebenen kamen 4,5 Mio. in der SBZ, 4,2 Mio. in der BBZ, 3,3 Mio. in der ABZ und 0,4 Mio. in der FBZ unter.

Diese **Bevölkerungsverschiebungen** sowie die nachfolgende Fluchtbewegung aus der SBZ bzw. DDR in die Westzonen bzw. in die Bundesrepublik trugen wesentlich dazu bei, dass die Bevölkerung auf dem Gebiet der Bundesrepublik bis 1964 auf 58,3 Mio. anwuchs (1939 40,3 Mio.). Das Ausmaß dieser Völkerwanderung wird deutlich, wenn man bedenkt, dass 1945 nicht nur Flüchtlinge und Aussiedler aus den Ostgebieten und der Tschechoslowakei sowie aus Ungarn eine Bleibe suchten, sondern auch noch rund 9 Mio. Evakuierte unterwegs waren. Dabei handelte es sich um Frauen, Kinder und alte Menschen aus den bombengefährdeten Städten West- und Mitteldeutschlands, die in die vermeintlich vor Luftangriffen sicheren Ostprovinzen gebracht worden waren. Von diesen Evakuierten waren am 1.4.1947 noch rund 3 Mio. nicht in ihre Heimatorte zurückgekehrt. Unterwegs waren auch die rund 700.000 befreiten KZ-Häftlinge sowie die 8 bis 10 Mio. Zwangsarbeiter und Flüchtlinge aus den osteuropäischen Ländern.

Sonstige Kriegsfolgen

Viele deutsche **Städte** waren zerstört. Die Beseitigung der Trümmer wurde zu einer Hauptaufgabe. Die Trümmerfrau mit dem Hammer in der Hand, welche die für den Wiederaufbau benötigten Ziegelsteine aus den Trümmerbergen herausklaubte und von Mörtelresten säuberte, wurde zur Symbolfigur des Wiederaufbaus. – Die **Verkehrseinrichtungen** waren nahezu vernichtet, denn die Alliierten hatten in den letzten Kriegsmonaten systematisch Eisenbahnanlagen, Brücken, Straßen und Wasserwege bombardiert. – Der Mangel an **Energie** legte die Wirtschaft lahm. So wurden vor dem Krieg pro Tag rund 400.000 t Kohle gefördert, im Mai 1945 waren es nur noch rund 25.000 t. – Die Zerstörung der **Produktionsanlagen** lag mit nur rund 20 % unvermutet niedrig. Wegen der anderen ungünstigen Umstände konnten jedoch die Produktionskapazitäten nicht ausgeschöpft werden, sodass die Produktion im II. Quartal 1945 nur 14 % derjenigen von 1936 betrug (im Jahresdurchschnitt von 1947 waren es 44 % in den Westzonen bzw. 54 % in der SBZ). – Schwer geschädigt wurde die deutsche Wirtschaft durch die **Reparationen**. – Nachteilig wirkten sich die **Abschließungstendenzen** zwischen den Besatzungszonen aus, was zu großen Versorgungsschwierigkeiten führte. Dies betraf v. a.

die SBZ.- Der **Hunger** gehörte zu den prägenden Erlebnissen der Nachkriegszeit. Die deutsche Landwirtschaft hatte vor dem Krieg rund 80 % des Nahrungsmittelbedarfes decken können. 1946/47 waren es nur noch 35 %, denn die Ernten dieser Jahre erreichten lediglich 50 bis 60 % einer Normalernte, die agrarischen Ostgebiete waren verloren gegangen und das geschrumpfte Deutschland war überbevölkert. Finanzielle Mittel für Nahrungsmittelimporte fehlten. Die Folge davon war eine katastrophale Ernährungslage. Auch die per Lebensmittelkarte garantierten Mengen an Lebensmitteln standen nicht kontinuierlich zur Verfügung. Während der tägliche Kalorienbedarf je nach der Beanspruchung eines Menschen zwischen 2800 und 3500 kcal und der Mindestbedarf bei etwa 2000 kcal liegt, garantierten die zugeteilten Lebensmittel in der ABZ nur 1500 kcal und in der FBZ gar nur 900 kcal. Der verbotene „Schwarzmarkt" florierte. Die Städter fuhren zum „Hamstern" über Land und tauschten alles Überflüssige gegen Nahrungsmittel ein. – Aufgrund der **Mangelwirtschaft** behielten die Alliierten alle wirtschaftlichen Ordnungsmaßnahmen der NS-Kriegswirtschaft, so auch die Lebensmittelkarten, bei. – Schwerer als materielle Verluste und der Verzicht auf Gewohntes wog die **Hoffnungslosigkeit** und das Gefühl des Ausgeliefertseins. So dauerte es geraume Zeit, bis der Durchschnittsdeutsche wieder Selbstvertrauen fasste und die Passivität überwand.

9. DAS BESETZTE DEUTSCHLAND BIS ZUR GRÜNDUNG DER BUNDESREPUBLIK UND DER DDR (1945–1949)

9.1. Das Besatzungsregime in Deutschland

Der **Alliierte Kontrollrat** (AKR) mit Sitz in Berlin konstituierte sich am 30.7.1945 und nahm mit seiner ersten Proklamation am 30.8.1945 seine Tätigkeit auf. Ihm gehörten die Oberbefehlshaber der vier Besatzungsmächte an. Er war zuständig für Fragen, die Deutschland als Ganzes betrafen, und erließ auf der Grundlage des Potsdamer Abkommens bis Anfang 1948 insgesamt 3 Proklamationen, 4 Befehle, 61 Gesetze und 57 Direktiven. Diese betrafen z. B. die Liquidierung des deutschen Militarismus und Nazismus, die Auflösung der IG Farben, die demokratische Umgestaltung des Gerichtswesens, die Bestrafung von Nazi- und Kriegsverbrechern, die Entnazifizierung, die Aufhebung nationalsozialistischer Gesetze usw. – Bei den Reparationsleistungen orientierten die Alliierten eingedenk ihrer schlechten Erfahrungen mit deutschen Reparationszahlungen nach dem 1. Weltkrieg auf Sachleistungen. So traf der AKR mit dem Industrieplan vom 28.3.1946 Festlegungen zu den Demontagen. Durch die Demontage der deutschen Rüstungsindustrie sollte das deutsche Kriegspotenzial für immer zerstört werden. Außerdem sollten wertvolle Industrieanlagen als Reparationsentschädigungen an die Siegermächte zur Verteilung kommen. Auch die Ausschaltung der deutschen Konkurrenz spielte dabei eine Rolle. Demontiert wurden deshalb vor allem Anlagen der Eisen- und Stahlindustrie, der chemischen Industrie, des Maschinen- und Fahrzeugbaues sowie die Schiffswerften (Deutschland durfte nur noch kleine Küstenschiffe besitzen bzw. bauen) und Zulieferwerke der Grundstoffindustrien. Einige Produktionen wurden völlig verboten (z. B. Aluminium, Kugellager, synthetisches Benzin). – Die UdSSR entnahm nach dem Industrieplan nicht nur Industrieanlagen aus der SBZ, sondern auch aus den Westzonen und erhielt von dort z. B. die Ausrüstungen der Kriegsmarinewerft Wilhelmshaven und der Schiffswerft Deschimag Bremen sowie der Gießerei und des Stahlwerkes Krupp in Essen-Borbeck. Im Mai 1946 wurden die Demontagelieferungen aus der ABZ an die UdSSR eingestellt, weil von Letzterer die vereinbarten Lebensmittel- und Rohstofflieferungen ausgeblieben waren. – Die Einrichtung deutscher Zentralverwaltungen wurde am 1.10.1946 durch das Veto Frankreichs verhindert, denn die Beschlüsse im AKR mussten einstimmig gefasst werden. – Wegen Differenzen zum Marshall-Plan verließ der sowjetische Vertreter am 20.3.1948 den AKR, welcher daraufhin nicht mehr zusammentrat.

Auf der Potsdamer Konferenz war der **„Rat der Außenminister"** ins Leben gerufen worden, welcher vor allem die Friedensverträge vorbereiten sollte. Während die Friedensverträge mit

Italien, Rumänien, Ungarn, Bulgarien und Finnland am 10.2.1947 von den beteiligten Staaten unterzeichnet wurden, gab es in der deutschen Frage keine Fortschritte. Dies scheiterte vor allem an den Forderungen der UdSSR, die sich z. B. an der Kontrolle des Ruhrgebietes beteiligen wollten, aber auch an der Politik der USA zur Eindämmung des Kommunismus (Truman-Doktrin). Mit dem Abbruch der Londoner Außenministerkonferenz (25.11.-15.12.1947) war eine Einigung der vier Siegermächte in der Deutschlandfrage in weite Ferne gerückt.

Die Arbeit des AKR und die Ergebnisse der Konferenzen des „Rates der Außenminister" sind ein Spiegelbild des Fortschreitens der **Konfrontation zwischen den Westmächten und der UdSSR**, welche ausgehend von der **Spaltung Deutschlands** zur **Spaltung** der Welt führte und nahezu ein halbes Jahrhundert die Weltpolitik bestimmte. **„Kalter Krieg"** war seit 1947 das Schlagwort für diesen Ost-West-Konflikt. Formen des Kalten Krieges waren ideologische und propagandistische Angriffe, Wirtschaftsembargo, Blockade (z. B. Berliner Blockade), Wettrüsten, Militärbündnisse und Kriegsdrohungen, die bis an den Rand eines Weltkrieges geführt haben (Kuba-Krise 1962). Der Kalte Krieg war Ausdruck jener weltanschaulichen Differenzen, die seit den 1920er Jahren zwischen der UdSSR sowie den Westmächten bestanden hatten und durch den 2. Weltkrieg nur verdrängt worden waren.

Die wichtigsten Entscheidungen zur Besatzungspolitik wurden nicht im AKR, sondern von Anfang an auf der Grundlage divergierender Interessen und Ziele von den Militärregierungen in den einzelnen Besatzungszonen getroffen. Die Militärregierungen sorgten zunächst für die Wiederherstellung der lokalen Verwaltungen. Es folgte die Gliederung der einzelnen Besatzungszonen in **Länder**. Man orientierte sich dabei in der SBZ vorzugsweise an den historischen Grenzen der deutschen Territorien. In den Westzonen fasste man mit Ausnahme von Bayern und Schleswig-Holstein im Wesentlichen mehrere historische Territorien bzw. Teile davon zu neuen territorialen Gebilden zusammen. Das von den Zonengrenzen mehrfach durchschnittene Preußen wurde als „Hort des deutschen Militarismus" aufgelöst. Ein Weiterbestehen der großflächigen preußischen Provinzen wäre auch dem neuen Länderkonzept hinderlich gewesen. Die staatsrechtliche Auflösung Preußens erfolgte erst durch Kontrollratsbeschluss vom 25.2.1947. Diese Neugliederung der Besatzungszonen in Länder bildete die Grundlage für die föderale Struktur der Bundesrepublik und anfangs auch für die der DDR.

Bereits im Juli 1945 wurden in der **sowjetischen Besatzungszone** (SBZ) die Länder **Sachsen** (vergrößert um den deutsch gebliebenen Rest Schlesiens), **Sachsen-Anhalt** (durch Vereinigung der preußischen Provinz Sachsen mit Anhalt), **Thüringen** (vergrößert um das ehemals preußische Erfurt und die bis dahin zum Regierungsbezirk Kassel gehörende Enklave Schmalkalden), **Brandenburg** (ohne die östlich der Oder gelegene Neumark) und **Mecklenburg** (erweitert um den Rest von Vorpommern) geschaffen. Am 9.7.1945 bildete die seit dem 9.6.1945 bestehende Sowjetische Militäradministration in Deutschland (SMAD) die Länder- bzw. Provinzialverwaltungen der SMAD. Deren Hauptaufgabe war die Organisation der Besatzungsverwaltung, unter deren Kommandogewalt die von ihr errichteten deutschen Zivilverwaltungen einschließlich der noch im Juli 1945 eingesetzten Landesverwaltungen standen. Dadurch wurde die SBZ trotz der Ländergrenzen nach einheitlichen Richtlinien verwaltet.

Im September 1945 erfolgte in der **amerikanischen Besatzungszone** (ABZ) die Bildung der Länder **Bayern** (ohne die Pfalz und Lindau, welche der französischen Besatzungszone zugeteilt wurden), **Hessen** (am 19.9.1945 Vereinigung des größten Teils der preußischen Provinz Hessen-Nassau mit dem früheren Volksstaat Hessen zu Großhessen, später Hessen, wobei die nassauischen Kreise Unter- und Oberwesterwald, Unterlahn und Sankt Goarshausen sowie die rhein.-hess. Kreise Bingen, Mainz, Alzey und Worms zu Rheinland-Pfalz kamen) und **Württemberg-Baden** (umfasste zunächst nur den Nordteil dieser beiden Länder). Im Oktober 1945 wurde ein Länderrat als ständige Konferenz der Ministerpräsidenten der drei Länder gebildet, um eine einheitliche Entwicklung in der amerikanischen Zone sicherzustellen. Mit Proklamation Nr. 3 der amerikanischen Militärregierung vom 21.1.1947 und einer Übereinkunft mit der britischen Militärregierung vom 22.1.1947 wurde **Bremen** rückwirkend zum

1.1.1947 zu einem als Land zu bezeichnenden Verwaltungsgebiet erklärt. Bremen bildete als Nachschubbasis der amerikanischen Besatzungstruppen eine amerikanische Enklave in der BBZ.

In der **britischen Besatzungszone** (BBZ) erfolgte 1946 die Bildung der Länder **Nordrhein-Westfalen** (am 23.8.1946 aus dem nördlichen Teil der preußischen Rheinprovinz [Regierungsbezirke Aachen, Köln, Düsseldorf] und der preußischen Provinz Westfalen, wozu 1947 noch Lippe-Detmold kam), **Niedersachsen** (am 1.11.1946 aus der ehemaligen preußischen Provinz Hannover [zwischenzeitlich seit 23.8.1946 Land Hannover] sowie den kleinen Territorien Braunschweig, Oldenburg, Schaumburg-Lippe und Lippe-Detmold [1947 zu Nordrhein-Westfalen]), **Schleswig-Holstein** (im Wesentlichen aus der preußischen Provinz Schleswig-Holstein) und **Hamburg**. Durch diese Ländereinteilung wurde das Kerngebiet der deutschen Schwerindustrie im Land Nordrhein-Westfalen zusammengeführt. Die Briten betrachteten ihre Besatzungszone von Anfang an als Einheit und bildeten bereits frühzeitig Zonenzentralämter und im Frühjahr 1946 einen Zonenbeirat, dem die Länderchefs, die Vertreter der Parteien und Gewerkschaften sowie Fachleute angehörten.

In der **französischen Besatzungszone** (FBZ) wurden 1946 unter Ausgliederung des Saarlandes die Länder **Rheinland-Pfalz** (am 30.8.1946 aus der bayerischen Pfalz, dem linksrheinischen Teil von Hessen-Darmstadt sowie Teilen der preußischen Provinz Hessen-Nassau und der preußischen Rheinprovinz), **Baden** (aus dem südlichen Teil Badens) und **Württemberg-Hohenzollern** (aus Süd-Württemberg und der preußischen Provinz Hohenzollern) gebildet. Die letztgenannten beiden Länder und Württemberg-Baden vereinigten sich auf der Grundlage einer Volksabstimmung am 25.4.1952 zum heutigen Bundesland Baden-Württemberg.

Berlin war während der Kriegshandlungen von der Roten Armee besetzt worden. Die sowjetische Besatzungsmacht setzte am 17.5.1945 einen Magistrat mit einem Oberbürgermeister an der Spitze ein. Auf der Grundlage der Londoner Protokolle (12.9./14.11.1944) zum **Viermächtestatus Berlins**, denen Frankreich im Juli 1945 beigetreten war, zogen sich die sowjetischen Besatzungstruppen im Juli 1945 aus den festgelegten drei Westsektoren zurück und übergaben diese an die Besatzungsmächte

USA, Großbritannien und Frankreich. Als gemeinsames Regierungsorgan für Berlin richteten die 4 Besatzungsmächte am 11.7.1945 für Groß-Berlin die Alliierte Militärkommandantur Berlin ein, welche dem AKR verantwortlich war und am 13.8.1946 eine vorläufige Verfassung von Groß-Berlin erließ, auf deren Grundlage am 20.10.1946 die ersten und bis 1990 letzten freien Wahlen in ganz Berlin stattfanden. Ergebnis (Sitzverteilung in der Stadtverordnetenversammlung): SPD 63, CDU 29, SED 26, LDP 12 von insgesamt 130 Sitzen.

In der **Besatzungspolitik** bestanden zwischen den einzelnen Besatzungszonen grundsätzliche Unterschiede, die sich aus den unterschiedlichen politischen, sozialen und wirtschaftlichen Ordnungsvorstellungen der Siegermächte ergaben.

Die **UdSSR** verfolgte von Anfang das Ziel einer Übertragung des kommunistischen Gesellschaftssystems auf die SBZ, man installierte jedoch zunächst eine parlamentarische Demokratie mit Mehrparteiensystem und relativ freien Wahlen. – Bereits am 30.4.1945 wurde aus dem sowjetischen Exil eine aus 10 Personen bestehende Gruppe des ZK der KPD (Gruppe Ulbricht) in das von der Roten Armee eroberte Mitteldeutschland eingeflogen und begann im Mai 1945 unter sowjetischen Anleitung mit dem Aufbau einer Verwaltung für Gesamt-Berlin (Groß-Berlin). Gebildet wurde noch vor Einrichtung der vier Besatzungszonen (Sektoren) ein gesamtberliner 16-köpfiger Magistrat, in dem acht Kommunisten die Schlüsselstellungen einnahmen.

Die westlichen Besatzungszonen wurden gegen den Widerstand Frankreichs ab Ende 1946 schrittweise zu einer wirtschaftlichen Einheit zusammengefasst, und man begann mit dem Aufbau einer freiheitlich-demokratischen Grundordnung.

Die **USA** betrachteten Deutschland zunächst nicht als befreites, sondern als besiegtes Land und führten ein hartes Besatzungsregime ein, um Deutschland auszuhungern und wirtschaftlich niederzuhalten. Dies änderte sich aber bereits ab September 1946 im Hinblick auf die Verschärfung des Ost-West-Konflikts.

Großbritannien erkannte wohl als erstes Land der Westmächte die Gefahr, dass nach der Ausschaltung Deutschlands die UdSSR das in Mitteleuropa entstandene Machtvakuum ausfüllen könnte und orientierte deshalb von Anfang an auf die Aufrechterhaltung des Kräftegleichgewichts in Mitteleuropa unter Einbeziehung Deutschlands.

Eine seinen Sonderinteressen entsprechende restriktive und wenig kooperative Deutschlandpolitik praktizierte **Frankreich**, welches an seine nach dem 1. Weltkrieg verfolgte Deutschland-politik anknüpfte. Nachdem Frankreich seine Zone zwischen dem 15.6. und 15.7.1945 besetzt hatte, wurde bereits am 31.7.1945 das Saargebiet zur „unabhängigen verwaltungsmäßigen Einheit" erklärt sowie 1946 aus der FBZ ausgegliedert und französischer Verwaltung unterstellt. Damit war es faktisch dem Einfluss des AKR entzogen worden. Dadurch sicherte sich Frankreich die alleinige Ausbeutung der Kohlevorkommen an der Saar. Nach weitergehenden Plänen Frankreichs sollten außerdem das Ruhrge-biet unter internationaler Kontrolle besetzt und das Rheinland aus Deutschland herausgelöst werden. In der französischen Zone gab es keine Zentralbehörden. Alle deutschen Behörden wurden von entsprechenden französischen Dienststellen streng kontrolliert. Die FBZ wurde von den anderen Besatzungszonen abgeschottet. Ab 1946 erfolgten Gebietserweiterungen des Saargebietes um 142 Gemeinden auf Kosten von Rheinland-Pfalz, die bereits 1947 teilweise wieder zurückgenommen wurden. Am 18.12.1946 wurde das Saargebiet in das französische Zollgebiet einbezogen. Am 5.10.1947 fanden Wahlen einer verfassunggebenden Versammlung statt. Am 20.11.1947 wurde der französische Franc zum gesetzli-chen Zahlungsmittel. In der Verfassung vom 15.12.1947 wurde die politische Unabhängigkeit des Saargebietes proklamiert (Saar-staat). Am 20.12.1947 bildeten die Christliche Volkspartei (CVP) und die Sozialdemokratische Partei Saar (SPS) unter Ministerprä-sident Johannes Hoffmann (CVP) eine separatistische Regierung, die von einem französischen Hochkommissar kontrolliert wurde und bis zum 23.10.1955 amtierte (an diesem Tag war das Saarstatut durch eine Volksabstimmung abgelehnt worden).

Kriegsverbrecherprozesse

Die Bestrafung der Hauptverantwortlichen für die Entfesselung des 2. Weltkrieges und die von deutscher Seite verübten Kriegs-verbrechen gehörte zu den Kriegszielen der Alliierten. Sonderkommandos nahmen sofort nach Kriegsende die Fahndung nach diesen Personen auf. Hitler, Goebbels, und Himmler hatten sich bereits durch Selbstmord der Verantwortung entzogen, Ley beging vor Prozessbeginn Selbstmord. – Vom 20.11.1945 bis 1.10.1946 fand in **Nürnberg** vor einem **internationalen Militärgerichtshof** der Prozess gegen 22 Hauptfunktionsträger des NS-Regimes statt. Anklagepunkte waren die Planung und Durchführung eines Angriffskrieges, Kriegsverbrechen (Verletzung der internationalen Kriegskonventionen) und Verbrechen gegen die Menschlichkeit (vor allem Völkermord). Zwölf der Angeklagten wurden zum Tode und sieben zu Haftstrafen zwischen zehn Jahren und lebenslänglich verurteilt (K. Dönitz, W. Funk, R. Hess, Freiherr von Neurath, E. Raeder, B. von Schierach, A. Speer), drei wurden freigesprochen (H. Fritzsche, F. von Papen, H. Schacht). Als verbrecherische Gruppen und Organisationen wurden eingestuft: SS, SD, Gestapo und das Führerkorps der NSDAP, nicht jedoch die Reichsregierung, der Generalstab, das OKW und die SA. Zehn der zum Tode Verurteilten wurden am 16.10.1946 in Nürnberg gehängt (H. Frank, W. Frick, A. Jodl, E. Kaltenbrunner, W. Keitel, J. v, Ribbentrop, A. Rosenberg, F. Sauckel, A. Seyß-Inquart, J. Streicher). Göring hatte vor der Urteilsvollstreckung Selbstmord begangen; Bormann war in Abwesenheit zum Tode verurteilt worden und, wie sich später herausstellte, bereits am 1./2.5.1945 in Berlin umgekommen. Die Inhaftierung der zu Freiheitsentzug verurteilten Hauptkriegsverbrecher erfolgte im Gefängnis Berlin-Spandau. Außer Rudolf Heß, der bis zu seinem Selbstmord 1987 hier verblieb, wurden alle anderen bis 1966 entlassen. – Von 1946 bis 1949 fanden vor amerikanischen Militärgerichten in Nürnberg noch zwölf Nachfolgeprozesse gegen 177 Einzelpersonen statt (SS-Führer, SS-Ärzte, Generale, Diplomaten, Industrielle, Juristen). Von den 24 Todesurteilen wurden zwölf vollstreckt; 35 Angeklagte wurden freigesprochen. Die letzten zu Freiheitsstrafen Verurteilten wurden 1956 entlassen. – In diesen sowie weiteren Prozessen vor Militärgerichten wurden in den Westzonen 5025 Angeklagte verurteilt (von den 806 verhängten Todesstrafen vollstreckte man 481). In der SBZ sind durch Militärgerichte oder auf administrativem Wege ohne Gerichtsverfahren schätzungsweise 45.000 Personen verurteilt worden (Zahl der Todesurteile unbekannt).

9.2. Die Entwicklung in den westlichen Besatzungszonen

Parteien

Die Westalliierten ließen erst in der zweiten Jahreshälfte 1945 die Bildung von Parteien zu. – In den Westzonen formierte sich bereits ab April 1945 die **SPD** unter dem ehemaligen Reichstagsabgeordneten Kurt Schumacher („Büro Schumacher" in Hannover). Sein Leitbild war der demokratische Sozialismus. So forderte er die Enteignung von Großbanken, Großindustrie und Grundbesitz, war aber aufgrund seiner Erfahrungen in der Weimarer Republik strikter Gegner eines Aktionsbündnisses mit der KPD und eines Zusammengehens mit der Ost-SPD unter Otto Grotewohl. Auf dem ersten Nachkriegsparteitag der SPD (9.-11.5.1946) in Hannover wurde er einstimmig zum Vorsitzenden der SPD gewählt und blieb bis zu seinem Tode (20.8.1952) die zentrale Figur der SPD in Westdeutschland. Hochburgen der SPD wurden Bremen, Hamburg, Berlin (West), Hessen, Niedersachsen und Schleswig-Holstein. – Die Christlich Demokratische Union (**CDU**), gegründet im Mai 1945 in Berlin und im Juni 1945 im Rheinland, verstand sich als überkonfessionelle christliche Sammlungsbewegung und entwickelte sich schließlich zur Volkspartei (Ludwigshafener Grundsatzprogramm 1978), welche alle sozialen Gruppen der Gesellschaft umfassen sollte. Besonders unter dem Einfluss christlicher Gewerkschaftler wurde ein christlicher Sozialismus unter Verstaatlichung der Bodenschätze und der Schlüsselindustrien gefordert. Am 1.3.1946 wurde Konrad Adenauer zum Vorsitzenden der CDU gewählt. Zu Hochburgen der CDU wurden Baden, Nordrhein-Westfalen, Württemberg-Baden und Württemberg-Hohenzollern. Auf den ursprünglichen Zielen der CDU baute noch das von der rheinisch-westfälischen CDU am 3.2.1947 verabschiedete Ahlener Programm auf, welches zwar den Staatskapitalismus ablehnte, jedoch die Sozialisierung der eisenschaffenden Industrie sowie des Bergbaus und eine Entflechtung der Monopole forderte. Die mittelständischen Betriebe sollten gestärkt und die Mitbestimmung der Arbeitnehmer in den Großbetrieben gesichert werden. Bereits 1949 (Düsseldorfer Leitsätze) und endgültig mit dem Hamburger Programm (1953) richtete die CDU jedoch ihre gesellschaftspolitischen Ziele auf die soziale Marktwirtschaft aus; außenpolitisch machte sie sich die Zielsetzungen Konrad Adenauers (Westintegration) zu eigen. – Die Christlich-Soziale Union (**CSU**) wurde im November 1945 in München gegründet und im Januar 1946 in Bayern zugelassen. – Ab Juni 1945 gründeten sich in allen Besatzungszonen liberale Parteien unter verschiedenen Namen, welche an die Traditionen der Deutschen Demokratischen Partei (DDP) und der Deutschen Volkspartei (DVP) der Weimarer Republik anknüpften. Nachdem sich die LDP der SBZ der Volkskongressbewegung angeschlossen hatte, gründeten die liberalen Parteien der Westzonen im Dezember 1948 die Freie Demokratische Partei (**FDP**); zum Vorsitzenden wurde Theodor Heuss gewählt. Die FDP setzte sich als einzige Partei von Anfang an für die Marktwirtschaft ein, gab der Privatinitiative den Vorrang vor wohlfahrtsstaatlichen Zielstellungen und lehnte sozialistische Gesellschaftsmodelle ab.

Zu den kleineren Parteien gehörte die 1945 wiedergegründete Kommunistische Partei Deutschlands (**KPD**). In einigen Ländern (Bremen, Hamburg, Hessen, Baden-Württemberg, Nordrhein-Westfalen) erhielt sie anfangs zwischen 10 % und 14 % der Stimmen; in mehreren Landesregierungen stellte sie Minister. Auf lokaler Ebene kam es verschiedentlich auch zeitweise zur Zusammenarbeit mit der SPD. In dem Maße, wie sich die KPD der SBZ zur sowjethörigen Staatspartei entwickelte, verlor die KPD Westdeutschlands an Glaubwürdigkeit. 1956 wurde sie vom Bundesverfassungsgericht für verfassungswidrig erklärt und aufgelöst und 1968 als Deutsche Kommunistische Partei (**DKP**) neu gegründet. – In Bayern wurde die partikularistisch ausgerichtete Bayernpartei (**BP**) gebildet. Ihr anfangs großer Erfolg ging bald zurück. – Weitere kleine Parteien waren die konservativ-föderalistische Deutsche Partei (**DP**) und die **Zentrumspartei**, denn nicht alle der früheren Zentrumspolitiker hatten sich der CDU angeschlossen.

Gewerkschaften

Auf lokaler Ebene bildeten sich bereits 1945 einzelne Gewerkschaftsgruppen. Während anfangs der Trend zur Einheitsgewerkschaft bestand, wurde dieser Weg bald zugunsten der Gründung von Einzelgewerkschaften aufgegeben, die sich 1949 zum Deutschen Gewerkschaftsbund (**DGB**) als Dachverband zusammenschlossen. Die Forderung nach Mitbestimmung in allen politischen, wirtschaftlichen und sozialen Fragen wurde schließlich durch das Betriebsverfassungsgesetz von 1952 geregelt, welches nur ein Drittel der Aufsichtsratssitze für die Arbeitnehmer vorsah. 1949 stand noch die Sozialisierung der Schlüsselindustrien auf dem Programm. Weil der DGB SPD-orientiert war, kam es in den 1950er Jahren zunächst zur Absplitterung von Angestellten-Vereinigungen sowie ab 1955 zur Gründung christlicher Gewerkschaften. Letztere schlossen sich im Juni 1959 zu einem Dachverband zusammen.

Demontagen

Diese setzten nach Verabschiedung des „Industrieplanes" (März 1946) ein, waren zuletzt mit dem Petersberger Abkommen (22.11.1949) gemildert worden (Verhinderung der Demontage bestimmter Anlagen der Stahl- und Chemieindustrie) und wurden Ende 1950 eingestellt. Demontiert wurden ca. 3 % bis 5% der westdeutschen Industriekapazität. Die wirtschaftlichen Auswirkungen der Demontagen waren gering, weil es nach Kriegsende aus Mangel an Rohstoffen, Treibstoffen, Verkehrsmitteln usw. gar nicht möglich gewesen wäre, die noch reichlich vorhandenen Produktionskapazitäten voll zu nutzen. Andererseits gelang es, durch die Findigkeit und den Aufbauwillen der deutschen Arbeiter und Ingenieure, einen großen Teil der demontierten Werke sehr schnell wieder in Gang zu setzen. Vielfach hatten die Demontagen auch einen positiven Effekt, denn als der Wirtschaftsaufschwung nach 1948 einsetzte, wäre ein großer Teil der demontierten Anlagen veraltet gewesen.

Entnazifizierung

Alle Funktionsträger der NSDAP sowie alle Personen, die leitende Positionen im öffentlichen Dienst (Verwaltung, Justiz, Schulwesen) und in der Wirtschaft innehatten, wurden automatisch interniert, wobei die Amerikaner am rigorosesten gegen diese Personen vorgingen und auch kleine Chargen sowie Unbelastete internierten. Ab März 1946 wurde die Entnazifizierung auf eine gesetzliche Grundlage gestellt. Jeder erwachsene Deutsche hatte einen Fragebogen mit 131 Fragen auszufüllen. Zuerst behandelte man die leichten Fälle gegen Mitläufer und gering Belastete. Als die schwereren Fälle an die Reihe kamen, hatte sich das politische Klima schon zugunsten der Beschuldigten gewandelt. Formell abgeschlossen wurde die Entnazifizierung durch Bundestagsbeschluss vom 15.12.1950. Die weitere Verfolgung der Straftäter war seitdem Ländersache.

Die neue Deutschlandpolitik der USA

Vor dem Hintergrund des sich verschärfenden Ost-West-Konflikts („Kalter Krieg") verkündeten die USA bereits im September 1946 ihre neue Deutschlandpolitik, welche mit einer schrittweisen Lockerung der wirtschaftlichen Restriktionen verbunden war. Deutschland sollte wieder in die Gemeinschaft der „freien und friedliebenden Nationen der Welt" zurückfinden.

Mit Wirkung vom 1.1.1947 wurden die amerikanische und die britische Zone zur **Bizone** zusammengeschlossen (erst am 8.4.1949 kam es durch Beitritt der französischen Zone zur Bildung der **Trizone**). Bereits im September 1946 waren fünf für beide Zonen gemeinsame Verwaltungsämter geschaffen worden, an deren Spitze Direktoren traten, sodass damit eine Art Wirtschafts-Regierung geschaffen worden war. Als Parlament arbeitete der Wirtschaftsrat, der Gesetze und Verwaltungsvorschriften erlassen konnte und dessen Arbeit durch einen Exekutivrat (bestehend aus je einem Mitglied der Ländervertretungen) koordiniert wurde. Wichtige Kompetenzen behielten sich die Militärregierungen vor (z. B. den Außenhandel).

Wirkungsvollere Formen nahm die neue Deutschlandpolitik der USA an, als US-Präsident Truman mit Formulierung der sogenannten **Truman-Doktrin** (12.3.1947) nach wirtschaftlich und politisch starken Verbündeten im Kampf gegen den Kommunismus suchte und diese wirtschaftlich und militärisch unterstützen wollte. Ziel der US-Politik war deshalb auch der zügige Wiederaufbau der Produktionskapazitäten in den Ländern Westeuropas und damit auch in Westdeutschland. Diesen Ländern fehlten aber Devisen zum Einkauf jener Güter, welche für die Ankurbelung der Wirtschaft unbedingt benötigt wurden. Deshalb regte US-Außenminister George C. Marshall bereits am

5.6.1947 ein Hilfsprogramm (**Marshall-Plan**) zur wirtschaftlichen Unterstützung der europäischen Länder an, welches am 3.4.1948 als Auslandshilfegesetz verabschiedet wurde. Die UdSSR hatte eine Mitarbeit abgelehnt, sodass dieses Hilfsprogramm nur den westeuropäischen Ländern zugutekam. Westdeutschland (einschließlich Westberlin) erhielt bis Mitte 1952 aus diesem Hilfsprogramm Lebensmittel, Düngemittel, Rohstoffe, Treibstoffe, Maschinen und Medikamente im Wert von 1,6 Mrd. US-Dollar. – Mit der Marshallplan-Hilfe war die Auflage der wirtschaftlichen Zusammenarbeit und der Liberalisierung des Handels (Abbau von Handelsbeschränkungen) verbunden, weshalb vor Aufnahme der Marshallplan-Lieferungen von 16 europäischen Ländern als koordinierendes Organ am 16.4.1948 die „Organisation für Europäische Wirtschaftliche Zusammenarbeit" (OEEC) gegründet worden war. – Von dieser Marshallplan-Hilfe in Höhe von 3,3 Mrd. US-Dollar waren laut Vertrag von 1953 nur 1,1 Mrd. zurückzuzahlen, was vorfristig bis 1978 erfolgte. – Der Marshall-Plan stand am Beginn des wirtschaftlichen Aufstiegs der Bundesrepublik. Dieses Hilfsprogramm förderte aber nicht nur den wirtschaftlichen Wiederaufbau, sondern auch die wirtschaftliche Zusammenarbeit der europäischen Staaten und war damit eine Vorstufe für die Bildung der europäischen Staatengemeinschaft. Dieses Hilfsprogramm war aber auch ein Indiz dafür, dass sich die USA, im Gegensatz zu der Zeit nach dem 1. Weltkrieg, in Europa engagieren würde.

Die Währungsreform

Dem unzureichenden Warenangebot stand ein Geldüberhang von rund 250 Mrd. RM gegenüber, was einer Inflation entsprach. Dieser Geldüberhang war dadurch entstanden, dass seit Mitte der 1930er Jahre Preis- und Lohnstopp sowie eine vollständige Devisenbewirtschaftung bestanden und im Zeichen der Mangelwirtschaft nach dem Krieg die Besatzungsmächte davon nicht abgegangen waren. Vor allem war die Geldmenge zur Finanzierung der Rüstung und des Krieges durch Geldschöpfung der Reichsbank laufend erhöht worden. Nach dem Krieg wurde die Geldmenge durch Herausgabe von Besatzungsgeld weiter vermehrt. Dieser Zustand lähmte die Wirtschaft, denn wegen der vorgeschriebenen niedrigen Preise bestand kein Anreiz zur Erhöhung der Warenproduktion bzw. die produzierten Waren wurden zurückgehalten oder auf dem Schwarzmarkt zu horrenden Preisen verkauft. Vor allem aber blühte der Tauschhandel. Zur Wiederherstellung einer funktionsfähigen, marktregulierenden Geldwirtschaft war ein Währungsschnitt (Währungsreform) erforderlich.

Diese Währungsreform wurde von den USA vorbereitet. Am 1.3.1948 gründeten die amerikanischen und britischen Militärbefehlshaber als Dachorganisation der seit 1947 bestehenden Landeszentralbanken der ABZ und der BBZ die **Bank Deutscher Länder**, der sich Ende März 1948 auch die Landeszentralbanken der FBZ anschlossen. Diese Bank, die keiner politischen Institution unterstand, erhielt mit der Währungsreform faktisch das Recht der Notenausgabe. Die Durchführung einer Währungsreform wurde am 18.6.1948 von den Westalliierten bekannt gegeben und am 20.6.1948 in den Westzonen durchgeführt (die Einigung mit den Franzosen war erst am 17.6.1948 zustande gekommen). Der SMAD war am 18.6.1948 mitgeteilt worden, dass die Währungsreform nicht auf die drei Westsektoren Berlins ausgedehnt würde. Mit Wirkung vom 21.6.1948 löste die **Deutsche Mark (DM)** die Reichsmark (RM) ab. Das feste Verhältnis zum US-Dollar betrug 1 DM = 0,30 Cents. Das Umstellungsverhältnis für Bargeld und Verbindlichkeiten war grundsätzlich 10:1. Spar- und Bankguthaben stellte man hingegen mit 100:6,5 merklich ungünstiger um (etwas günstiger bei kleineren Guthaben, noch günstiger bei sehr großen Guthaben), wovon 50 % sofort verfügbar waren. Für einige Verbindlichkeiten erfolgte allerdings die Umstellung 1:1. Dies betraf unter anderem Löhne, Gehälter, Mieten, Pachteinnahmen, Renten und Pensionen. Zur Überbrückung bis zur nächsten Gehaltszahlung wurden jedem Bürger 40 DM im Verhältnis 1:1 umgetauscht (zwei Monate später nochmals 20 DM); Unternehmen konnten je Kopf der Beschäftigten 60 DM im Verhältnis 1:1 umtauschen, damit die nächste Lohnzahlung gewährleistet war. Die Gebietskörperschaften erhielten einen DM-Betrag, der einem Sechstel ihrer Einnahmen vom 1.10.1947 bis zum 31.3.1948 entsprach; Bahn und Post desgleichen ein Zwölftel. Die Guthaben der öffentlichen Hand und der Kreditinstitute erloschen.

Letztere waren also ohne Aktiva. Um sie wieder funktionsfähig zu machen, erhielten sie Schuldverschreibungen gegenüber dem Land, in dem ihre Geschäftstätigkeit lag (ähnliche Regelungen traf man für Versicherungsinstitute). Das Grundkapital der Bank Deutscher Länder betrug 100 Mio. DM.

Die Währungsreform war unsozial und grundlegend für die künftige Vermögensverteilung in der BRD, denn sie brachte die kleinen Sparer, die Rentner und die Alten in große Not, sodass hier oft die staatliche Fürsorge einspringen musste. Gewinner waren die Besitzer von Sachwerten, also die Haus- und Grundbesitzer, die Eigentümer von Produktionsmitteln und damit die Aktionäre sowie jene, welche Waren gehortet hatten.

Wie sich im Nachhinein zeigte, wurde die ohne deutsche Beteiligung in die Wege geleitete Währungsreform zum durchschlagenden wirtschaftlichen Erfolg, weil sie von deutscher Seite spontan mit einer **Wirtschaftsreform** verbunden wurde, indem der Direktor des Wirtschaftsamtes der Bizone, Ludwig Erhard, am 20.6.1948 eigenmächtig die Abschaffung der Zwangswirtschaft (Bewirtschaftung von Mangelwaren) sowie der Preisbindung verkündete und damit schlagartig wieder die **Marktwirtschaft** einführte, d. h. den durch staatliche Eingriffe kaum noch eingeschränkten freien Wettbewerb und die marktregulierende Funktion der Preise. Ab 21.6.1948 waren die Schaufenster mit Waren gefüllt, die man bisher widerrechtlich zurückgehalten hatte; der Schwarzmarkt verschwand. Wie das plötzliche Auftauchen der Waren zeigte, hatte der Wirtschaftsaufschwung bereits vor der Währungsreform eingesetzt, war jedoch wegen schlechter Rahmenbedingungen nicht wirksam geworden. Am 24.6.1948 beschloss der Wirtschaftsrat der Bizone die Leitsätze für die Bewirtschaftung und Preisbildung nach der Währungsreform. Während man für einen großen Teil der Waren und Leistungen die Preisbindung sowie die Zwangsbewirtschaftung ab sofort aufhob, wurden für Hauptnahrungsmittel (zuletzt wurden im April 1950 die Preise für Zucker freigegeben und die Lebensmittelkarten abgeschafft), bestimmte Rohstoffe, Verkehrstarife, Elektrizität, Gas, Mieten, Zinsen sowie wichtige Konsumgüter Übergangsregelungen beschlossen, die teilweise noch mehrere Jahre wirksam waren. In der FBZ wurde diese Wirtschaftsreform erst im Frühjahr 1949 eingeführt. Mit der Währungsreform verband man eine **Steuerreform** (22.6.1948), die zunächst für die Bizone galt, der sich jedoch später auch die FBZ anschloss.

Kurz nach der Währungsreform kamen die ersten **Marshallplan-Lieferungen** ins Land. Diese hatten für den wirtschaftlichen Aufschwung in den Westzonen einen weitaus geringeren Einfluss, als bisher allgemein angenommen worden ist. Viel wichtiger war die mit dem Marshallplan verbundene Rückkehr Deutschlands in die Weltwirtschaft.

Der seit der Währungsreform vonstattengehende rasante wirtschaftliche Aufschwung Westdeutschlands ist als das **„deutsche Wirtschaftswunder"** mit Ludwig Erhard als dem Vater der **„sozialen Marktwirtschaft"** in die deutsche Geschichte eingegangen.

Die Berliner Blockade und die Spaltung Berlins

Nachdem der AKR im März 1948 seine Tätigkeit im Zuge des sich verschärfenden Ost-West-Konflikts eingestellt hatte, kam es zu Behinderungen westalliierter Truppentransporte auf den vereinbarten Zufahrtswegen nach Berlin, sodass bereits damals die Amerikaner und Briten eine kleine Luftbrücke nach Westberlin einrichteten. – Am 16.6.1948 verließen die sowjetischen Vertreter die Alliierte Kommandantur. – Als am 23.6.1948 die SMAD mit dem Befehl Nr. 111 über die Durchführung einer Währungsreform in der SBZ und in Groß-Berlin die neue Währung der SBZ auch in den Westsektoren Berlins einführte, verordneten die Westmächte am 24.6.1948 die Einführung der Deutschen Mark (DM) als zweiter Währung in den Westsektoren; die Ostmark blieb mit dem offiziellen Kurs 1:1 im Umlauf (erst mit Verordnung vom 20.3.1949 wurde die DM in den Westsektoren alleiniges gesetzliches Zahlungsmittel). Dies nahm die UdSSR zum Anlass, um noch am 24.6.1948 die Zufahrtswege von den Westzonen nach Westberlin zu sperren und zu verkünden, dass Westberlin auf dem Territorium der SBZ läge. Westberlin war nun auch von der Stromversorgung aus dem Ostsektor Berlins und von der Versorgung mit verschiedenen Lebensmitteln und Kohle aus der SBZ abgeschnitten. Die Westberliner Bevölkerung sollte ausgehungert werden. Besonders unter dem Einfluss des amerikanischen Militärgouverneurs der ABZ, Lucius D. Clay, gaben die Alliierten dem sowjetischen Druck nicht nach. Zur Abschreckung der UdSSR wurde ein amerikanisches Geschwader von Fernbombern des Typs B 29, bekannt als „Atombomber", nach England verlegt, mit denen man Moskau erreichen konnte. Zur Versorgung der Westberliner Bevölkerung wurde eine **Luftbrücke** eingerichtet, für die nur drei Luftkorridore von je 30 km Breite sowie acht Flugplätze in Westdeutschland und drei in Westberlin zur Verfügung standen. Aller zwei bis drei Minuten landete in Westberlin ein amerikanisches oder englisches Transportflugzeug („Rosinenbomber" genannt). Im Verlauf der Blockade wurden mit rund 200.000 Flügen etwa 1,5 Mio. t Versorgungsgüter (Lebensmittel, Kohle, Baumaterialien u. a.) nach Westberlin eingeflogen. So konnte sich auch die Industrie in Westberlin entwickeln. Finanziert wurde dieses wohl größte Transportunternehmen aller Zeiten vor allem durch die amerikanischen und britischen Steuerzahler. In den Westzonen wurde ab November 1948 die Sondersteuer „Notopfer Berlin" eingeführt und für jede innerdeutsche Postsendung ein Aufschlag von 2 Pfennigen erhoben (blaue Notopfer-Marken).

Ab Anfang September 1948 wurde die Arbeit der Stadtverordneten durch Aktionen der SED derart beeinträchtigt, dass die Mehrheit derselben ihren Tagungsort nach Westberlin verlegte; im Dezember 1948 verlegte auch der gewählte Magistrat seinen Sitz aus dem Berliner „Roten Rathaus" in das Westberliner Rathaus Schöneberg und wurde am 5.12.1948 durch Wahlen in den Westsektoren als Senat bestätigt (die für ganz Berlin anberaumten Wahlen waren für den sowjetischen Sektor verboten worden), sodass Ernst Reuter (SPD) sein Amt als Oberbürgermeister nur für Westberlin wahrnehmen konnte. Er wurde zum Repräsentanten des Widerstandswillens der Westberliner Bevölkerung. In Ostberlin hatte sich am 30.11.1948 ein „Provisorischer demokratischer Magistrat" mit Friedrich Ebert (Sohn des 1925 verstorbenen Reichspräsidenten gleichen Namens) als Oberbürgermeister konstituiert. Damit war die Spaltung Berlins endgültig vollzogen. Auch in anderen Institutionen und Organisationen kam es 1948 zur Spaltung, so auf der 3. Berliner Delegiertenkonferenz des FDGB (21./23.5.1948) zur Abspaltung der Westberliner „Unabhängigen Gewerkschaftsorganisation"

(UGO). Am 3.12.1948 wurde in Westberlin durch Studenten und Professoren, welche die Humboldt-Universität im Ostsektor aus politischen Gründen verlassen hatten, in Westberlin die **Freie Universität** gegründet.

Das in New York am 4.5.1949 abgeschlossene **Viermächteabkommen** beendete die Blockade Berlins am 12.5.1949. Durch die Berliner Blockade hatte das internationale Ansehen der UdSSR schwer gelitten. Demgegenüber war dem Widerstandswillen der Westberliner Bevölkerung in Westeuropa und in den USA Sympathie entgegengebracht worden.

Westberlin wurde als **„Frontstadt"** zum Vorposten der „freien Welt" im sowjetischen Herrschaftsgebiet. Der Rundfunksender im amerikanischen Sektor RIAS wurde zum Synonym für die Verbreitung westlicher Ideologie. Die schließlich entlang der Sektorengrenze zu Westberlin 1961 errichtete Mauer („Berliner Mauer") wurde in sinnfälliger Weise zum Symbol für die Spaltung Deutschlands.

Ruhrstatut

Mit dem Ruhrstatut vom 28.4.1948, dem die Bundesrepublik am 30.11.1949 beitrat, kontrollierte eine internationale Ruhrbehörde (Frankreich, Großbritannien, USA, Beneluxstaaten) die Kohle-, Koks- und Stahlproduktion und deren Verteilung, was bei der wirtschaftlichen Bedeutung dieser Ressourcen einer Kontrolle der deutschen Wirtschaft gleichkam. Mit der Errichtung der Montanunion wurde das Ruhrstatut aufgehoben.

Vorbereitung der Staatsgründung
(Bundesrepublik Deutschland)

Nach dem Scheitern der Londoner Außenministerkonferenz einigten sich die Westmächte mit den Beneluxstaaten über das politische Schicksal Westdeutschlands in den **Londoner Empfehlungen**. Die Direktiven zu deren Ausführung wurden am 1.7.1948 den 11 Ministerpräsidenten durch die drei westlichen Militärgouverneure in Frankfurt a.M. überreicht (**„Frankfurter Dokumente"**). Danach sollte bis 1.9.1948 eine verfassunggebende Versammlung aus Abgeordneten der Länder der Trizone zusammentreten, um die Verfassung eines Bundesstaates auszuarbeiten, über die in einem Referendum durch die Bevölkerung abgestimmt werden sollte. Gleichzeitig wurden die Grundsätze eines Besatzungsstatuts mitgeteilt, welches gleichzeitig mit der Staatsgründung erlassen werden sollte. Die Ministerpräsidenten wollten die Option einer Wiedervereinigung Deutschlands offenhalten und setzten durch, dass keine „Verfassunggebende Versammlung", sondern ein „Parlamentarischer Rat" zusammentreten und anstatt einer „Verfassung" ein „Grundgesetz" beschließen solle, welches nicht durch eine Volksabstimmung, sondern durch die Landtage zu bestätigen sei. Der **„Parlamentarische Rat"** trat am 1.9.1948 in Bonn zusammen und verabschiedete das Grundgesetz am 8.5.1949. Nach der Ratifizierung durch 10 Landtage (Bayern hatte es als zu zentralistisch abgelehnt) trat das Grundgesetz am 23.5.1949 mit der Verkündung durch den Präsidenten des Parlamentarischen Rates, Konrad Adenauer, in Kraft. Dies war der Gründungsakt der Bundesrepublik Deutschland (BRD). Der Parlamentarische Rat hatte am 10.5.1949 Bonn zur provisorischen Bundeshauptstadt gewählt.

Das **Grundgesetz** garantiert die Grundrechte, die Gewaltenteilung, die parlamentarische Demokratie und den sozialen Rechtsstaat. Streitpunkt bei der Ausarbeitung des Grundgesetzes war der Grad des zugestandenen Föderalismus bei der Gesetzgebung und in der Finanzverfassung. Das Ergebnis war ein Kompromiss. So wurde das Recht der Steuererhebung auf Bund und Länder verteilt; steuerschwachen Ländern wurde der Anspruch auf einen Finanzausgleich zugestanden. Schlechte Erfahrungen mit einigen Bestimmungen der Weimarer Verfassung führten zur Beschränkung der Vollmachten des Bundespräsidenten auf im Wesentlichen repräsentative Funktionen sowie zum Verzicht auf Volksentscheide, weil Letztere zu Zeiten der Weimarer Republik von radikalen republikfeindlichen Gruppierungen demagogisch missbraucht worden waren. Neben dem Grundgesetz wurde ein Wahlgesetz beschlossen, welches seitdem mehrfach geändert, aber in den Grundsätzen beibehalten worden ist. Das Grundgesetz hat sich im Allgemeinen bewährt. Der ausgeprägte Föderalismus hat aber später vor allem in den Bereichen Wissenschafts-, Bildungs- und Erziehungspolitik zu Störungen geführt.

9.3. Die Entwicklung in der sowjetischen Besatzungszone

Parteien

Wie in allen Zonen bildeten sich sofort nach Kriegsende auf lokaler Ebene Antifa-Ausschüsse, denen vor allem Genossen der ehemaligen KPD und SPD angehörten, die sich für den Wiederaufbau der Verwaltungen zur Verfügung stellten. Eine große Anzahl von ihnen kam aus der Widerstandsbewegung gegen das NS-Regime, in vielen Fällen waren sie dafür in Konzentrationslager gebracht worden. Die Erlaubnis zur Bildung antifaschistisch-demokratischer Parteien wurde von der SMAD bereits am 10.6.1945 erteilt. – Das Programm der wiedergegründeten Kommunistischen Parei Deutschlands (**KPD**; Gründungsaufruf vom 11.6.1945) enthielt die Errichtung einer ganz Deutschland umfassenden antifaschistisch-demokratischen Republik (parlamentarisch-demokratische Republik mit allen demokratischen Rechten und Freiheiten für das Volk) und zwecks Erreichung dieses Zieles die Schaffung eines Blockes aller antifaschistisch-demokratischen Parteien. Ein Zehn-Punkte-Sofortprogramm sah Maßnahmen zur Überwindung des Chaos und zur Aufnahme der Produktion, zur Entnazifizierung, zur Schaffung einer demokratischen Selbstverwaltung, zur Enteignung des Vermögens der „Nazibonzen und Kriegsverbrecher", zur Bodenreform sowie zur Justiz- und Schulreform vor. Der Begriff „Sozialismus" kam in diesem Programm nicht vor. – Das Programm der wiedergegründeten Sozialdemokratischen Partei Deutschlands (**SPD**; Gründungsaufruf vom 15.6.1945) forderte ebenfalls ein antifaschistisch-demokratisches Deutschland, enthielt aber im Gegensatz zum KPD-Programm Forderungen zur Verstaatlichung von Banken, Bodenschätzen, Bergwerken sowie der Energiewirtschaft. Die SPD bekannte sich zur vereinigten Arbeiterklasse als der führenden Kraft. Bruderkampf und Parteiengezänk sollte es nicht mehr geben. – Neu gegründet wurde am 26.6.1945 die Christlich-Demokratische Union Deutschlands (**CDUD**). Sie forderte die Vergesellschaftung der Bodenschätze, aber auch die Aufrechterhaltung des Privateigentums sowie die Förderung des Mittelstandes und der Bauern. Sie versuchte, zunächst einen eigenen Kurs durchzuhalten. Als sich der Vorsitzende, Jakob Kaiser, und sein Stellvertreter, Ernst Lemmer, weigerten, am 1. Deutschen Volkskongress teilzunehmen, wurden sie im Dezember 1947 von der SMAD aus ihren Parteiämtern entfernt. Unter dem Vorsitz von Otto Nuschke (1948-1957) unterwarf sich die CDU dem Führungsanspruch der SED. – Eine Neugründung (5.7.1945) war auch die Liberal-Demokratische Partei (**LDP**; seit 1951 LDPD); ab 20.11.1945 unter dem Vorsitz von Wilhelm Külz. Zunächst wurde der Versuch unternommen, einen eigenständigen Kurs im Sinne des politischen Liberalismus zu verfolgen. Die LDPD setzte sich für die Erhaltung des Privateigentums und eine freie Wirtschaft ein. Nach dem Tode von Külz (10.4.1948) geriet sie immer mehr unter den Einfluss der SED; 1952 bekannte sie sich zum Aufbau des Sozialismus. Nach Gründung der DDR beteiligte sich auch die LDPD an den von der SED geführten Blockregierungen. – Am 14.7.1945 schlossen sich auf Vorschlag der KPD und der SPD diese beiden Parteien mit der CDUD und der LDPD zum **Block der antifaschistisch-demokratischen Parteie**n (Demokratischer Block, Antifa-Block) zusammen. Dies bedeutete eine Gleichschaltung. Die Parteien verpflichteten sich, unter gegenseitiger Anerkennung ihrer Selbstständigkeit mit vereinter Kraft die Aufgaben des demokratischen Neuaufbaus zu lösen. Dem Block-Ausschuss gehörten je fünf Vertreter der Parteien an; die Beschlüsse waren einstimmig zu fassen. 1948 wurden auch die später gegründeten Parteien DBD und NDPD in den Antifa-Block aufgenommen. – Die **Vereinigung der KPD und der SPD** hatte zunächst auch unter der SPD viele Befürworter, deren Anzahl jedoch in dem Maße abnahm, wie sich die KPD zum Statthalter der UdSSR profilierte. Die KPD hatte eine Vereinigung zunächst abgelehnt und sich auf die Besetzung der Machtpositionen in der Verwaltung konzentriert. Nicht zuletzt auf Druck der sowjetischen Besatzungsmacht kam es zum Vereinigungsparteitag vom 21./22.4.1946, auf dem sich die KPD (rd. 680.000 Mitglieder) und die SPD (rd. 620.000 Mitglieder) zur **Sozialistischen Einheitspartei Deutschlands (SED)** zusammenschlossen. Zu Vorsitzenden wählte man entsprechend den Absprachen zur paritätischen Besetzung der Führungsgremien Wilhelm Pieck (vormals KPD) und Otto Grotewohl (vormals SPD). – Am 14.11.1946 verabschiedete der Parteivorstand der SED den „Entwurf einer Verfassung für die deutsche demokratische Republik", einer unteilbaren demokratischen parlamentarischen Republik mit garantierten politischen, wirtschaftlichen und sozialen Grundrechten für die Bürger. – Am 29.4.1948 Gründung der Demokratischen Bauernpartei Deutschlands (**DBD**). Die Führung übernahmen ehemalige KPD-Funktionäre, welche mit dieser Partei die Politik der SED auf dem Lande populär machen wollten. Vorsitzender wurde der Alt-Kommunist Ernst Goldenbaum. – Am 23.5.1948 Gründung der National-Demokratischen Partei Deutschlands (**NDPD**), um auch die bürgerlich-konservativen Schichten politisch unter Kontrolle zu bekommen. Mitglieder wurden vor allem Handwerker, Einzelhändler, Angestellte, Angehörige der Intelligenz sowie Angehörige der ehemaligen Wehrmacht (vor allem ehemalige Offiziere) und aus allen diesen Schichten auch ehemalige Mitglieder der NSDAP. Vorsitzender wurde der Alt-Kommunist Lothar Bolz.

Ab 10.6.1945 war nicht nur die Gründung von Parteien, sondern auch die Gründung von **politischen Massenorganisationen** erlaubt worden. Am 15.6.1945 begann mit dem Aufruf eines vorbereitenden Ausschusses der Aufbau des Freien Deutschen Gewerkschaftsbundes (**FDGB**) als Einheitsgewerkschaft auf der Grundlage des Programms der KPD vom 11.6.1945. Der FDGB entwickelte sich zur mitgliederstärksten Massenorganisation (1987 rund 9,5 Mio. Mitglieder in 15 Industriegewerkschaften). Der FDGB hatte allerdings nicht die traditionellen gewerkschaftlichen Aufgaben wahrzunehmen, denn der Staat kriminalisierte das in der Verfassung der DDR von 1949 noch garantierte Streikrecht, und die Betriebsräte waren 1948 abgeschafft und durch SED-konforme Betriebsgewerkschaftsleitungen ersetzt worden. Der Staat legte ab 1950 die Löhne fest (Tariflöhne gab es nur noch in der privaten Wirtschaft), regelte den Arbeitsschutz sowie den Urlaub und fasste 1949 die 1947 von der SMAD in den Ländern eingeführte Einheitsversicherung in Ost-Berlin unter einem Zentralvorstand zusammen. Am 26.4.1951 übertrug der Ministerrat dem FDGB die Leitung und Kontrolle der Sozialversicherung und löste die Sozialversicherungsanstalten der Länder auf (sozialversicherungspflichtig waren alle unselbstständig Arbeitenden sowie alle Selbstständigen mit nicht mehr als fünf Arbeitnehmern, alle mithelfenden Familienangehörigen sowie alle Studenten und

Fachschüler). – Am 3.7.1945 Gründung des „**Kulturbundes** zur Demokratischen Erneuerung Deutschlands" (1958-1974 „Deutscher Kulturbund", danach „Kulturbund der DDR"). Präsident des Kulturbundes war bis 1958 Johannes R. Becher. Der Kulturbund war auf allen Gebieten des geistig-kulturellen Lebens präsent und verfolgte das Ziel, eine sozialistische Nationalkultur zu entwickeln sowie das Verhältnis zwischen Arbeiterklasse und Intelligenz zu pflegen. Fast alle kulturellen Freizeitaktivitäten liefen über die Arbeitsgemeinschaften des Kulturbundes (entsprechende Vereine waren verboten). – Am 7.3.1946 Gründung der Freien Deutschen Jugend (**FDJ**) unter dem Vorsitz von Erich Honecker (1. Vorsitzender des Zentralrates der FDJ 1946-1955), hervorgegangen aus den im Juli 1945 von der SMAD anerkannten antifaschistischen Jugendausschüssen. Die FDJ bekannte sich zur führenden Rolle der SED und zum Marxismus-Leninismus. Die FDJ war das Hauptinstrument der SED zur Beeinflussung der jungen Generation. In ihre Kompetenz fielen auch fachliche Bildung (z. B. in Form der „Messe der Meister von morgen") und später die vormilitärische Erziehung. – 1946 erfolgte die Gründung der Vereinigung der gegenseitigen Bauernhilfe (**VdgB**), die aus den während der Bodenreform gebildeten Komitees der gegenseitigen Bauernhilfe hervorgegangen war. Am 20.11.1950 kam es zur Vereinigung der bäuerlichen Handelsgenossenschaften (BHG) mit der VdgB zur „VdgB BHG". Neben ihrer politisch-erzieherischen Aufgabe erleichterte sie vor allem den Neu- und Kleinbauern durch Schaffung von Gemeinschaftseinrichtungen den Start in die Selbstständigkeit, trug zur Versorgung der Bauern mit Produktions- sowie Konsumgütern bei und vermittelte Kredite. Nach der Kollektivierung der Landwirtschaft übertrug man der VdgB BHG diese Versorgungsfunktion für die LPG. – Am 8.3.1947 Gründung des Demokratischen Frauenbundes Deutschlands (**DFD**), hervorgegangen aus den am 30.10.1945 gegründeten antifaschistischen Frauenausschüssen. Der DFD verfolgte das Ziel, die Frauen aus allen Bevölkerungskreisen zur „aktiven Mitarbeit bei der Gestaltung der entwickelten sozialistischen Gesellschaft in der DDR" zu gewinnen.

Durch diese Massenorganisationen wurde nahezu die gesamte Bevölkerung erfasst und im Sinne der Politik der SED beeinflusst.

Weil die von der SED geführten Massenorganisationen auch in den Parlamenten vertreten waren, erhöhte sich damit auch dort die Anzahl der Stimmen für die SED, was besonders in den Anfangsjahren, als noch relativ freie Wahlen zugelassen wurden, von Bedeutung war. – Die Stimmenverteilung bei den ersten **Gemeinderatswahlen** im September 1946 sah so aus: SED 57,1 %, LDPD 21,1 %, CDU 18,8 %, VdgB 1,8 %, Frauenausschüsse 1,1 %. Das günstige Abschneiden der SED ist darauf zurückzuführen, dass die anderen Parteien noch nicht so gut auf Wahlen vorbereitet waren. – Die Stimmenverteilung bei den ersten **Landtagswahlen** am 20.10.1946 (in Klammern die Gesamtzahl der Mandate in allen Landtagen der SBZ) war: SED 47,5 % (249), LDP 24,6 % (122), CDU 24,5 % (133), VdgB 3,4 % (15), Kulturbund (nur in Sachsen 0,6 %, was 1 Mandat entsprach).

Entnazifizierung

Durch die Entnazifizierung wurde nicht die gesamte Bevölkerung erfasst. Ziel war vielmehr die Entfernung der NS-Eliten aus Verwaltung, Justiz, Schule und Wirtschaft bis in die untere Führungsebene. Bis August 1947 überprüfte man etwa 800.000 ehemalige NSDAP-Mitglieder. Etwa 500.000 verloren ihren Arbeitsplatz (v. a. im öffentlichen Dienst). So entließ man über 80 % der Richter und Staatsanwälte. Im November 1945 wurden auch alle Lehrer, die nur nominell der NSDAP angehört hatten, aus dem Schuldienst entlassen. Ersetzt wurden die Entlassenen durch im Schnellverfahren ausgebildete, zumeist junge Leute (Neulehrer, Volksrichter usw.). Ausbilden musste man vor allem auch Russischlehrer, denn der russische Sprachunterricht wurde in der SBZ erstmals als Lehrfach in den allgemeinbildenden Schulen Deutschlands eingeführt.- Bei politischen Straftaten erfolgte die Verurteilung durch Sonderkammern der Landgerichte oder durch sowjetische Militärgerichte. Verurteilt wurden rund 13.000 Angehörige der SS, der Gestapo und des Führerkorps der NSDAP, aber auch Unschuldige. Etwa 150.000 Beschuldigte wurden meist ohne Gerichtsverfahren in 10 Speziallagern des sowjetischen Geheimdienstes (NKWD), z. B. in Mühlberg bei Torgau sowie in den ehemaligen Konzentrationslagern Buchenwald und Sachsenhausen oft jahrelang interniert. Von diesen kamen rund 43.000 vor allem durch Hunger und Krankheiten ums Leben. Bei der Auflösung dieser Speziallager am 1.3.1950 wurden 13.945 Gefangene (davon 3432, die noch zu verurteilen waren und nach Waldheim gebracht wurden, wo sie in den berüchtigten Waldheimer Prozessen abgeurteilt wurden) an die Volkspolizei der DDR übergeben, 15.038 Gefangene wurden entlassen und 649 Gefangene, die besonders schwere Verbrechen gegen die UdSSR gegangen hatten, verblieben in der Hand der sowjetischen Behörden. Meist handelte es sich bei den Bestraften um untere Chargen, denn die höheren Chargen hatten sich oft nach dem Westen abgesetzt oder waren bereits von den Briten, besonders aber von den Amerikanern in denjenigen Teilen der späteren SBZ verhaftet worden, die zuerst von diesen besetzt worden waren. Vielfach betraf es in der SBZ Unschuldige (denunzierte oder „Werwolf"-verdächtige Bürger) und später auch Sozialdemokraten, Angehörige bürgerlicher Parteien, aber auch nichtlinientreue Kommunisten. Mitläufer der NSDAP, die sich offen zur Politik der SED bekannten, wurden nicht bestraft. – Die Entnazifizierung wurde mit einer allgemeinen **politischen Säuberung** sowie mit der **gesellschaftlichen Umstrukturierung** zwecks Einführung des kommunistischen Systems verbunden. Adel und Besitzbürgertum sollten als politische und wirtschaftliche Faktoren ausgeschaltet werden. So erfolgte im Zusammenhang mit der Entnazifizierung oft die Einziehung des Privateigentums, v. a. die Beschlagnahme von Produktionsmitteln.

Demontagen

Der UdSSR war zugestanden worden, ihre Reparationsforderungen durch Beschlagnahme der ihr zugänglichen deutschen Auslandsguthaben, vor allem aber durch Demontagen in der SBZ sowie durch den Transfer von in den Westzonen demontierten Anlagen zu realisieren. – Nachdem auf Befehl der sowjetischen Besatzungsmacht die Arbeit in den Betrieben Mitte Mai 1945 wieder aufgenommen worden war, setzten bereits im Juni 1945 die Demontagen ein. Bis Ende 1946 demontierte man ca. 1225 Betriebe; bis Frühjahr 1948 waren es etwa 3000 Unternehmen, die man ganz oder teilweise demontiert hatte. Dies entsprach etwa 30 % der Industriekapazität von 1944. Was nicht mitgenommen werden konnte, wurde vielfach sinnlos zerstört bzw. verwüstet. Die Arbeiterschaft, aber auch viele kommunistische Funktionäre der unteren und mittleren Führungsebene waren entsetzt, zumal viele der SPD bzw. der KPD angehörende oder diesen Parteien nahestehende Arbeiter das Kriegsende als Befreiung vom Faschismus empfunden hatten und nun auf die Solidarität der „Klassenbrüder" aus der Sowjetunion beim Wiederaufbau hofften. Aber alle Proteste bei den Landesverwaltungen und bei der SMAD blieben erfolglos. 1950 waren die Demontagen im Wesentlichen abgeschlossen. Für die UdSSR brachten sie keinen großen wirtschaftlichen Nutzen, denn viele der Anlagen wurden in der UdSSR nicht wieder aufgebaut und hatten schließlich nur noch Schrottwert. Die Wirtschaft in der SBZ wurde hingegen durch die Demontagen schwer geschädigt, zumal die UdSSR im Gegensatz zu den Westmächten auch noch bis Ende 1953 Reparationsleistungen aus der laufenden Produktion entnahm.

Am 3.6.1946 wurden volkswirtschaftlich bedeutsame, für die Demontage vorgesehene Betriebe, deren demontierte Anlagen häufig nur Schrottwert gehabt hätten (z. B. die Anlagen der chemischen Großbetriebe) zu **Sowjetischen Aktiengesellschaften (SAG)** umgebildet, die unter sowjetischen Direktoren für die UdSSR produzierten. Große SAG-Betriebe waren neben den Werken der Großchemie das ehemalige Krupp-Grusonwerk in Magdeburg und die Neptun-Werft in Rostock. Die meisten SAG-Betriebe mussten später zurückgekauft werden, die letzten SAG-Betriebe wurden bis 1.1.1954 zurückgegeben (Umbildung all dieser Betriebe in VEB). Eine besondere Rolle für die Rüstungsindustrie der UdSSR spielte die SAG „Wismut" (Überführung der entsprechenden Bergwerke im Erzgebirge in sowjetisches Eigentum laut der SMAD-Befehle vom 26.5./30.5.1947; seit 1954 Sowjetisch-Deutsche Aktiengesellschaft), welche ausgehend vom Revier Johanngeorgenstadt im Erzgebirge den Uranerzabbau in der SBZ betrieb, von 1946-1989 im Erzgebirge und in Ostthüringen ca. 200.000 t Uran gewann und Anfang 1991 den Uranerzbergbau einstellte.

Enteignungen

In der SBZ wurde schnell und konsequent die sowjetische Sozial- und Wirtschaftsordnung eingeführt. Viele Unternehmer und Landwirte wurden enteignet. Oft war die Nichterfüllung des Ablieferungssolls der Vorwand für die Inhaftierung bzw. die Enteignung der Landwirte. Viele Landwirte und Unternehmer, aber auch zahlreiche Intellektuelle, Angestellte und Arbeiter entzogen sich unter Zurücklassung oft ihrer gesamten Habe diesem System durch die Flucht in den „Westen". So verließen von 1950 bis 13.8.1961 (Bau der „Berliner Mauer") rund 3,6 Mio. Menschen die DDR in Richtung BRD. – Durch die Bodenreform und die Enteignung zahlreicher Industriebetriebe sowie aller Banken und Versicherungsunternehmen wurde die Wirtschaftsstruktur in der SBZ grundlegend verändert. Die Banken und Sparkassen waren bereits am 21.7.1945 geschlossen worden; Bargeld und Wertpapiere hatte man beschlagnahmt.

Am 2.9.1945 forderte man auf Bauernkonferenzen in allen Ländern der SBZ die entschädigungslose Enteignung der „Großgrundbesitzer" (unter dem Slogan „Junkerland in Bauernhand") und „Kriegsverbrecher"; vom 3. bis 11.9.1945 erließen die Präsidien der Landes- und Provinzialverwaltungen die Verordnungen über die **Bodenreform**, welche am 15.9.1945 durch einen Aufruf des Blocks der antifaschistisch-demokratischen Parteien begründet wurde. Die Bodenreform war am 1.1.1950 abgeschlossen. Enteignet wurden alle landwirtschaftlichen Betriebe ab 100 ha sowie unabhängig von der Betriebsgröße, die Bauerngüter der „Kriegsverbrecher" und „Naziaktivisten". Von den enteigneten 3.298.082 ha (entsprechend 35 % der landwirtschaftlichen Nutzfläche in der SBZ) verteilte man 2.189.999 ha an 559.089 Bewerber; der Rest des Landes (etwa ein Drittel) ging in Staatseigentum über, sodass auch landwirtschaftliche Großbetriebe als Staatsbetriebe erhalten blieben.). Es entstanden 210.276 Neubauernwirtschaften (davon rund 91.000 für Vertriebene) mit einer durchschnittlichen Größe von 8,1 ha. Außerdem verteilte man Land an rund 126.000 landarme Bauern und Kleinpächter; kleine Parzellen gingen an nichtlandwirtschaftlich tätige Personen.

Verstaatlichung der Industrie: Bereits im Mai 1945 waren viele Unternehmen beschlagnahmt und seitdem von eingesetzten Betriebskommissaren verwaltet worden. Die formale entschädigungslose Enteignung erfolgte in Sachsen, dem höchstindustrialisierten Land in der SBZ, mit dem „Gesetz über die Übergabe von Betrieben von Kriegs- und Naziverbrechern in des Eigentum des Volkes", auf dessen Grundlage am 30.6.1946 ein Volksentscheid durchgeführt wurde. In den anderen Ländern der SBZ erfolgte die entschädigungslose Enteignung der Kriegs- und Naziverbrecher durch Verordnungen, die von den Landesregierungen in Thüringen am 24.7., in Sachsen-Anhalt am 30.7., in Brandenburg am 5.8. und in Mecklenburg am 16.8.1946 erlassen wurden. Insgesamt enteignete man bis 1948 in der SBZ rund 10.000 Betriebe.

Währungsreform

Als Zentralbank war im Mai 1948 die staatlich gelenkte „Deutsche Notenbank" begründet worden. Als Antwort auf die Währungsreform in den Westzonen wurde am 23.6.1948 die Währungsreform in der SBZ durchgeführt. Neue Währungseinheit war die „Deutsche Mark" der Deutschen Notenbank, im Folgenden als Mark (Ost) bezeichnet. Der Umtausch des Bargeldes erfolgte im Verhältnis 10:1, nur 70 RM pro Person wurden 1:1 umgetauscht. Für Beträge über 5000 RM musste der Erwerbsnachweis erbracht werden, was auch für Spareinlagen zutraf. Für Spareinlagen galten Umtauschkurse von 1:1 (bis 100 RM); 5:1 (101 bis 1000 RM) bzw. 10:1 (1001 bis 5000 RM). Die Konten der öffentlichen Hand, der Behörden, der Parteien und Massenorganisationen, aber auch die Konten der Volkseigenen Betriebe wurden 1:1 umgestellt, Privatbetriebe konnten einen Betrag in Höhe des wöchentlichen Umsatzes zuzüglich der Lohnrückstände 1:1 umtauschen. Mit wenigen Ausnahmen wurden aber auch die Verbindlichkeiten 1:1 umgestellt, sodass die Schulden in voller Höhe bestehen blieben. Da noch kein Geld neu gedruckt worden war, wurde auf RM-Banknoten ein Kupon aufgeklebt. Das neu gedruckte Geld (Deutsche Mark der Deutschen Notenbank) kam erst zwischen dem 25. und 28.7.1948 in Umlauf. Mit der Gründung der „Deutschen Investitionsbank" (13.10.1948) begann der Aufbau eines einheitlichen Bank- und Kreditsystems.

Weil eine hinreichende Warendecke fehlte, blieben die Preisstopp- und Zwangsbewirtschaftungsvorschriften bestehen und konnten erst schrittweise abgebaut werden. – Während sich der Lebensstandard bis zu den beiden Währungsreformen in allen

Besatzungszonen nicht voneinander unterschied, blieb er danach in der SBZ hinter dem der Bizone und ab Frühjahr 1949 auch hinter dem der FBZ zurück.

Vorbereitung der Staatsgründung (Deutsche Demokratische Republik)

Parallel, aber bewusst zeitversetzt zur Staatsgründung in Westdeutschland vollzog sich die Staatsgründung in der SBZ. Auch hier bildete die Londoner Außenministerkonferenz den Ausgangspunkt.

Zunächst sollte durch die Volkskongressbewegung die Gründung eines westdeutschen Staates verhindert werden. Als dies misslang, wurde aus dem letzten, dem 3. Deutschen Volkskongress, ein Vorparlament für die ostdeutsche Staatsgründung. – Am 15./16.5.1949 fanden in der SBZ und in Ostberlin auf der Grundlage von Einheitslisten die Wahlen zum 3. Deutschen Volkskongress statt (in den Westzonen waren die Wahlen untersagt worden). Bei einer Wahlbeteiligung von 95,2 % stimmten 66,1 % für die Kandidaten und damit für die Ziele der Volkskongressbewegung. Der 3. Deutsche Volkskongress (29./30.5.1949; 1441 gewählte Delegierte aus der SBZ und Ostberlin, 528 Delegierte aus den Westzonen) nahm den am 19.3.1949 vom Deutschen Volksrat beschlossenen Verfassungsentwurf für eine deutsche demokratische Republik an und wählte die Mitglieder des 2. Deutschen Volksrates, dem kein Vertreter der Westzonen mehr angehörte. Der Volksrat wählte am 30.5.1949 sein Präsidium (Hermann Kastner [LDPD], Otto Nuschke [CDU], Wilhelm Pieck [SED]), dem seit 22.7.1949 auch Lothar Bolz (NDPD) und Ernst Goldenbaum (DBD) angehörten.

10. Die Bundesrepublik Deutschland (BRD)

Der erste **Bundestag** wurde am 14.8.1949 gewählt. **Bundestag** und **Bundesrat** konstituierten sich am **7.9.1949**. Am 12.9.1949 fand die Wahl von Theodor Heuss (FDP) durch die Bundesversammlung zum **Bundespräsidenten** statt und am 15.9.1949 die Wahl Konrad Adenauers (CDU) durch den Bundestag zum **Bundeskanzler** (von 402 Stimmen erhielt Adenauer 202, wurde damit mit seiner eigenen Stimme zum Bundeskanzler gewählt).

Am 21.9.**1949** trat das **Besatzungsstatut** in Kraft. Anstelle der Militärgouverneure übten jetzt die drei Hohen Kommissare die Kontrolle aus. Ihnen mußten die Gesetze zur Bestätigung vorgelegt werden. Weiterhin waren sie zuständig für Außenpolitik, Entwaffnung und Entmilitarisierung, Änderungen des Grundgesetzes und der Länderverfassungen, Kontrolle des Ruhrgebietes, Überwachung des Außenhandels und Dekartellierung. Die drei Besatzungsmächte konnten jederzeit die oberste Macht wieder übernehmen, wenn dies die Sicherheit der Besatzungstruppen, die Erhaltung der demokratischen Ordnung in Deutschland oder die internationale Lage erforderte. Erst am 6.3.1951 entfiel das Prüfungsverfahren für die deutschen Gesetze (diese konnten aber trotzdem nachträglich aufgehoben werden), und Deutschland war seitdem wieder in der Lage, eine eigenständige Außenpolitik zu betreiben.

10.1. Die Ära Adenauer (1949-1963)

Die **erste Regierung Adenauer** (1949-1953) stützte sich auf eine kleine Koalition (CDU/CSU 139, FDP 52, DP 17 Mandate). Die Bundestagswahlen von 1953 ergaben 243 Mandate für die CDU/CSU. Die **zweite Regierung Adenauer** (1953-1957) aus einer Koalition CDU/CSU, FDP, DP, GB/BHE stützte sich auf eine Zweidrittelmehrheit im Bundestag (333 von 487 Mandaten). Die Bundestagswahlen von 1957 ergaben für die CDU/CSU 54,4 % der Mandate (270), ein bis heute einzigartiges Wahlergebnis (einer der Gründe hierfür war die vor der Wahl durchgeführte Rentenreform). Der Wahlkampf war von den Unionsparteien unter dem Motto „Keine Experimente!" geführt worden. Für die **dritte Regierung Adenauer** (1957-1961) stützte sich die CDU/CSU auf eine Koalition mit der DP, stellte aber die Regierung allein. Bei den Bundestagswahlen von 1961 fiel die CDU/CSU vor allem wegen des Fehlverhaltens von Adenauer während der 2. Berlin-Krise (Mauerbau) auf 45,3 % der Stimmen zurück und ging für die **vierte Regierung Adenauer** (1961-1963) eine

Koalition mit der FDP ein, welche mit 12,8 % der Stimmen das beste Ergebnis ihrer Geschichte erreicht hatte. Die FDP setzte im Koalitionsvertrag den Rücktritt Adenauers nach zwei Jahren durch, der am 15.10.1963 erfolgte. In allen diesen Regierungen war Ludwig Erhard Wirtschaftsminister. – Kein Bundeskanzler hat die Richtlinienkompetenz dieses Amtes so für sich in Anspruch genommen wie Adenauer, weshalb man von der Ära Adenauer sprechen kann. Die meisten Entscheidungen traf der autoritäre, eigensinnige Adenauer ohne seine Minister, weshalb seine Regierungsweise als „Kanzlerdemokratie" in die Geschichte einging. Außenpolitisch gab Adenauer der **Westintegration** den Vorrang vor der Wiedervereinigung Deutschlands. Besonders kam es ihm auf eine **Aussöhnung mit Frankreich** an. Die Einheit Deutschlands war für ihn nur durch eine Politik der Stärke gegenüber der UdSSR und über deren Rückzug aus Deutschland vorstellbar. Über die **Eingliederung in das westliche Bündnissystem** als gleichberechtigter Staat erreichte Adenauer die **Souveränität der BRD**. Voraussetzung für diese Eingliederung war ein Wehrbeitrag der Bundesrepublik und damit deren **Wiederbewaffnung**. Innenpolitisch setzte er sich in hartem Kampf gegen die oppositionelle SPD unter Kurt Schumacher durch, denn dieser strebte auch weiterhin die Einheit Deutschlands an und machte deshalb Front gegen die Westintegration sowie gegen die Wiederbewaffnung. Während die marxistisch ausgerichtete SPD eine Verstaatlichung der Schlüsselindustrien anstrebte, führte Adenauer zusammen mit seinem Wirtschaftsminister Ludwig Erhard konsequent die **soziale Marktwirtschaft** ein, was eine beispiellos schnelle wirtschaftliche Erholung („deutsches Wirtschaftswunder") zur Folge hatte und die Finanzierung **sozialpolitischer Maßnahmen** ermöglichte. Das deutsche Wirtschaftswunder führte zur Wohlstandsgesellschaft mit ihren bekannten Auswüchsen und moralischen Bedenklichkeiten. Mit der sozialen Marktwirtschaft wurde das Prinzip der Freiheit auf dem Markt mit dem friedensstiftenden Prinzip des sozialen Ausgleichs verbunden. Das Programm der sozialen Marktwirtschaft entstand aus dem Wunsch, die freiheitliche Wirtschaftsordnung, d. h. das Prinzip des freien Wettbewerbs mit dem Ziel der marktwirtschaftlichen Effizienz (Gewinnmaximierung), zu fördern, gleichzeitig aber durch maßvolle staatliche Eingriffe über eine feinfühlige Wirtschaftsgesetzgebung die Herausbildung privater wirtschaftlicher Machtpositionen auf dem Markt zu verhindern (z. B. Steuergesetzgebung zwecks Förderung von Investitionen; gesetzliche Regelungen zur Begrenzung der Machtkonzentration in Monopolen und Kartellen). Als Gegengewicht zur Konzentration von Eigentum in den Händen weniger wurde die Bildung von Eigentum in breitesten Schichten der Bevölkerung propagiert (Eigenheim, Volksaktie usw.). Eine staatliche Beschränkung der Konzentration von Macht und Vermögen wurde als notwendig angesehen.

Die beachtlichen wirtschaftlichen Erfolge im Zeichen der sozialen Marktwirtschaft, welche die BRD zweieinhalb Jahrzehnte lang begleiteten, eröffneten Freiräume für die politische Gestaltung, welche insbesondere in der Ära Adenauer ausgefüllt wurden, und legitimierten das gesellschaftspolitische Modell „Bundesrepublik Deutschland". Was nach 1974 kam und sich bis heute fortgesetzt hat, erscheint demgegenüber als Krisenmanagement.

Westintegration und Wiederbewaffnung

Durch das mit den Hohen Kommissaren, deren Sitz der Petersberg bei Bonn war, geschlossene Abkommen (**Petersberger Abkommen**) vom 22.11.1949 zwecks einer ersten Revision des Besatzungsstatuts trat die BRD dem **Ruhrstatut** (30.11.1949) bei und erreichte als Gegenleistung eine Reduzierung der Demontagen (für Berlin eine völlige Aufhebung derselben), die Gestattung von konsularischen und Handelsbeziehungen zu anderen Staaten sowie die Erlaubnis zum Bau von Hochseeschiffen. – Eine Gelegenheit zur Durchbrechung der außenpolitischen Isolation und ein Schritt zur Westintegration der BRD war der Beitritt der BRD zum **Europarat** (8.7.1950). – Am 25.7.1952 trat der Vertrag über die „Europäische Gemeinschaft für Kohle und Stahl (EGKS)" (**Montanunion**) in Kraft, wodurch ein gemeinsamer Markt für Kohle und Stahl geschaffen wurde, dem Frankreich, die BRD, die Beneluxstaaten und Italien angehörten. Vorgeschlagen hatte dies der französische Außenminister Robert Schuman wohl offensichtlich in der Absicht, die deutsche Wirtschaft zu kontrollieren. – Als wohl nicht ernst gemeintes **Störmanöver zur Verhinderung der**

Westintegration der BRD wird die Note der UdSSR an die drei Westmächte vom 10.3.1952 angesehen, in welcher der unverzügliche Abschluss eines Friedensvertrages mit Deutschland unter Beteiligung einer gesamtdeutschen Regierung vorgeschlagen wurde, um Deutschland als einheitlichen, unabhängigen, demokratischen und friedliebenden Staat wiederherzustellen. Diese Note enthielt die weitestgehenden Zugeständnisse, welche die UdSSR jemals an die Westmächte gemacht hat. In der DDR war dem die propagandistische Aktion „Deutsche an einen Tisch" vorausgegangen. – Nachdem der Deutschlandvertrag (26.5.1952), welcher die Neuregelung des Verhältnisses der Besatzungsmächte zur BRD enthielt, 1954 am Votum der französischen Nationalversammlung gescheitert war, kam es zum Abschluss der **Pariser Verträge**, welche am 5.5.1955 in Kraft traten und den modifizierten Deutschlandvertrag enthielten. Sie brachten die **Aufhebung des Besatzungsstatuts** und damit die **Souveränität der BRD**. Die ehemaligen Besatzungsmächte behielten sich jedoch ihre Rechte in Bezug auf Berlin sowie Deutschland als Ganzes einschließlich einer friedensvertraglichen Regelung vor. Vertraglich geregelt wurden die Pflichten und Rechte der ehemaligen Besatzungstruppen (jetzt Stationierungsstreitkräfte genannt) sowie die Höhe des deutschen Beitrags zu den Stationierungskosten. – Im Gegenzug trat die BRD im Mai 1955 der **Westeuropäischen Union (WEU)** und der **NATO** bei. Die gesamten Streitkräfte der BRD sollten dem Kommando der NATO unterstellt werden. – Die Pariser Verträge bildeten den letzten Anlass für die Aufstellung der Bundeswehr. Als Gründungstag der **Bundeswehr** gilt der 12.11.1955, der 200. Geburtstag des Generals G. von Scharnhorst, als auch die ersten Freiwilligen, die bereits am 1.1.1955 eingerückt waren, ihre Ernennungsurkunden erhielten. Die Bezeichnung „Bundeswehr" gilt seit dem Inkrafttreten des Soldaten-Gesetzes am 1.4.1956. Am 7.7.1956 beschloss der Bundestag gegen die Stimmen der SPD die Einführung der allgemeinen **Wehrpflicht**. Am 1.4.1957 wurden die ersten Wehrpflichtigen einberufen. Im April 1958 stimmte der Bundestag der Ausrüstung der Bundeswehr mit Trägersystemen (**Mittelstreckenraketen**) für Atomsprengköpfe zu, wobei Letztere unter der Kontrolle der USA blieben. – Der **Saarstaat** sollte im Rahmen des 1954 zwischen Frankreich und der BRD vereinbarten

Saarstatuts westeuropäischer Kontrolle unterstehen, also europäisiert werden. Eine vertraglich festgelegte Volksabstimmung (23.10.1955) über dieses Statut ergab dafür aber keine Mehrheit, sodass es am 27.10.1956 vom deutsch-französischen **Saarvertrag** abgelöst wurde, wonach das Saarland am 1.1.1957 in die BRD eingegliedert wurde.

Wirtschaft

Die unverhältnismäßig hohen Investitionen nach der Währungsreform führten zu einer starken **Ausweitung der Industrialisierung**, die eine merkliche Steigerung der Warenproduktion sowie eine starke Ausweitung des Exportes brachte. Die Investitionen für Bauten aller Art (insbesondere Wohnungsbau) standen den Investitionen in der Industrie nur wenig nach. – Während 1936 auf dem Gebiet der BRD 3,8 Mio. Menschen in der Industrie beschäftigt waren, stieg diese Zahl gegenüber 1950 mit 4,8 Mio. bis 1964 auf 8,3 Mio. Die Zahl der Beschäftigten in der Land- und Forstwirtschaft ging im gleichen Zeitraum von rund 5 Mio. auf rund 3 Mio. zurück. – Die Ausweitung der Industrialisierung bewirkte **territoriale Verschiebungen**. So haben z. B. der Münchener Raum und das Main-Neckar-Gebiet eine überdurchschnittliche Industrialisierung erfahren.

Bereits 1949/50 wurde das Produktionsvolumen von 1936 erreicht. Die industrielle Produktion stieg gegenüber 1950 bis 1955 auf 176 % und bis 1960 auf 248 %. Zunächst entwickelten sich die Grundstoffindustrien und danach entsprechend dem Nachholbedarf die Fertigungsindustrien. Ab 1951 rückten diejenigen Industrien in den Vordergrund, welche für den **Export** produzierten (Maschinen- und Fahrzeugbau, chemische, Elektro-Industrie). Ab Mitte der 1950er Jahre wurde die Automobilindustrie zur Zukunftsbranche. Weniger exportorientierte Industrien (z. B. die Textilindustrie) traten in den Hintergrund bzw. wurden sogar mit Absatzschwierigkeiten konfrontiert. Die starke Steigerung der Produktion machte eine Umstellung in der **Energiewirtschaft** erforderlich. Beruhte diese anfangs fast ausschließlich auf der Steinkohle, so verwendete man ab Anfang der 1960er Jahre in zunehmendem Maße Heizöl als Energieträger. – Die **mit steigender Tendenz positive Außenhandelsbilanz** führte zu erheblichen Gold- und Devisenüberschüssen. – Die zunehmende Rationalisierung, v. a. durch Mechanisierung, bewirkte eine merkliche Steigerung der Produktivität.

Der wirtschaftliche Aufschwung führte schnell zum **Abbau der Arbeitslosigkeit** (Arbeitslosenquote 1955 5,6 %, 1960 1,3 %, in den folgenden Jahren unter 1 %). Beigetragen hatte dazu nicht nur der Bau der „Berliner Mauer", wodurch der Zugang von Arbeitskräften aus der DDR abriss, sondern auch die Verkürzung der Wochen-Arbeitszeit. Nach 1955 ging die Vollbeschäftigung in eine Überbeschäftigung über, d. h. es fehlten Arbeitskräfte. Die Folge waren unvertretbare Lohn- und Preissteigerungen, ein Abfall in der Qualität der Erzeugnisse, Nichteinhaltung von Terminen, schlechterer Reparatur-Service usw. – Der Mangel an Arbeitskräften führte zur Anwerbung von ausländischen Arbeitnehmern (zunnächst **Gastarbeiter** genannt). Die ersten Gastarbeiter wurden 1955 in Italien angeworben. Der einmillionste Gastarbeiter, ein Portugiese, wurde 1964 begrüßt und erhielt als Gastgeschenk ein Moped. Bis zur Rezession von 1966/67 kamen rund 1,3 Mio. Gastarbeiter in die BRD, bis zum Jahr des Anwerbestopps (1973) waren es rund 2,6 Mio. Ab etwa 1970 stieg der Zuzug von Nichterwerbspersonen (Familienzuzug), d. h. die Gastarbeiter richteten sich auf einen längeren Aufenthalt in der BRD ein. Trotz der ab Mitte der 1960er Jahre wieder ansteigenden Arbeitslosigkeit bestand immer noch ein Bedarf an Gastarbeitern, weil sich für bestimmte Arbeiten keine deutschen Arbeitnehmer fanden. 2004 betrug der Anteil der ausländischen Bevölkerung in der BRD 8,8 %.

Die positive Entwicklung des Außenhandels führte dazu, dass die Bundesrepublik zu einem der eifrigsten Befürworter der Liberalisierung des Handels (Austausch von Gütern ohne Hemmnisse, z. B. ohne Zollschranken) und damit der wirtschaftlichen **Integration Europas** wurde. Dies führte zum Beitritt der BRD am 31.10.1949 zum Europäischen Wirtschaftsrat (**OEEC**), am 19.9.1950 zur Europäischen Zahlungsunion (**EZU**) und am 25.3.1957 (Unterzeichnung der Römischen Verträge, die am 1.1.1958 in Kraft traten) zur Europäischen Wirtschaftsgemeinschaft (**EWG**) sowie zur Europäischen Atomgemeinschaft (**EU-RATOM**). Am 1.7.1967 erfolgte die Fusion von EGKS, EWG und

EURATOM zur **EG** (Europäische Gemeinschaften). Ab 1.7.1968 trat die Zollunion der EWG in Kraft (Abschaffung der letzten Binnenzölle; Einführung gemeinsamer Außenzolltarife). Weil die EWG gegenüber der DDR keine Außenzollgrenze errichten durfte, war die DDR Nutznießer der EWG-Zollregelungen. – Der gestiegene Warenaustausch bedingte den Ausbau der Eisenbahnanlagen und des Straßennetzes. Der Überseeverkehr bedingte den Wiederaufbau einer deutschen Handelsflotte.

Sozialpolitik

Trotz des wirtschaftlichen Aufschwungs lebte die Masse der Arbeitnehmer bis gegen Ende der 1950er Jahre noch in bescheidenen Verhältnissen. Andererseits kam es auf der Grundlage der Vermögensverteilung, welche die Währungsreform gelegt hatte, zur Bildung großer Vermögen. – Insgesamt führte die schnelle wirtschaftliche Erholung zu einer ausgesprochen materiellen Lebenseinstellung der Menschen sowie zu einer unzureichenden Aufarbeitung der Vergangenheit. Die Vermögenskonzentration bewirkte ein Verblassen der Verantwortlichkeit der Besitzenden gegenüber der Gemeinschaft und führte zu Interessengegensätzen und sozialen Spannungen, deren Minderung zur Aufgabe der Wirtschafts- und Sozialpolitik wurde. – Nach dem Zusammenbruch waren die von kriegsbedingten Einschränkungen bereinigten nationalsozialistischen Gesetze zur Sozialversicherung und zum Arbeitsschutz beibehalten worden. Die Arbeitslosenversicherung wurde wiederhergestellt. – Die **Kriegsopferversorgung** regelte man durch das Heimkehrergesetz und das Bundesversorgungsgesetz (20.12.1950). – Für Angehörige des öffentlichen Dienstes, welche ihre Stellung durch Wehrdienst, Vertreibung oder Entnazifizierung verloren hatten, brachte das sog. **131er-Gesetz** den Anspruch auf Wiederverwendung und Wiederherstellung der Versorgungsansprüche. – Am 14.8.1952 trat das **Lastenausgleichsgesetz** in Kraft (Entschädigung der Vertriebenen, Ausgebombten oder anderweitig Geschädigten). – Verfolgte des Nationalsozialismus bzw. deren Hinterbliebene erhielten ab 1953 (**„Bundesergänzungsgesetz"**; seit 1956 „Bundesentschädigungsgesetz") Entschädigungen für Vermögensverluste. – 1954 wurde das **Kindergeld** eingeführt. – Ab 1.1.1957 wurden im

Rahmen einer umfassenden **Rentenreform** die laufenden Renten in der Arbeiterversicherung um durchschnittlich 65 % und in der Angestelltenversicherung um fast 72 % erhöht. Künftig koppelte man die Sozialrente an das Bruttoeinkommen der Versicherten (Dynamisierung der Renten). 1963 erfolgte eine Dynamisierung der Unfallrenten.- Seit dem **Sozialhilfegesetz** (1961) besteht ein Rechtsanspruch auf Sozialhilfe.

Außenpolitik

Als Folge des Scheiterns der Genfer Gipfelkonferenz (1955) strebte die UdSSR die Aufnahme diplomatischer Beziehungen zur BRD an und lud Konrad **Adenauer nach Moskau** ein, der am 14.9.1955 dort eintraf. Man vereinbarte den Austausch von Botschaftern. Im Gegenzug stimmte die UdSSR der Heimkehr der noch in der UdSSR festgehaltenen deutschen Kriegsgefangenen und Zivilinternierten zu. Dies kam rund 9500 Kriegsgefangenen sowie ca. 20.000 Zivilinternierten zugute. – Hinsichtlich weiterer diplomatischer Beziehungen legte sich die BRD auf die in der Regierungserklärung vom 29.9.1955 verkündete **„Hallstein-Doktrin"** fest, welche den völkerrechtlichen Alleinvertretungsanspruch der Bundesrepublik für Deutschland konstatierte, wonach die BRD zu Staaten, welche die DDR anerkannten, keine diplomatischen Beziehungen aufnehmen oder solche unterhalten wollte (mit Ausnahme der UdSSR). So brach die BRD 1957 die diplomatischen Beziehungen zu Jugoslawien und 1963 zu Kuba ab. Erst mit dem Beitritt der BRD und der DDR zur UNO (18.9.1973) erledigte sich die Hallstein-Doktrin. – Zur **Aussöhnung mit Frankreich** kam es vor allem durch das persönliche Vertrauensverhältnis zwischen Adenauer und de Gaulle. Letzterer hatte Adenauer zu einem Besuch eingeladen. Die beiden Staatsmänner trafen sich am 14./15.9.1958. De Gaulle wollte neben den beiden Supermächten USA und UdSSR als dritte politische Kraft ein Europa unter französischer Führung schaffen, wozu er die BRD als Bündnispartner brauchte. Zwar kam es am 22.1.1963 zum Abschluss des „Vertrages über die deutsch-französische Zusammenarbeit", dessen Präambel enthielt jedoch auf Forderung des Bundestages ein Bekenntnis der BRD zur Partnerschaft mit den USA. Innerhalb des nächsten Jahrzehnts normalisierte sich das seit Jahrhunderten belastete deutsch-französische Verhältnis und gestaltete sich schließlich freundschaftlich. – Die BRD hatte die Integration Westberlins in die Bundesrepublik vorangetrieben, und man dachte daran, einige Hauptstadtfunktionen von Bonn nach Westberlin zu verlegen. Sitzungen von obersten Bundesorganen hatten bereits in Westberlin stattgefunden. Darauf reagierte die UdSSR mit dem „Berlin-Ultimatum" (27.11.1958), wodurch die zweite schwere **Berlin-Krise** ausgelöst wurde, die schließlich 1961 zum Bau der „Berliner Mauer" führte.

Das Godesberger Programm der SPD

Die SPD verlor in dem Maße an Attraktivität, als vor dem Hintergrund der wirtschaftlichen Hochkonjunktur soziale Zugeständnisse für die Unternehmer hinnehmbar waren und damit auch vielen Arbeitern eine klassenkämpferisch ausgerichtete politische Partei als überholt erschien. Da es wohl deshalb der SPD nicht gelungen war, mit ihrem marxistischen Parteiprogramm, welches Kurt Schumacher bis zu seinem Tode vertreten hatte, die politische Macht zu erringen, leitete die SPD ihre Entwicklung zur **Volkspartei** ein und verband ihr revolutionär-marxistisches Programm mit sozialreformerischen Gedanken. Ein entsprechendes Parteiprogramm wurde auf dem außerordentlichen Programm-Parteitag der SPD (13.-15.11.1959) in Bad Godesberg nahezu einstimmig verabschiedet. Wortführer dieses Wandels war Herbert Wehner. Grundsätzliche marxistische Positionen wurden aufgegeben, so der Klassenkampf. Die SPD verzichtete auf die Vergesellschaftung der Schlüsselindustrien sowie auf die Planwirtschaft und bekannte sich zur sozialen Marktwirtschaft. Die Frontstellung zu den Kirchen baute die SPD ab. Als Grundwerte des Sozialismus wurden Freiheit, Gerechtigkeit und Solidarität deklariert. Auf seiner außenpolitischen Rede vor dem Bundestag am 30.6.1960 bekannte sich Herbert Wehner im Namen der SPD zur Westintegration und zum Verteidigungsbeitrag der BRD.

10.2. Die Regierung Erhard (1963-1966)

Gegen den Willen von Adenauer wurde **Ludwig Erhard** (CDU) am 16.10.1963 zum Bundeskanzler gewählt. In seiner

Regierungserklärung gab er zu verstehen, dass er über die Parteigrenzen hinweg Sachwalter des ganzen deutschen Volkes sein wolle und appellierte an die Zusammenarbeit aller Gruppen der Bevölkerung. Bei den Bundestagswahlen von 1965 verfehlte die CDU/CSU mit ihrem populären Kanzlerkandidaten Erhard die absolute Mehrheit nur um 4 Mandate, und es kam zu einer Koalition der CDU mit der FDP mit Erhard als Bundeskanzler. – Außenpolitisch hielt Erhard an der Hallstein-Doktrin fest, wollte jedoch an der DDR vorbei die **Beziehungen zu den osteuropäischen Staaten enger** gestalten und schloss deshalb mit Bulgarien, Polen, Rumänien und Ungarn Handelsverträge ab, was mit der gegenseitigen Einrichtung von Handelsmissionen verbunden wurde. – Eine andere Politik verfolgte der Berliner Senat. Egon Bahr (SPD), ein enger Vertrauter von Berlins Regierendem Bürgermeister Willy Brandt (SPD), ging davon aus, dass man nur in kleinen Schritten über die Anerkennung der Existenz der DDR eine Annäherung der beiden deutschen Staaten und damit einen inneren Wandel der Verhältnisse in der DDR erreichen könne („Wandel durch Annäherung"). Diese Politik führte am 17.12.1963 zum Abschluss eines **Passierscheinabkommens** zwischen dem Berliner Senat und den Behörden der DDR, dem die Regierung der BRD zustimmte. Dadurch konnten erstmals seit dem Bau der Berliner Mauer zu Weihnachten 1963 wieder Westberliner ihre Verwandten in Ostberlin besuchen. Zu weiteren Passierscheinabkommen kam es in den folgenden Jahren. – Während zu Beginn der Regierung Erhard die Hochkonjunktur weiter andauerte und dadurch Verbesserungen der Kriegsopferversorgung sowie Erhöhungen von Kindergeld und Wohngeld, aber auch eine Einkommenssteuersenkung möglich wurden, kam es 1966 zu einer **Abschwächung der Konjunktur** (im Februar 1967 Anstieg der Arbeitslosenquote auf 2,5 %) und damit zu einer Verunsicherung der konjunkturverwöhnten Bevölkerung. Der Streit um den Bundeshaushalt für 1967 führte am 27.10.1966 zum Rücktritt der FDP-Minister und am 1.12.1966 zum Rücktritt der Regierung Erhard. Die CDU/CSU, welche Erhard Führungsschwäche vorwarf, hatte schon zuvor mit der SPD zwecks Bildung einer Großen Koalition verhandelt.

10.3. Die Große Koalition (1966-1969)

Zu dieser Koalition kam es, weil die CDU/CSU für anstehende Reformen (Notstandsgesetzgebung, Mehrheitswahlrecht) eine verfassungsändernde Mehrheit brauchte. Die SPD wollte in Vorbereitung einer späteren Machtübernahme ihre Regierungsfähigkeit beweisen und die FDP ausschalten, welche den Ausbau des Sozialstaates immer wieder behindert hatte. In Wählerkreisen der SPD gab es zunächst wütende Proteste gegen die Große Koalition, weil man einen Abbau der Demokratie befürchtete. – Der bisherige baden-württembergische Ministerpräsident **Kurt Georg Kiesinger** (CDU) bildete eine am 1.12.1966 vereidigte Regierung aus zehn Ministern der CDU/CSU und neun Ministern der SPD. Die SPD stellte den Außenminister (Willy Brandt) und den Wirtschaftsminister (Prof. Karl Schiller). Franz Josef Strauß (CSU) wurde Finanzminister, dessen Eintritt in das Kabinett Erhard seinerzeit die FDP verhindert hatte. – Der Schwerpunkt der Regierungstätigkeit lag auf innenpolitischem Gebiet. Zunächst musste die wirtschaftliche Rezession gestoppt werden. Das **„Gesetz zur Förderung der Stabilität und des Wachstums der Wirtschaft"** (8.6.1967) ermöglichte es, in den gesamtwirtschaftlichen Ablauf regulierend einzugreifen (Globalsteuerung der Wirtschaft), z. B. mittels **staatlicher Auftragsprogramme**. Zunächst waren dies zwei Investitionsprogramme. Außerdem wurden Bund und Länder durch dieses Gesetz zur mittelfristigen Finanzplanung verpflichtet. Für konjunkturschwache Perioden sollte eine Konjunkturausgleichsrücklage gebildet werden. Weiterhin hatte die Bundesregierung jährlich einen Jahreswirtschaftsbericht vorzulegen, in dem auch zu dem jeweils am 15. November von einem **Sachverständigenrat**, den sog. „Fünf Weisen", vorzulegenden Gutachten zur gesamtwirtschaftlichen Entwicklung Stellung zu nehmen war. Das Gesetz beinhaltete auch die seit dem 14.2.1967 praktizierte sog. **„Konzertierte Aktion"**, wonach die am Wirtschaftsprozess beteiligten Gruppen (Arbeitgeberverbände, Gewerkschaften, Gebietskörperschaften als Vertreter des Bundes und der Länder) ihr Verhalten aufeinander abstimmten, was vor allem die Lohnentwicklung und die Preisbildung betraf, welche damit auf die politische Ebene verlagert wurden. Weil der durch alle diese Maßnahmen bewirkte wirtschaftliche Erfolg größer ausfiel als vorausgesagt, hielten sich die Gewerkschaften nicht an die vereinbarten Lohnsteigerungen, sondern setzten höhere Löhne durch. – Übrigens zogen sich die Gewerkschaften 1977 aus der Konzertierten Aktion zurück, nachdem die Arbeitgeberverbände gegen das Mitbestimmungsgesetz von 1976 beim Bundesverfassungsgericht geklagt hatten. – Am 30.5.1968 nahm der Bundestag die **Notstandsgesetze** mit der erforderlichen Zweidrittelmehrheit (ohne die Stimmen der FDP und eines Viertels der SPD-Abgeordneten) an, durch welche Regelungen für den Kriegsfall sowie für den inneren Notstand (Katastrophen, innere Unruhen) getroffen wurden. Mit Verabschiedung der Notstandsgesetze entfielen die diesbezüglichen Verpflichtungen der Besatzungsmächte, sodass die BRD erst jetzt ihre volle Souveränität erlangte. – Mit dem Zustandekommen der Großen Koalition entfiel weitestgehend die parlamentarische Opposition, denn im Bundestag wurde kaum noch über politische Probleme debattiert. Dies führte zur Formierung einer **„Außerparlamentarischen Opposition (APO)"**, die vor allem vom „Sozialistischen Deutschen Studentenbund" (SDS) getragen wurde, von dem sich die SPD 1960 getrennt hatte, weil er deren Godesberger Programm ablehnte und auch weiterhin marxistische Positionen vertrat, die bis hin zur Räterepublik reichten. Die APO stellte alle bestehenden Autoritäten von der Familie über die Schule bis hin zum Staat infrage und forderte eine Demokratisierung aller Bereiche des gesellschaftlichen Lebens. Diese Forderungen waren auch Ausdruck des **Generationskonflikts**. Dazu gehörten die Forderungen der Studenten der Freien Universität Berlin nach Veränderungen im Hochschulbereich. Am 2.6.1967 protestierten Studenten in Westberlin gegen das Unrechtsregime des Schahs von Persien, der zu einem Staatsbesuch in Westberlin weilte. Nachdem der Student Benno Ohnesorg bei dieser Demonstration von der Polizei erschossen worden war, kam es zu gewaltsamen Protestaktionen der APO (z. B. Brandanschläge auf das Axel-Springer-Verlagshaus in Westberlin, aber auch auf Kaufhäuser, die als Zentren des „Konsumterrors" angesprochen wurden), die nach dem Attentat vom 11.4.1968 auf den Studentenführer Rudi Dutschke in den Oster-Unruhen von 1968 ihren Höhepunkt erreichten (zwei Tote; Hunderte von Verletzten). Inzwischen war zu den Zielen der APO der **Kampf gegen die Notstandsgesetzgebung** gekommen, welcher auch von den Gewerkschaften unterstützt wurde und dessen Höhepunkt am 11.5.1968 der Sternmarsch von ca. 30.000 Menschen nach Bonn darstellte. Bis Ende 1969 kam die Tätigkeit der APO zum Erliegen. Viele Anhänger der APO wurden danach in der SPD und später in der Partei „Die Grünen" aktiv. Ein kleiner Teil der APO organisierte sich nach 1968 in der terroristischen Gruppierung **„Rote-Armee-Fraktion" (RAF)** und verübte in den folgenden Jahren Bombenanschläge auf staatliche und private Einrichtungen sowie Mordanschläge auf Repräsentanten von Politik und Wirtschaft. – Außenpolitisch wurde die **Hallstein-Doktrin aufgeweicht**, indem die BRD am 31.1.1967 diplomatische Beziehungen zu Rumänien aufnahm, das bereits solche zur DDR unterhielt. Daraufhin setzte die UdSSR durch („Breschnew-Doktrin"), dass die Ostblockstaaten erst dann diplomatische Beziehungen zur BRD aufnehmen dürften, wenn diese bestimmte Vorleistungen erbracht habe (Verzicht auf Atomwaffen usw.).

10.4. Die sozial-liberale Koalition (1969-1982)

Ein Machtwechsel kündigte sich bereits mit der Wahl des Bundespräsidenten am 5.3.1969 an. Anstelle des vorzeitig zurückgetretenen Heinrich Lübke (CDU) wurde mit knapper Mehrheit Gustav Heinemann (SPD) zum neuen Bundespräsidenten gewählt. Die FDP hatte für Heinemann optiert. – Die Bundestagswahlen vom 28.9.1969 ergaben eine SPD-FDP-Mehrheit von 12 Stimmen. Am 21.10.1969 wählte der Bundestag **Willy Brandt** (SPD) zum Bundeskanzler. Walter Scheel (FDP) wurde Außenminister. Die Wähler hatten die Politik der letzten Jahre als festgefahren empfunden und erhofften sich von dem Machtwechsel neue Impulse. – **Außenpolitik**: Neue Wege wurden alsbald mit einer Öffnung nach dem Osten eingeschlagen. Außenpolitischer Berater Brandts war Egon Bahr, der als Urheber des Umschwungs in der Ostpolitik gilt. Die Einsicht, dass die Lösung der Deutschlandfrage nur in Übereinstimmung mit der UdSSR vorangebracht werden könne, führte zügig zum Abschluss des **Moskauer Vertrages**

(12.8.1970) zum Gewaltverzicht. Die bestehenden Grenzen der europäischen Staaten wurden ausdrücklich anerkannt. Letzteres führte folgerichtig zum Abschluss des **Warschauer Vertrages** (7.12.1970) mit Polen über die Anerkennung der Oder-Neiße-Grenze. Bei dem diesbezüglichen Besuch in Warschau kniete Willy Brandt am Denkmal für die Gefallenen des Warschauer Getto-Aufstandes nieder, eine Geste zur Versöhnung, die international beeindruckte und von den Polen mit Genugtuung zur Kenntnis genommen wurde. Als erster deutscher Staatsmann seit Stresemann erhielt Willy Brandt 1971 den Friedensnobelpreis für seine Entspannungspolitik gegenüber dem Ostblock. Es folgte der Abschluss des **Vier-Mächte-Berlin-Abkommens** (3.9.1971), durch welches die Zugangswege nach Westberlin garantiert und die Bindung Westberlins an die BRD einschließlich des Rechts der BRD, die Interessen Westberlins zu vertreten, anerkannt wurden. Die Ratifizierung des Moskauer und des Warschauer Vertrages kam nur zustande, weil die CDU/CSU-Opposition davon überzeugt wurde, dass bei Nichtratifizierung das Vier-Mächte-Berlin-Abkommen in Gefahr sei. Alle drei vorgenannten Verträge traten am 3.6.1972 in Kraft. – Als Letzter der Ostverträge wurde am 11.12.1973 ein **Vertrag mit der Tschechoslowakei** abgeschlossen, welcher das Münchener Abkommen von 1938 für nichtig erklärte. – Die **deutsch-deutsche Verständigung** wurde auf Initiative der BRD durch die beiden vorbereitenden Treffen von Willy Brandt mit Willi Stoph (Vorsitzender des Ministerrates der DDR) in Erfurt (19.3.1970) und Kassel (21.5.1970) eingeleitet. Ein **Transitabkommen** zwischen der BRD und der DDR, welches der DDR Devisen in Form der Zahlung einer jährlichen Transitpauschale durch die BRD brachte, wurde am 17.12.1971 unterzeichnet und trat am 3.6.1972 zusammen mit dem Vier-Mächte-Berlin-Abkommen in Kraft. Der zwischen der Bundesrepublik und der DDR abgeschlossene und am 17.10.1972 in Kraft getretene **Verkehrsvertrag** regelte die Modalitäten des innerdeutschen Straßen-, Schienen- und Wasserverkehrs einschließlich des Transitverkehrs in dritte Staaten. Am 21.12.1972 wurde der „Vertrag über die Grundlagen der Beziehungen zwischen der BRD und der DDR (**Grundlagenvertrag**)" unterzeichnet. Man vereinbarte gutnachbarliche Beziehungen auf der Grundlage der Gleichberechtigung bei gegenseitiger Respektierung der Unabhängigkeit und Selbstständigkeit beider Staaten. Sichtbares Ergebnis des Vertrages war der Austausch von Ständigen Vertretungen. Die Ratifizierung dieses Vertrages erfolgte problemlos, weil nach den Bundestagswahlen vom 19.11.1972 die SPD-FDP-Koalition über eine Mehrheit von 46 Mandaten verfügte. – **Innenpolitik**: Mit den Reformen ging es langsam voran. Unproblematisch war die Herabsetzung des aktiven Wahlalters auf 18 Jahre und des passiven Wahlalters auf 21 Jahre. Alle Sozialleistungen wurden erhöht. – **Wirtschaftspolitik**: 1973 kündigte sich das Ende der Hochkonjunktur an. Bereits seit den 1960er Jahren führte eine Strukturkrise zum Abbau der Industrie (**Deindustrialisierung**). Die Industrie verlor ihre Bedeutung als entscheidender Faktor für die Einkommenssteigerung und Arbeitsplatzsicherung. Verursacht wurde dies unter anderem durch steigende Importe aus Billiglohnländern. Auch waren die Stahlproduktion und die Kohlenförderung zurückgegangen. Die Rationalisierung in der Industrie hatte man so weit vorangetrieben, dass eine Senkung der Stückpreise kaum noch möglich erschien. Außerdem mussten Sortimentsumstellungen erfolgen, denn der Scheitelpunkt des Massenkonsums war erreicht, und der Markt verlangte jetzt nicht mehr nur Massenware, sondern differenziertere Produkte, wie das Markenauto und die Markenkleidung (analog dazu wurde jetzt das Urlaubsziel zum Statussymbol). Trotzdem hatte man noch immer nicht zur Kenntnis genommen, dass das Wirtschaftswachstum der letzten 25 Jahre, das größte der deutschen Wirtschaftsgeschichte überhaupt, welches zum weitgehend sozial abgepolsterten Wohlstandsstaat geführt hatte, zu Ende ging. In dieser wirtschaftlich kritischen Situation setzten die Gewerkschaften 1973 und 1974 Lohnerhöhungen durch. Das Ansteigen der Arbeitslosigkeit deutete sich aber bereits an, sodass am 23.11.1973 staatlicherseits ein **Anwerbestopp für ausländische Arbeitskräfte** verfügt wurde (noch zwei Monate zuvor war die Anwerbepauschale auf 1000 DM erhöht worden). – Ausgelöst wurde die wirtschaftliche Talfahrt durch **die erste Ölkrise („Öl-schock")**. Um die westlichen Industriestaaten, welche Israel im Krieg (Jom-Kippur-Krieg) gegen die Araber unterstützten, unter Druck zu setzen („Ölwaffe"), erhöhte die OPEC am 17.10.1973 den Rohölpreis. Im Gegenzug wurde am 9.11.1973 das **Energie-sicherungsgesetz** beschlossen.

Am 6.5.1974 trat Willy Brandt als Bundeskanzler zurück. Anlass dazu war die Guillaume-Affäre (Brandts langjährigen persönlichen Referenten Günter Guillaume hatte man am 24.4.1974 als DDR-Spion enttarnt). – Am 16.5.1974 wurde als neuer Bundeskanzler der Wirtschaftsexperte **Helmut Schmidt** (SPD) vereidigt. Das Amt des Außenministers übernahm Hans-Dietrich Genscher (FDP). Wirtschaftsminister Karl Schiller war bereits am 7.7.1972 wegen Meinungsverschiedenheiten innerhalb des Kabinetts zur Währungs- und Finanzpolitik zurückgetreten. – Die wichtigste Aufgabe der neuen Regierung bestand in der Stabilisierung der **Wirtschaft**. Gewählt wurde der Weg kurzfristiger staatlicher Maßnahmen im Sinne eines permanenten Krisenmanagements (staatliche Investitionsprogramme; steuerliche Entlastung von Einkommen aus Unternehmertätigkeit; stärkere steuerliche Belastung der Arbeitseinkommen; Reduzierung der Staatsausgaben). Die Subventionspolitik war zwiespältig, denn einerseits förderte man technische Innovationen auf ausgewählten Feldern, subventionierte aber andererseits auch unrentable Industriezweige (Schiffbau, Kohlenförderung). Die Regierung setzte zwar weiterhin auf die Industrie, die Unternehmen führten aber nur noch Rationalisierungsinvestitionen durch, wodurch keine neuen Arbeitsplätze geschaffen wurden. – Die Ölpreise stiegen weiter an. – Überzeugende Erfolge dieser staatlichen Wirtschaftssteuerung blieben jedoch aus. In den letzten Jahren der sozial-liberalen Koalition stagnierte die Wirtschaft. Während sich die Arbeitslosenquote 1968 noch einmal erholt hatte, erreichte sie 1975 die 5-%-Marke, ging bis 1980 noch einmal auf etwa 4 % zurück und überstieg 1981 endgültig die 5-%-Marke, um bis 1983 weiter auf 10 % und danach weiter anzusteigen. Die Staatsverschuldung hatte sich von 125,9 Mrd. DM (1970) auf 468,6 Mrd. DM (1980) erhöht. Das „Wort des Jahres" 1982 war „Talfahrt der Wirtschaft". – Hinsichtlich der **Sozialpolitik** wurde das Arbeitslosengeld von 55 % auf 68 % und die Arbeitslosenhilfe auf 55 % des letzten Nettoeinkommens erhöht. Auch zahlte man ab 1975 ein einheitliches Kindergeld. Erstmals wurde auch für das 1. Kind Kindergeld gewährt. Die Steuerfreibeträge für Kinder wurden gestrichen.

Eingeführt wurde das Mutterschaftsgeld. Die Erhöhung der Renten bezog sich ab 1978 nicht mehr auf den Anstieg der Brutto-, sondern der Nettoeinkommen. – In den 1970er Jahren starteten vor allem auf lokaler Ebene zahlreiche **Bürgerinitiativen** und **Protestbewegungen** z. B. für die Einrichtung von Kindergärten und gegen Umweltzerstörungen, aber auch gegen technische Großanlagen (z. B. Kernkraftwerke, Flugplätze, Mülldeponien). Dazu zählt auch die **Friedensbewegung** gegen die Stationierung von Mittelstreckenraketen (NATO-Doppelbeschluss). – Aus einer Reihe von Umweltgruppen formierte sich die Partei der **„Grünen"** (1980 auf Bundesebene). – Obwohl es 1972 gelungen war, die Führer der sogenannten ersten Generation der RAF zu verhaften, ging der **Terror der RAF** weiter und erreichte 1977 mit der Ermordung des Generalbundesanwalts, Siegfried Buback, des Vorstandsvorsitzenden der Dresdner Bank, Jürgen Ponto, sowie des Arbeitgeberpräsidenten, Hanns Martin Schleyer, seinen Höhepunkt. – Die **Ständigen Vertretungen der BRD und der DDR** nahmen am 2.5.1974 ihre Tätigkeit in Berlin-Ost bzw. in Bonn auf, die deutsch-deutschen Beziehungen kühlten sich jedoch ab. Als Bundeskanzler Schmidt im Dezember 1981 in der DDR mit dem Staatsratsvorsitzenden Honecker zusammentraf, konnten lediglich geringfügige Erleichterungen für Reisen von DDR-Bürgern in die BRD erreicht werden. – Im Jahre 1982 verlor die SPD immer mehr an Zuspruch (schlechte wirtschaftliche Lage; Einschnitte ins soziale Netz; Eintreten von Schmidt für die Raketenstationierung), sodass die SPD-FDP-Koalition am 17.9.1982 auseinanderfiel, denn die FDP wollte nicht mit in den Abstieg der SPD hineingezogen werden. Schmidt wurde mit seiner SPD-Minderheitsregierung am 1.10.1982 durch ein konstruktives Misstrauensvotum des Bundestages abgewählt.

10.5. Die Koalition CDU/CSU-FDP (1982-1998)

Nach zügig geführten Koalitionsverhandlungen wählte der Bundestag am 1.10.1982 **Helmut Kohl** (CDU) zum neuen Bundeskanzler. Etwa 40 % der FDP-Fraktion hatte nicht für Kohl gestimmt. Außenminister blieb Hans-Dietrich Genscher (FDP). Die Bundestagswahlen vom 6.3.1983 und vom 25.1.1987 bestätigten diese Koalition. – Mit den Bundestagswahlen von 1983 waren mit 5,6 % der Stimmen erstmals die „Grünen" im Bundestag vertreten. – Wichtigste Aufgabe war die **Sanierung des Haushalts**. Die Staatsausgaben wurden abgebaut (Reduzierung des Kindergeldes; Einsparungen bei der Ausbildungsförderung und der Wohnungsbauförderung). Im Gegenzug brachten die Steuerreformen von 1986, 1988 und 1990 eine geringfügige Entlastung der unteren Einkommen (Erhöhung der Freibeträge). Entlastung der Krankenkassen (Kostenbeteiligung für Krankenhaus- und Kuraufenthalte). Die Beiträge für die Renten- und Arbeitslosenversicherung hob man an. Die Staatsverschuldung wurde gestoppt.

Wirtschaft: Zwecks Förderung der Wirtschaft **ging man von der staatlichen Globalsteuerung der Wirtschaft ab** und verbesserte stattdessen die Rahmenbedingungen für die Unternehmen (z. B. steuerliche Entlastung, Beseitigung von Investitionshemmnissen, Gewährung von Investitionszulagen und Sonderzulagen). Trotz eines dadurch bewirkten Wirtschaftsaufschwungs nahm die **Arbeitslosigkeit** zu. Ursache dafür war die Entlassung von Arbeitskräften durch den mit **Deindustrialisierung** verbundenen wirtschaftlichen Strukturwandel sowie durch **Erhöhung der Arbeitsproduktivität** infolge Rationalisierung und Automatisierung. Auch die unternehmerfreundlichen Maßnahmen (Steuersenkungen usw.) wurden meist nur für Rationalisierungs-Investitionen verwendet und damit weitere Arbeitsplätze vernichtet. Dieser auch nach 1990 weiterlaufende Prozess führte dazu, dass schließlich 1995 nur noch 17,4 % der Erwerbstätigen im Gewinnungs-, Herstellungs- und Bausektor, hingegen 82,6 % im Dienstleistungssektor beschäftigt waren, wobei allerdings in letztgenannter Position auch tertiäre Sektoren der Industrie (Forschung, Entwicklung, Vermarktung) enthalten sind. – Mit diesem Strukturwandel war eine **Verlagerung der Wachstumsregionen** verbunden, denn während Mitte der 1970er Jahre in den west- und norddeutschen Bundesländern die Werft- und Stahlindustrie von einer Krise erfasst wurde, waren in den süddeutschen Bundesländern bereits seit Langem Spitzentechnologie-Branchen gefördert worden (z. B. die Luft- und seit den 1980er Jahren die Raumfahrt), was zur Umkehrung des wirtschaftlichen Nord-

Süd-Gefälles in ein Süd-Nord-Gefälle beitrug. Die auch weiterhin **positive Handelsbilanz** der BRD beruhte jedoch wegen des geringeren Forschungs- und Entwicklungsaufwandes vor allem auf dem Export von Erzeugnissen der Hochtechnologie-Branchen (Straßenfahrzeug- und Maschinenbau, chemische und Elektroindustrie). – Ab den 1970er Jahren gerieten weniger die mit Umweltbeeinträchtigungen verbundenen Unfälle in die öffentliche Kritik, als vielmehr die von Herstellungstechnologien und Produkten ausgehenden Umweltgefährdungen, sodass sich die Unternehmen jetzt produktbezogene Gedanken machen mußten (z. B. zur Entsorgung). Die meisten Gesetze hierzu waren bereits in den 1970er Jahren verabschiedet worden.

Hinsichtlich der **Außenpolitik** wurde Kontinuität gewahrt, und die Regierung bemühte sich, im Zeichen des sich verstärkenden Ost-West-Konflikts auch weiterhin den **deutsch-deutschen Dialog** nicht abreißen zu lassen. Obgleich die BRD strikt am Wiedervereinigungsgebot des Grundgesetzes festhielt und sich damit die Verständigungsmöglichkeiten mit der DDR in Grenzen hielten, war die DDR immer aufgeschlossen für finanzielle Unterstützungen durch die BRD (Transitpauschale; zinsloser Überziehungskredit im innerdeutschen Handel; Bankkredite; Freikauf von in der DDR Inhaftierten), wodurch menschliche Erleichterungen für die DDR-Bürger erreicht werden konnten. Der bayerische Ministerpräsident, Franz Josef Strauß, vermittelte am 29.6.1983 einen **Milliardenkredit an die DDR**. Am 5.10.1983 kündigte Honecker den Abbau der Selbstschussanlagen an der deutsch-deutschen Grenze bis 30.11.1984 an. Im Juli 1984 gewährte die Bundesrepublik der DDR einen weiteren Kredit in Höhe von 950 Mio. DM. Vom 7.-11.9.1987 besuchte Erich Honecker erstmals offiziell die BRD, was von der DDR-Presse als die Anerkennung der Spaltung Deutschlands gefeiert wurde. Helmut Kohl machte jedoch Honecker klar, dass die BRD an einer Wiedervereinigung Deutschlands festhält und forderte die demokratischen Grundrechte für die DDR-Bürger ein. – Am 22.11.1983 bekannte sich der Bundestag zum NATO-Doppelbeschluss, und ab Ende 1983 wurden **Pershing-II-Raketen in der BRD stationiert**. Dies stand im Zusammenhang mit dem Amtsantritt von US-Präsident Ronald Reagan (20.1.1981), welcher die UdSSR vor allem durch die Entwicklung des lasergestützten Raketenabwehrsystems (SDI) „totrüsten" wollte. Zur Entspannung kam es erst seit der am 11.3.1985 erfolgten Wahl Michail Gorbatschows zum Generalsekretär der KPdSU. Gorbatschow wollte die UdSSR gesellschaftlich, wirtschaftlich und politisch reformieren („Perestroika" = Umgestaltung), was jedoch nur möglich war, wenn die Kosten für die Rüstung, welche damals ca. 40 % des sowjetischen Staatshaushalts betrugen, herabgesetzt wurden. So war Gorbatschow an der Beendigung des Wettrüstens interessiert und dementsprechend kompromissbereit. Am 8.12.1987 wurde der INF-Vertrag zwischen den USA und der UdSSR zur Rüstungsbegrenzung unterzeichnet.

11. DIE DEUTSCHE DEMOKRATISCHE REPUBLIK (DDR)

11.1. Die Ära Ulbricht (1949-1971)

Am **7.10.1949** konstituierte sich der 2. Deutsche Volksrat zur **Provisorischen Volkskammer der Deutschen Demokratischen Republik**. Zum Präsidenten der Provisorischen Volkskammer wurde Johannes Dieckmann (LDP) gewählt. Die **Verfassung der DDR** wurde in Kraft gesetzt.

Die Farben der Staatsflagge waren, wie in der BRD, Schwarz-Rot-Gold. Erst am 30.9./1.10.1959 beschloss die Volkskammer, dass in der Staatsflagge zusätzlich das aus Hammer, Zirkel und Ährenkranz gebildete Emblem der DDR zu führen ist.

Am 10.10.1949 übergab der Chef der SMAD die Verwaltungsfunktionen der sowjetischen Behörden an die Provisorische Regierung der DDR. Die SMAD wurde aufgelöst und eine **Sowjetische Kontrollkommission (SKK)** gebildet, die man nach dem Tode Stalins (1953) in die „Hohe Kommission" umbildete.

Am 11.10.1949 konstituierte sich die Provisorische Länderkammer. Am gleichen Tag wählten die Provisorische Volkskammer und die Provisorische Länderkammer Wilhelm Pieck (SED) zum **Staatspräsidenten**. Am 12.10.1949 bestätigte die Volkskammer die **Regierung der DDR**: Ministerpräsident wurde Otto Grotewohl (SED), Stellvertreter des Ministerpräsidenten wurden Walter Ulbricht (SED), Otto Nuschke (CDU) und Hermann Kastner (LDPD). Von den 14 Fachministern gehörten 6 der SED an. Letztere besetzten die Schlüssel-Ministerien (v. a. Inneres, Justiz, Volksbildung).

Am 15.10.1949 beschloss die Regierung der UdSSR den Austausch diplomatischer Missionen mit der DDR. Es folgte die diplomatische Anerkennung der DDR durch Bulgarien (17.10.), die VR Polen und die CSSR (18.10.), die VR Ungarn (19.10.), die VR Rumänien (22.10.), die VR China (25.10.) und durch andere sozialistische Staaten. – Am 23.6.1950 erkannte die Regierung der DDR die Grenze zur CSSR und am 6.7.1950 im Abkommen über die „deutsch-polnische Friedensgrenze an Oder und Neiße" die Grenze zu Polen an.

Damit war die **Spaltung Deutschlands** vollendet. Diese hatte bereits mit der Aufteilung Deutschlands in Besatzungszonen und den Unterschieden in der Besatzungspolitik begonnen, welche mit der Verschärfung des Ost-West-Konfliktes größer geworden waren. Seit beiden Währungsreformen war es verstärkt zur politischen, wirtschaftlichen und sozialen Abgrenzung zwischen den Westzonen und der SBZ gekommen. Die Staatenbildung in beiden Teilen Deutschlands stellte nur die Konsequenz und den Schlusspunkt dieser Entwicklung dar. Die UdSSR hatte ihre diesbezüglichen Maßnahmen immer denen der Westmächte folgen lassen, um Letzteren die Verantwortung für die Spaltung Deutschlands anzulasten. Auch die einzelnen Schritte zur Ostintegration der DDR folgten in den kommenden Jahren immer den entsprechenden Schritten zur Westintegration der BRD.

Ebenfalls am 7.10.1949 beschloss der 2. Deutsche Volksrat auf der Grundlage eines Beschlusses der SED vom 4.10.1949 das Manifest der **„Nationalen Front des Demokratischen Deutschland"** (N.F.), womit die Umbildung der Volkskongressbewegung in die Nationale Front eingeleitet wurde, die sich Anfang 1950 in der DDR formierte (Programm vom 15.2.1950). Ziel der N.F. war es, die Bevölkerung auf breiter Basis politisch zu erfassen und zu beeinflussen. Unter Führung der SED gehörten der N.F. die

Blockparteien sowie alle politischen Massenorganisationen an; jede gesellschaftliche Vereinigung und jeder Bürger konnte mitarbeiten. Die N.F. bildete den Rahmen für das gesellschaftliche Leben in der DDR. Aufgaben der N.F. waren u. a. die Initiierung staatsbürgerlicher Aktivitäten, die Propaganda für die Ziele der SED (z. B. Einrichtung von Aufklärungslokalen der N.F.) sowie die Benennung der Kandidaten für Wahlen, welche der Bevölkerung auf Einheitslisten präsentiert wurden. Im Rahmen der N.F. wurde auch festgelegt, in welchem Verhältnis die einzelnen Parteien und Massenorganisationen Anspruch auf die Besetzung von Führungspositionen hatten. Dies reichte von den Minister-Posten bis hinunter zu den Bürgermeistern und etwa den Museumsleitern. Damit war es in der DDR durchaus möglich, dass Mitglieder von Blockparteien bzw. parteilose Mitglieder von Massenorganisationen Karriere machen konnten, wenn sie sich offen und betont SED-konform verhielten.

Erst nach Formierung der N.F. wurden die Wahlen zur **Volkskammer** am 15.10.1950 nachgeholt und zusammen mit den Kommunalwahlen durchgeführt. Bei einer Wahlbeteiligung von 98,44 % erhielten die Kandidaten der Einheitsliste der Nationalen Front 99,72 % der Stimmen. Auf dieser Einheitsliste stellten die SED 25 %, CDU und LDP je 15 %, NDPD und DBD je 7,5 %, der FDGB 10 % und die übrigen Massenorganisationen zusammen 20 % der Kandidaten. Weil die Kandidaten der Massenorganisationen fast durchweg der SED angehörten, war die Mehrheit der SED gesichert.

Bereits auf dem II. Parteitag (20./24.9.1947) der **SED** war als innerparteiliche Hauptaufgabe die Entwicklung der SED zu einer marxistisch-leninistischen Kampfpartei festgelegt worden, und auf der 1. Parteikonferenz (3.1.1949) beschloss man die Entwicklung der SED zur **Partei neuen Typus**. Es wurde festgestellt, dass sich das Prinzip der paritätischen Besetzung der Funktionen überlebt habe. Nach dem Vorbild der KPdSU galt jetzt das Prinzip des demokratischen Zentralismus, d. h., auf der Grundlage zentraler Beschlüsse wurde die Partei ab jetzt von der Parteizentrale geführt. Auf dem III. Parteitag (20.-24.7.1950) gab sich die SED ein entsprechendes Statut, in dem die Bildung der zentralen Führungsgremien Zentralkomitee (ZK) und Politbüro festgelegt wurde. Politbüro und ZK der SED reglementierten seitdem im Rahmen der Vorgaben der SMAD bzw. der UdSSR die politische und wirtschaftliche Entwicklung in der SBZ bzw. in der DDR. Die Parteitage verkamen zu politischen Propagandaveranstaltungen. – Innerhalb der SED fanden 1950/51 Säuberungen statt, indem man sog. „Parteifeinde" und „Abweichler" aus der SED ausschloss. Darunter waren viele ehemalige SPD-Mitglieder.

Die Arbeit der **Regierung** wurde vom Politbüro der SED gesteuert. Diese Rollenverteilung fand in der offiziellen Sprachregelung ihren Ausdruck, denn man sprach immer von den Beschlüssen von „Partei und Regierung". Diese Beschlüsse hatte die Volkskammer als Gesetze zu bestätigen. Damit waren auch die Tagungen der Volkskammer Propagandaveranstaltungen für die Ziele der SED, was gleichermaßen für die Arbeit aller nachgeordneten Volksvertretungen zutraf. Der Ministerrat der DDR (d. h. die Regierung) hatte die Durchführung der SED-Beschlüsse zu sichern, wobei der Schwerpunkt der Arbeit des Ministerrates auf wirtschaftlichem Gebiet lag.

Für Repressionen gegen Andersdenkende wurde vor allem das auf Beschluss der Volkskammer vom 8.2.1950 unter Minister Wilhelm Zaisser gebildete **Ministerium für Staatssicherheit (MfS)** tätig. Ihm oblagen als „Schild und Schwert der Partei" die Sicherung nach innen und die Spionage nach außen. Ein weitverzweigtes Spitzelsystem ermöglichte im Bedarfsfall die Beobachtung jedes einzelnen Bürgers. Die zahlreichen nebenamtlich tätigen „Inoffiziellen Mitarbeiter" (IM) und „Geheimen Mitarbeiter Sicherheit" (GMS) waren dies entweder aus politischer Überzeugung oder wurden durch Geldzuwendungen gewonnen bzw. bei persönlicher Angreifbarkeit für diese Tätigkeit erpresst.

Als Organe der **politischen Justiz** wurden der Oberste Gerichtshof und die Oberste Staatsanwaltschaft tätig (beide gebildet mit Beschluss der Volkskammer vom 7.12.1949).

Auf der 2. Parteikonferenz der SED (9.-12.7.1952) wurde die **„planmäßige Errichtung der Grundlagen des Sozialismus in der DDR"** beschlossen. Die Staatsmacht als Hauptinstrument beim Aufbau des Sozialismus sollte gefestigt werden. Damit war die demokratisch-parlamentarische Phase in der DDR endgültig zu Ende. Die Landwirtschaft sollte kollektiviert werden. Mit Widerstand seitens der Bevölkerung wurde gerechnet. Die 1948 aufgestellten „Bereitschaften der Kasernierten Volkspolizei", womit der Anfang für die **Wiederbewaffnung** der DDR gemacht worden war, wurden jetzt als „Kasernierte Volkspolizei" (KVP) zu militärischen Verbänden umstrukturiert und entsprechend ausgerüstet und waren auch für den Einsatz gegen die Bevölkerung der DDR vorgesehen. Auf diese Parteikonferenz gingen Repressalien gegen die evangelische Kirche zurück (Behinderung und schließlich Verbot des Religionsunterrichts in den Schulen; Benachteiligung von Mitgliedern der „Jungen Gemeinde" sowie von Studentengemeinden; Verhaftung von Pfarrern; Ablehnung des staatlichen Einzugs der Kirchensteuer usw.). – Gegen die katholischen Christen ging man weniger streng von, denn man wollte offensichtlich Proteste des Vatikans vermeiden.

Mit der Festigung der Staatsmacht stand auch die am 23.7.1952 von der Volkskammer beschlossene Verwaltungsreform im Zusammenhang, indem man durch die **Auflösung der Länder** und die damit verbundene Zerschlagung der föderalen Strukturen eine Zentralisierung der Verwaltung im Sinne besserer „Anleitung" und Kontrolle erreichte. Die Kompetenzen der Länder waren bereits ab 1948 eingeschränkt worden. An die Stelle der fünf Länder traten jetzt 14 Bezirke, welche direkt den Berliner Zentralbehörden von Partei und Regierung unterstanden, und auf der unteren Verwaltungsebene wurden aus den bisher insgesamt 132 Landkreisen 217 „Kreise" gebildet, um innerhalb der Bezirke flächenmäßig kleinere und damit besser kontrollierbare Verwaltungseinheiten zu schaffen. Die **Bezirke** und **Kreise** waren damit keine Selbstverwaltungsorgane, sondern Vollzugs- und Kontrollorgane staatlicher Lenkung.

Kollektivierung der Landwirtschaft

Zwischen 1952 (Beschlüsse der II. Parteikonferenz der SED 9./12.7.1952) und 1960 wurden unter politischem und wirtschaftlichem Druck alle privaten landwirtschaftlichen Betriebe zu Landwirtschaftlichen Produktionsgenossenschaften (LPG) zusammengeschlossen. Damit wurde zunächst die durch die Bodenreform von 1945 bewirkte Zersplitterung der landwirtschaftlichen Produktion wieder rückgängig gemacht, denn die Neubauern hatten einen zu geringen Grundbesitz, um rentabel wirtschaften zu können. So erfolgte auch die Gründung der ersten LPG am 8.6.1952 in Merxleben bei Bad Langensalza durch Neubauern. Während 1952 erst 1906 LPG mit insgesamt 37.000 Mitgliedern bestanden, erhöhte sich deren Zahl zwischen 1957 bis 14.4.1960 von 6691 auf 19.345 LPG mit insgesamt 961.539 Mitgliedern. Viele Bauern verließen im Verlauf dieser Zwangskollektivierung die DDR. Gute Nebeneinnahmen brachte den LPG-Mitgliedern die erlaubte individuelle Tierhaltung (z. B. das sog. „individuelle Schwein"). Die LPG wurden im Zusammenhang mit der Trennung der Pflanzenproduktion von der Tierproduktion zu größeren Einheiten zusammengefasst, sodass bei gleicher Fläche 1989 deren Zahl auf etwa 4000 zurückgegangen war. Für die fachliche und die politische Ausbildung der Führungskräfte der LPG war 1953 die „Hochschule für Landwirtschaftliche Produktionsgenossenschaften" („LPG-Hochschule") in Meißen gegründet worden.

Etwa parallel zur Kollektivierung der Landwirtschaft ging man gegen die selbstständigen Handwerker und Einzelhändler vor.

Am 18.8.1955 beschloss der Ministerrat die „Verordnung über **Produktionsgenossenschaften des Handwerks**" (PGH), auf deren Grundlage der Zusammenschluss von Handwerkern in Genossenschaften vorangetrieben wurde (1953 gab es erst 47, 1955 erst 85 PGH in der DDR). Um diesen Prozess zu beschleunigen, ging man gegen selbstständige Handwerker mit Sonderbesteuerungen vor oder konstruierte Tatbestände, die unter das Wirtschaftsstrafrecht fielen. Ab 1972 konnten die PGH auf sog. freiwilliger Basis in VEB-Betriebe umgewandelt werden.

Der Einzelhandel wurde in zunehmendem Maße über Enteignungen sozialisiert (z. B. Enteignungen bei Verstößen gegen die Wirtschaftsgesetzgebung). Die enteigneten Einzelhandelseinrichtungen übernahmen die Konsumgenossenschaften oder die HO.

Die staatliche **Handelsorganisation (HO)** war 1949 gegründet worden. In den HO-Geschäften verkaufte man rationierte oder sonst kaum erhältliche Waren zu anfangs stark überhöhten Preisen. Während es 1952 39.333 Einzelhandelsgeschäfte des sozialistischen Handels (davon 18.907 Konsumverkaufsstellen) und noch 156.588 Privatgeschäfte gab, waren dies 1967 77.785 (davon 35.930 Konsum) bzw. 72.045 (davon 13.258 private Kommissionshändler). Insbesondere erhöhte sich die Zahl der Konsumverkaufsstellen im ländlichen Bereich, sodass schließlich fast jedes Dorf seinen „Dorfkonsum" oder sein um Industrieerzeugnisse erweitertes „Landwarenhaus" hatte. Der Sozialisierung des Einzelhandels folgte die weitgehende Verstaatlichung des Großhandels. Mit der Gründung der **Deutschen Handelszentralen** (DHZ) ab 1960, welche für die Belieferung der HO-Geschäfte geschaffen worden waren, wurden die privaten Großhändler nur noch eingeschränkt oder gar nicht mehr von den VEB-Betrieben beliefert und waren auf die wenigen noch bestehenden privaten Zulieferer angewiesen. – Am 3.9.1954 beschloss der Ministerrat die 16. Preissenkung seit Gründung der DDR für Lebensmittel, Genussmittel und Gebrauchsgüter; außerdem wurden die Post- und Telegrafengebühren gesenkt.

Der Aufstand von 17.6.1953

Vor allem durch die Maßnahmen auf Grundlage der Beschlüsse der 2. Parteikonferenz der SED war die Bevölkerung beunruhigt. Hinzu kamen zusätzliche Versorgungsschwierigkeiten durch die Missernte von 1952, die sich besonders schwer auswirkte, weil wegen der Flucht zahlreicher Bauern 13 % (entspricht etwa 750.000 ha) des Ackerlandes unbestellt geblieben waren. Allein im März 1953 verließen rund 58.000 Menschen die DDR (dies war die höchste monatliche Fluchtrate in der DDR-Zeit). Auch der Tod Stalins (5.3.1953) brachte nicht die von den DDR-Bürgern erhoffte Änderung der Politik. Vielmehr wurden am 9.4.1953 allen Selbstständigen, Besitzern von Mietshäusern sowie allen in West-Berlin arbeitenden Ost-Berlinern die Lebensmittelkarten entzogen, sodass diese auf die teuren HO-Lebensmittel angewiesen waren. Dies betraf rund 2 Mio. Menschen. Am 13.5.1953 wurden auf Beschluss des Politbüros der SED die Arbeitsnormen heraufgesetzt, was merklichen Lohneinbußen gleichkam. Weil Proteste vorauszusehen waren, empfahl das Politbüro auf sowjetischen Druck am 9.6.1953 eine Reihe von Maßnahmen, welche in einigen Verordnungen des Ministerrats vom 11.6.1953 ihren Niederschlag fanden und als „Neuer Kurs" bezeichnet wurden. Verschiedene Maßnahmen, so auch den Entzug der Lebensmittelkarten, nahm man zurück, nicht jedoch die Normerhöhungen. Es kam zu Protestversammlungen, und am 16.6.1953 formierte sich in Berlin ein Demonstrationszug einiger Tausend Bauarbeiter der Stalinallee (heute „Frankfurter Allee"), der sich zum Haus der Ministerien in Berlin bewegte. Am 17.6.1953 schlossen sich einem erneuten Demonstrationszug der Bauarbeiter Tausende von Arbeitern aus Berliner Betrieben an. Ging es zunächst nur um die Zurücknahme der Normerhöhungen, so wurden bald auch politische Forderungen nach Rücktritt der Regierung, Freilassung der politischen Gefangenen, Abschaffung der Zonengrenzen usw. laut. Um 13 Uhr verhängte der sowjetische Stadtkommandant von Berlin den Ausnahmezustand, und der Aufstand wurde mittels sowjetischer Panzer niedergeschlagen. So verfuhr man ebenfalls in 167 Stadt- und Landkreisen, wo es am 17.6.1953 zu Streiks und Demonstrationen sowie zur Besetzung von Rathäusern, Parteibüros und Stasi-Zentralen, aber auch zur Befreiung politischer Häftlinge gekommen war. Von Westberliner Seite aus war eine Unterstützung des Aufstandes peinlichst vermieden worden. Trotzdem wurde der Aufstand von der DDR-Propaganda als faschistischer Putsch bezeichnet, der von westlichen Provokateuren ausgelöst worden sei. Die Wortführer der Demonstranten wurden mit Haftstrafen belegt bzw. in einigen Fällen zum Tode verurteilt. Weil sich auch viele SED-Mitglieder für einen gemäßigteren Kurs ausgesprochen hatten und Ulbricht kritisierten, schloss man 1954 etwa 20.000 Funktionäre und etwa 50.000 einfache Parteimitglieder aus der SED aus.

Trotzdem regte sich in den nächsten Jahren wieder **Kritik an Ulbricht**. Auf dem XX. Parteitag der KPdSU im Herbst 1956 hatte Chruschtschow die Herrschaftsmethoden Stalins scharf kritisiert. Auch in der DDR, in der nach stalinistischen Methoden regiert wurde, hoffte man auf Änderungen. Die einzige Auswirkung bestand in einer Amnestie für etwa 21.000 Gefangene, unter denen sich auch einige Tausend politische Häftlinge befanden. So konnten kritische Stimmen nicht ausbleiben. Dazu gehörte der Philosoph und Publizist Wolfgang Harich, der einen „besonderen deutschen Weg zum Sozialismus" propagierte. Er wurde am 29.11.1956 verhaftet und im März 1957 in einem **Schauprozess** zu 10 Jahren Zuchthaus verurteilt. Zu den Opponenten gehörten weiterhin Karl Schirdewan (Sekretär des ZK der SED für Kaderfragen), Ernst Wollweber (Minister für Staatssicherheit), Fred Oelßner (Stellvertreter des Vorsitzenden des Ministerrates und Vorsitzender der Kommission für Konsumgüterproduktion und Versorgung der Bevölkerung) und Fritz Selbmann (Stellvertreter des Vorsitzenden des Ministerrates und Vorsitzender der Kommission für Industrie und Verkehr). Diese sogenannte „Schirdewan-Wollweber-Gruppe" beschuldigte man im Februar/März 1958 der Fraktionsbildung und enthob diese Funktionäre ihrer Partei- und Staatsämter. Der zu den Systemkritikern gehörende Gerhart Ziller (Sekretär für Wirtschaft des ZK der SED) hatte 1957 Selbstmord begangen, weil er mit der Wirtschaftspolitik der DDR nicht einverstanden war.

Damit war die **Alleinherrschaft Ulbrichts** (seit Juli 1950 als Generalsekretär bzw. seit 1953 als Erster Sekretär des ZK der SED der maßgebliche Parteiführer) wiederhergestellt. Nachdem Wilhelm Pieck verstorben war (7.9.1960), entfiel das Staatsamt des Staatspräsidenten. Stattdessen bildete man am 12.9.**1960** mit dem Staatsrat ein kollektives Führungsgremium. Zum Vorsitzenden des Staatsrates wählte man am 12.9.1960 Walter Ulbricht, welcher außerdem seit 11.2.1960 bereits Vorsitzender des „Nationalen Verteidigungsrates" war und damit alle wichtigen Partei- und Staatsämter in seiner Person vereinigte.

Am 25.3.**1954** erhielt die DDR die **volle Souveränität** und konnte jetzt nach eigenem Ermessen über ihre inneren und äußeren Angelegenheiten einschließlich ihrer Beziehungen zu Westdeutschland entscheiden. Die Überwachung der Tätigkeit der Organe der DDR durch den Hohen Kommissar der UdSSR wurde aufgehoben. Die UdSSR behielt sich lediglich die Wahrnehmung der ihr aus dem Viermächteabkommen erwachsenden

Verpflichtungen vor. – Mit Vertrag zwischen der UdSSR und der DDR vom 20.9.1955 wurde das **sowjetische Besatzungsregime in der DDR beendet**. In diesem Vertrag legte man fest, dass das Amt des Hohen Kommissars der UdSSR in Deutschland aufgelöst wird, die sowjetischen Streitkräfte jedoch zeitweilig in der DDR verbleiben. Letztere übernahmen die Kontrolle des Transits der in Westberlin stationierten Truppen der Westalliierten, während die Bewachung und Kontrolle der Staatsgrenze der DDR sowie des Transits westdeutscher und ausländischer Bürger von der DDR wahrzunehmen waren. – Ab jetzt kamen die Anweisungen der UdSSR an die DDR inoffiziell über die sowjetische Botschaft in Ost-Berlin.

Die **Ostintegration** der DDR wurde „auf der Konferenz der europäischen Länder zur Gewährleistung des Friedens und der Sicherheit in Europa" (Warschau 11.-14.5.1955), an welcher die UdSSR, Albanien, Bulgarien, die CSSR, Polen, Rumänien, Ungarn und die DDR teilnahmen, am 14.5.**1955** mit dem „**Vertrag über Freundschaft, Zusammenarbeit und gegenseitigen Beistand"** (**Warschauer Vertrag**, in der BRD als „Warschauer Pakt" bezeichnet) sanktioniert. Der DDR wurde der Austritt aus dem Vertrag zugebilligt, wenn dies im Interesse des Abschlusses eines Friedensvertrages und der Wiedervereinigung Deutschlands notwendig sei. Festgelegt wurde ein gemeinsames Kommando der Streitkräfte.

Nachdem im Ergebnis der Genfer Gipfelkonferenz (18.-23.7.1955) der Regierungschefs der UdSSR, der USA, Großbritanniens und Frankreichs ein gesamteuropäischer Sicherheitspakt sowie die Wiedervereinigung Deutschlands in weite Ferne gerückt waren, erklärten auf ihrer Rückreise KPdSU-Parteichef Nikita Chruschtschow und Ministerpräsident Bulganin in Berlin die Wiedervereinigung Deutschlands zur Sache der Deutschen. Seitdem ging die UdSSR von der Existenz zweier deutscher Staaten aus und betrieb eine Politik der verstärkten Ostintegration der DDR sowie der internationalen Aufwertung der DDR.

Am 18.1.1956 beschloss die Volkskammer das „Gesetz über die Schaffung der Nationalen Volksarmee und des Ministeriums für

Nationale Verteidigung". Die „Kasernierte Volkspolizei" (KVP) wurde zeitgleich in **„Nationale Volksarmee"** (NVA) umbenannt; mit der Formierung der ersten Einheiten der NVA wurde am 1.3.1956 begonnen. Seit 1955 war unter Anwendung politischen Drucks verstärkt für die KVP geworben worden. Am 24.1.1962 beschloss die Volkskammer die **allgemeine Wehrpflicht**.

Westberlin war der DDR-Führung schon seit Langem verhasst. Es war mit seinen gefüllten Läden das Schaufenster des westlichen Wohlstands, wohin man aus der gesamten DDR Einkaufsfahrten unternahm (Einkauf zuletzt zum Wechselkurs von 5 Mark Ost zu 1 DM West). Schwerer wog, dass vor allem über Westberlin viele DDR-Bürger in die BRD flüchteten und damit ein Mangel an Arbeitskräften, vor allem aber ein Mangel an Fachleuten, eingetreten war und die DDR wirtschaftlich ausblutete. Von 1949 bis zum 13.8.1961 wurden in den Notaufnahmelagern in Westberlin sowie in der BRD insgesamt 2.738.562 Flüchtlinge aus der DDR registriert (davon 1950 sowie von 1952 bis 1960 in Westberlin insges. 1.524.067). Auch war Westberlin ein Brückenkopf der westlichen Geheimdienste. So kam die **Berlin-Krise** von **1958/1961** der DDR-Führung gelegen, um das Ventil Westberlin zu schließen.

Auf einer Beratung der Ersten Sekretäre der kommunistischen und Arbeiterparteien der Teilnehmerstaaten des Warschauer Paktes (3.-5.8.1961) wurde u. a. festgelegt, „an der Westberliner Grenze eine solche Ordnung einzuführen, durch die der Wühltätigkeit gegen die Länder des sozialistischen Lagers zuverlässig der Weg verlegt und rings um das ganze Gebiet Westberlins, einschließlich seiner Grenze mit dem demokratischen Berlin, eine verlässliche Bewachung und wirksame Kontrolle gewährleistet wird. Selbstverständlich werden diese Maßnahmen die geltenden Bestimmungen für den Verkehr und die Kontrolle an den Verbindungswegen zwischen Westberlin und Westdeutschland nicht berühren." Veröffentlicht wurde diese Erklärung erst am **13.8.1961**, dem Tag des Beginns des Baues der **Berliner Mauer** (zunächst Stacheldrahtverhaue, die man bald durch eine massive Mauer ersetzte sowie durch vorgelagerte Sperrsysteme ergänzte). Den DDR-Bürgern war ab diesem Tag der Weg nach dem Westen versperrt. Ergreifende Szenen spielten sich ab, als DDR-Bürger versuchten, noch am 13.8. oder an den folgenden Tagen nach Westberlin zu gelangen. Ab 23.8.1961 wurde auch den Westberlinern der Weg nach Ostberlin versperrt. Die Westmächte protestierten zwar, unternahmen aber nichts. Nur den Zutritt ihres Personals nach Ostberlin stellten sie sicher. Die DDR-Propaganda bezeichnete diese Mauer als „antifaschistischen Schutzwall". Der seit 1948 an der innerdeutschen Grenze zur Verhinderung von Grenzübertritten gehandhabte und am 6.10.1961 verschärfte Schießbefehl forderte bei Fluchtversuchen an der Berliner Mauer ab 13.8.1961 bis zur Aufhebung des Schießbefehls 239 Menschenleben (nach anderen Angaben 254). – Erst ab 2.11.1964 durften wieder DDR-Bürger, allerdings nur Altersrentner, in die BRD bzw. nach Westberlin reisen (jährlich eine Reise bis zu vier Wochen; ab 1987 auch mehrere Reisen im Jahr möglich). In den 1980er Jahren wurden unter bestimmten „kaderpolitischen" Voraussetzungen auch jüngeren DDR-Bürgern in „dringenden Familienangelegenheiten" Reisen von maximal zehn Tagen gestattet.

Mit der Errichtung der Berliner Mauer wurden auch die **Grenzbefestigungen** an der „Staatsgrenze-West" sowie an der Ostsee weiter ausgebaut. Anfang der 1970er Jahre installierte man Selbstschussanlagen, und später wurde der „Todesstreifen" noch vermint. Bereits am 26.5.1952 hatte man als Reaktion auf den Deutschlandvertrag entlang der sich über ca. 1400 km erstreckenden Grenze die Einrichtung eines 5510 m tiefen Sperrgürtels beschlossen (10-m-Kontrollstreifen für die Grenztruppen; 500-m-Schutzstreifen und 5-km-Sperrzone, die nur mit besonderer Genehmigung betreten werden durften). Aus diesem Sperrgebiet waren in der „Aktion Grenze" (inoffiziell „Aktion Ungeziefer") damals bereits ca. 11.000 Menschen, die als politisch unzuverlässig galten, zwangsweise ausgesiedelt worden. Haus und Hof waren binnen weniger Stunden zu verlassen; die Liegenschaften der Ausgewiesenen wurden ohne Begründung enteignet. Nach dem 13.8.1961 wurden aus diesen Sperrgebieten weitere 3175 Personen zwangsausgesiedelt. Trotz der immer perfekteren Grenzsicherungsanlagen wurden Fluchtversuche unternommen. So nahmen die Grenztruppen von 1963-1966 insgesamt 14.262 „Grenzverletzer" fest; von 1967-1970 waren es nur noch 7376. Auch nach dem 13.8.1961 gelang bis Ende 1988 noch 218.283 Personen unter Risiko die Flucht (davon 40.101 unter erhöhtem Risiko). Insgesamt wurden an der innerdeutschen Grenze (einschließlich der Grenze in und um Berlin) von 1945 bis 1989 insgesamt 943 Personen getötet. – Die Genehmigung zur Ausreise aus der DDR in die BRD erhielten ab 13.8.1961 bis Ende 1988 insges. 383.181 Personen. Freigekauft wurden durch die BRD von 1979 bis 1988 insges. 15.287 Personen.

Mit dem Bau der Berliner Mauer war eine **härtere Politik gegen die Bevölkerung der DDR** möglich, und die Abgrenzungspolitik der DDR gegenüber der BRD wurde weiter vorangetrieben. So beschloss man die allgemeine Wehrpflicht (s. o.). Ab 2.1.1964 wurden neue Personalausweise mit der Eintragung „Bürger der Deutschen Demokratischen Republik" ausgegeben; am 30.7.1964 änderte man den Namen der DDR-Währung von „Deutsche Mark der Deutschen Notenbank" in „Mark der Deutschen Notenbank" und gab am 1.8.1964 neue Banknoten aus. Durch das am 20.2.1967 verabschiedete **Staatsbürgerschaftsgesetz** wurde eine DDR-Staatsnation mit eigener Staatsbürgerschaft deklariert. Anfang Juli 1967 wurde das „Ministerium für Außenhandel und Innerdeutschen Handel" in „Ministerium für Außenwirtschaft" umbenannt. Am 1.12.1967 erfolgte die Umbenennung der „Mark der Deutschen Notenbank" in „Mark der Deutschen Demokratischen Republik". Am 9.4.1968 trat die **neue Verfassung** der DDR in Kraft (sog. Volksabstimmung hierüber am 6.4.1968), und am 1.7.1968 trat das am 12.1.1968 von der Volkskammer beschlossene **neue Strafgesetzbuch** einschließlich der neuen Strafprozessordnung in Kraft. – In der neuen Verfassung wurde die DDR als „sozialistischer Staat deutscher Nation" bezeichnet und der Führungsanspruch der SED erstmals verfassungsrechtlich festgeschrieben. Mit dem neuen Strafgesetzbuch wurde das ohnehin schon unverhältnismäßig harte politische Strafrecht unter Hinzufügung weiterer Straftatbestände verschärft. Die Höhe des Strafmaßes setzte man jetzt nach der „Gesellschaftsgefährlichkeit" einer Straftat fest. – Im **neuen Statut der SED** (beschlossen auf dem VI. Parteitag 15.-21.1.1963) wurde festgeschrieben, dass die Parteibeschlüsse unmittelbare Arbeitsgrundlage für die Staatsorgane seien (de facto war dies schon vorher so). – Ab 1.7.1970 ersetzte man die Warenkennzeichnung „Made in Germany" durch „Made in GDR".

Die Wirtschaft

Die Wirtschaft wurde nach den Grundsätzen der **Zentralverwaltungswirtschaft** geleitet. Die SED ging davon aus, dass ihr der Marxismus-Leninismus eine exakte Analyse der wirtschaftlichen Entwicklungsprozesse erlaube und auf dieser Grundlage die Wirtschaft geplant werden könne. Ihre Devise war deshalb: Leistung durch Planung. Traten Leistungsdefizite auf, dann suchte man die Fehler nicht im Wirtschaftssystem, sondern entweder in behebbaren organisatorischen Mängeln oder in mangelndem politischem Bewusstsein der Beteiligten. Aus diesem Grunde wurden mehrfach Änderungen in den Leitungsmethoden der Wirtschaft vorgenommen, die immer von politisch-propagandistischen Kampagnen begleitet waren. Das Ziel bestand darin, die Verfügbarkeit über bestimmte Waren in bestimmten Mengen sicherzustellen, während die dafür erforderlichen Aufwendungen eine zweitrangige Rolle spielten. Änderungen in den Zielen der Wirtschaftspolitik ergaben sich auch aus Exportforderungen der UdSSR. – Man orientierte sich an der BRD, die man auf jeden Fall wirtschaftlich überbieten wollte, um die Überlegenheit des Sozialismus gegenüber dem Kapitalismus zu beweisen. Der Slogan Ulbrichts „Überholen ohne einzuholen!" wurde erstmals im Februar 1970 öffentlich zitiert. – Auch die sozialistische Planwirtschaft war nicht gegen politisch bzw. weltwirtschaftlich bedingte Einflüsse gefeit. Dies zeigte sich 1952/53 (Aufstand vom 17.6.1953), 1956/57 (politische Unruhen in Polen und Ungarn), 1960/62 (Berliner Mauer) sowie 1976 und 1982 (Preiserhöhungen bei Rohstoffen, vor allem Erdöl, auf dem Weltmarkt).

Die Planwirtschaft stützte sich auf das **sozialistische Eigentum an Produktionsmitteln**, d. h. auf die verstaatlichten Betriebe sowie auf die Genossenschaften. Die Volkseigenen Betriebe (VEB) wurden zunächst in den „Vereinigungen Volkseigener Betriebe" (VVB) und schließlich in den noch größeren Kombinaten zusammengefasst, die in ihrer Größe mit den westlichen Konzernen vergleichbar waren. Die Kombinate verkörperten den höchsten Grad der wirtschaftlichen Autonomie in der DDR-Volkswirtschaft. – Im

Jahre 1989 kamen etwa 90 % der industriellen Produktion aus sozialistischen Betrieben. Die Gewinne der Volkseigenen Betriebe waren größtenteils an den Staat abzuführen, welcher diese Mittel umverteilte und vor allem Investitionen in den Schlüsselindustrien vornahm.

Obgleich die entschädigungslose Enteignung aufgehört hatte, wurden Privatunternehmer zur Aufgabe ihrer Betriebe veranlasst, indem man meist zu Unrecht steuerrechtlich oder mittels des Wirtschaftsstrafrechts gegen sie vorging oder auch nur deren Belieferung mit Rohstoffen und sonstigen Materialien drosselte bzw. einstellte. Eine weitere Methode, Privatbetriebe unter Kontrolle zu bekommen, erreichte man seit 1956 durch staatliche Beteiligungen (sog. halbstaatliche Betriebe mit 50-%-iger Staatsbeteiligung). Die letzte große Welle der Verstaatlichung setzte Anfang 1972 ein und betraf ca. 11.000 Kleinunternehmer mit über zehn Beschäftigten.

Verantwortlich für die Aufstellung von Perspektiv- und Jahresplänen sowie für die Plankontrolle war seit 1950 formal die **Staatliche Plankommission** (SPK) des Ministerrats der DDR. Tatsächlich wurde die wirklichkeitsferne Wirtschaftspolitik jedoch zunehmend vom Politbüro der SED bestimmt. Die Wirtschaftsplanung orientierte nach sowjetischem Vorbild auf **Mehrjahrespläne**, die hinsichtlich ihrer Schwerpunkte und Zeitintervalle mit der UdSSR abgestimmt waren. So sollte durch den 2. Fünfjahrplan (1956-1960) nach einem SED-Parteitagsbeschluss von 1958 der Pro-Kopf-Verbrauch der Bevölkerung der DDR bei allen wichtigen Lebensmitteln und Konsumgütern den Pro-Kopf-Verbrauch der Bevölkerung der BRD erreichen. Tatsächlich hat sich der Lebensstandard der DDR-Bevölkerung wesentlich verbessert, konnte aber den der BRD nicht erreichen.

Ziel war vor allem die Entwicklung der **Industrie**. Während die mitteldeutsche Industrie vor dem Krieg hinsichtlich der Herstellung von synthetischem Benzin und synthetischem Kautschuk in der Welt führend war und auch weitere Firmen mit Weltgeltung (z. B. Zeiss und Schott in Jena) bestanden, gab es infolge der Spaltung Deutschlands in der SBZ Defizite hinsichtlich der Schwerindustrie sowie große regionale Unterschiede hinsichtlich der Industrialisierung. Wichtige Investitionsvorhaben, durch welche diese Defizite behoben werden sollten, waren z. B.: 1950 Stahl- und Walzwerk Brandenburg/Havel; ab 1951 Eisenhüttenkombinat Ost (Eisenhüttenstadt); ab 1951 Edelstahlwerk Freital; ab 1952 Großkokerei Lauchhammer (Herstellung von verhüttungsfähigem Koks [BHT-Koks] aus Braunkohle); ab 1955 Kombinat „Schwarze Pumpe" in Verbindung mit der „sozialistischen Wohnstadt" Hoyerswerda. Viele anspruchsvolle Innovationen (z. B. der BHT-Koks) bezogen sich in der Regel auf spezielle Mangelsituationen in der DDR und ergaben nur in Ausnahmefällen weltmarktfähige Erzeugnissse (z. B. das Webverfahren „Malimo"), weil die westlichen Industrie-Nationen in der Regel über Möglichkeiten zur Entwicklung preisgünstigerer Technologien verfügten.

Die Versorgung der Bevölkerung mit Waren des täglichen Bedarfs konnte allmählich verbessert werden. Gegenüber der Produktionsgüterindustrie wurde die **Konsumgüterindustrie** vernachlässigt, sodass permanent Engpässe zur Versorgung der Bevölkerung mit Waren des täglichen Bedarfs bestanden, was für Unzufriedenheit sorgte.

Ab 1951 wurde schrittweise die Rationierung aufgehoben. Am 28.5.1958 beschloss die Volkskammer die **Aufhebung der letzten Rationierungen** (für Fleisch- und Wurstwaren, Butter und andere Fette sowie Milch und Zucker), Preissenkungen für eine Reihe von Lebensmitteln und Industriewaren ab 6.10.1958 sowie die Erhöhung der Löhne und Renten. – Der **Wohnungsbau** war gegenüber dem Bedarf stark zurückgeblieben.

Die DDR gehörte seit dem 29.9.1950 dem **„Rat für Gegenseitige Wirtschaftshilfe"** (RGW) an. Ziele des RGW waren die wirtschaftliche Zusammenarbeit der Mitgliedsstaaten (**Ostintegration der Wirtschaft**) sowie der Austausch wirtschaftlicher Erfahrungen und die gegenseitige wirtschaftliche Unterstützung. Verbunden war dies mit der Spezialisierung der einzelnen Mitgliedsstaaten auf die Herstellung bestimmter Erzeugnisse. – Dementsprechend war auch der staatlich monopolisierte **Außenhandel** auf die Länder des Ostblocks ausgerichtet. Die UdSSR war Hauptlieferant für Rohstoffe und Energieträger (v. a. Erdöl). Ein nur geringer Anteil des Außenhandels entfiel auf den „Innerdeutschen Handel" mit der BRD bzw. mit Westberlin. – Während die UdSSR seit 1954 nicht mehr direkt in die Entwicklung der Industrie in der DDR eingriff, erfolgte dies jetzt über die vom RGW vertretenen wirtschaftlichen Zielstellungen des Ostblocks. Wichtig waren dabei **Autarkiebestrebungen**, um von Lieferungen aus dem westlichen Ausland unabhängig zu werden („Störfreimachung"). Schwerpunktmäßig aufgebaut wurden die Grundstoff- und Produktionsgüterindustrien, aber auch die besonders von der UdSSR gewünschten Schiffswerften. Festgelegt wurden der schwerpunktmäßige Ausbau der Schwerchemie auf Braunkohlenbasis sowie die **Spezialisierung** auf die Herstellung bestimmter Maschinen und u. a. von Erzeugnissen der Elektrotechnik, der Feinmechanik und der Optik. Demgegenüber sollte die Erzeugung von Eisen, Stahl, Flugzeugen, bestimmten Motorfahrzeugen (z. B. Autobussen) usw. verringert oder ganz eingestellt werden. – Am 3./4.11.1958 beschloss man auf der zentralen Chemiekonferenz des ZK der SED (Motto: „Chemie gibt Brot, Wohlstand und Schönheit") das „Programm zur Entwicklung der chemischen Industrie" bis 1965. Der Schwerpunkt lag bei der Herstellung von Kunststoffen und vollsynthetischen Fasern, wobei neben dem Rohstoff Braunkohle in zunehmendem Maße die Petrolchemie aufgebaut und dafür Erdöl aus der UdSSR zum Einsatz kommen sollte (am 11.11.1960 Grundsteinlegung für das Erdölverarbeitungswerk in Schwedt, wo die Erdölleitung „Freundschaft" aus der UdSSR endete, die am 18.12.1963 in Betrieb ging). Am 15.7.1964 erfolgte die Grundsteinlegung zur „Chemiearbeiterstadt" Halle-Neustadt.

Am 24./25.6.1963 wurden auf der Wirtschaftskonferenz des ZK der SED und des Ministerrates die Richtlinien für das **„Neue Ökonomische System der Planung und Leitung"** (NÖSPL) verabschiedet. Durch Umstellung der Betriebe auf die wirtschaftliche Rechnungsführung (Gewinn als zentrale Steuergröße) ab 1.1.1964 sowie die Nutzung der materiellen Interessiertheit durch ein System ökonomischer Hebel (z. B. leistungsabhängige Gehälter) sollten die Produktion und die Arbeitsproduktivität gesteigert, die Qualität der Erzeugnisse verbessert und die Selbstkosten gesenkt werden. Der wissenschaftlich-technische Höchststand sollte erreicht bzw. mitbestimmt werden. – Das NÖSPL bewirkte zwar einen bemerkenswerten wirtschaftlichen Aufschwung, wurde aber 1970 wegen der bei seiner Einführung aufgetretenen Schwierigkeiten aufgegeben, und man kehrte wieder zur Zentralverwaltungswirtschaft zurück. Insbesondere scheiterte das NÖSPL an den festen Preisen, welche als marktregulierende Faktoren nicht in Betracht kamen.

11.2. Die Ära Honecker (1971-1989)

Die Ära Ulbricht ging 1971 zu Ende. Walter Ulbricht hatte als getreuer Gefolgsmann der jeweiligen Parteiführung der KPdSU mit Konsequenz und Härte das sowjetische kommunistische System im Osten Deutschlands installiert und alle politischen Krisen dieses Systems dank der sowjetischen Unterstützung überstanden. In den letzten Jahren versuchte er jedoch, die sowjetischen „Genossen" zu belehren. So propagierte er, inspiriert von der wirtschaftlichen Führungsrolle der DDR im RGW, die DDR als Modell für industriell hochentwickelte Länder. Dies konnte nur bedeuten, dass der UdSSR empfohlen wurde, dem Beispiel DDR nachzueifern. Auch stellte er die ideologische Führungsrolle der UdSSR innerhalb des sozialistischen Lagers infrage und meldete auch Bedenken gegenüber dem zwischen der UdSSR und der BRD abgeschlossenen Moskauer Vertrag an. Daraufhin ließ die UdSSR Ulbricht fallen. Ulbricht sprach am 3.5.1971 die Bitte aus, ihn von seinem Amt als Erstem Sekretär des ZK der SED zu entbinden. Bis zu seinem Tode blieb er Ehrenvorsitzender der SED und Vorsitzender des Staatsrates.

Zum Nachfolger als Erster Sekretär (ab 1976 als „Generalsekretär" bezeichnet) des ZK der SED wurde am 3.5.1971 **Erich Honecker** gewählt. Er wurde am 24.6.1971 außerdem noch Vorsitzender des Nationalen Verteidigungsrates, ab 1971 Mitglied des Staatsrates und am 29.10.1976 Vorsitzender des Staatsrates. – Ulbricht hatte Honecker zu seinem Nachfolger aufgebaut.

Außenpolitisch wurde die DDR nach der Unterzeichnung des Grundlagenvertrages mit der BRD zunehmend international anerkannt. Am 21.11.1972 nahm man die DDR als 131. Mitglied in die UNESCO und am 18.9.1973 als 133. Staat in die UNO auf. Während die DDR bis 1972 erst zu wenigen Staaten diplomatische Beziehungen unterhielt, stieg die Zahl der diplomatischen

Anerkennungen in kurzer Zeit auf 132. So wurden z. B. am 4.9.1974 auch diplomatische Beziehungen zwischen der DDR und den USA aufgenommen.

Innenpolitisch verfügte die SED nach wie vor über das Machtmonopol. Der SED gehörten 1989 etwa 2,3 Mio. Mitglieder an, darunter etwa 44.000 Parteifunktionäre. Die SED bestimmte die Personalpolitik (Kaderpolitik) in allen gesellschaftlichen Bereichen. Die **Blockparteien** (CDU, DBD, LDPD, NDPD) mit 1989 etwa 0,5 Mio. Mitgliedern waren von der SED vereinnahmt worden, denn für deren Funktionäre sowie für Karrieristen ergaben sich daraus berufliche und sonstige Vorteile. Die einfachen Mitglieder hatten durch die Zugehörigkeit zu einer der Blockparteien formal einen Nachweis für „gesellschaftliche Tätigkeit", waren vor der Anwerbung durch die SED sicher und zahlten einen geringeren Parteibeitrag als die „Genossen" in der SED. Politisch organisiert war schließlich fast jeder DDR-Bürger, und sei es auch nur im FDGB (rd. 9,6 Mio. Mitglieder), in der FDJ (rd. 2,3 Mio.), in der sozialistischen Wehrorganisation „Gesellschaft für Sport und Technik" (rd. 0,6 Mio.), in der Deutsch-Sowjetischen Freundschaft (rd. 6,4 Mio.), im DFD (rd. 1,5 Mio.) oder im „Kulturbund der DDR" (rd. 0,27 Mio.). – Die Bürger konnten ihre Beschwerden in Form von Eingaben vorbringen, und durch das **„Gesetz über die Bearbeitung von Eingaben der Bürger"** (Beschluss vom 19.6.1975) wurde die Bearbeitung der Eingaben innerhalb von 4 Wochen zugesagt. – Am 27.9.1974 wurde die **Verfassung** der DDR in grundlegenden Punkten geändert (Inkrafttreten am 1.11.1974). So strich man alle Passagen, welche auf die deutsche Nation Bezug genommen hatten. Die Bindung an die UdSSR wurde verfassungsrechtlich sanktioniert. So war nach diesem Verfassungstext die DDR „für immer und unwiderruflich" mit der UdSSR verbündet, und die DDR war „untrennbarer Bestandteil der sozialistischen Staatengemeinschaft".

Diese Staatsordnung wurde durch die **„bewaffneten Organe"** der DDR abgesichert. Die innere Sicherheit garantierte das „Ministerium für Staatssicherheit" (MfS) mit seinen 1989 rund 91.000 hauptamtlichen und den etwa 173.000 „Inoffiziellen Mitarbeitern" (IM). Die DDR-Bürger wurden nahezu lückenlos überwacht. Für den Fall innerer Unruhen sowie für den Kriegsfall war die Internierung von etwa 86.000 politisch unzuverlässigen Personen vorgesehen. Mit dem Wachregiment „Feliks Dzierzynski" stand dem MfS in Berlin eine Verfügungstruppe mit etwa 11.700 Mann zur Disposition.- Im Jahre 1989 umfasste die NVA etwa 150.000 Mann, die Grenztruppen verfügten über etwa 47.000 Mann, die kasernierten Volkspolizei-Bereitschaften über etwa 18.000 Mann und die Transportpolizei über etwa 8000 Mann. In den freiwilligen zivilen Kampfgruppen der SED in den Betrieben waren etwa 400.000 Mann organisiert.

Zur Erhöhung der Verteidigungsbereitschaft sollte die Einführung des **Wehrkunde-Unterrichts** in den allgemeinbildenden Schulen beitragen. Dies erfolgte ab 1.9.1978 in den Klassen 9 und 10 der allgemeinbildenden „Polytechnischen Oberschulen" (POS), und am 29.5.1981 wurde dies auch für die Klassen 11 und 12 der „Erweiterten Oberschulen" (EOS) beschlossen.

Die **Abgrenzung der DDR gegenüber der BRD** wurde weiter vorangetrieben. So ging am 15.11.1971 die „Stimme der DDR" auf Sendung, am 1.6.1973 führte man neue Banknoten mit dem Aufdruck „Mark der Deutschen Demokratischen Republik" ein (Ausgabe dieser Banknoten ab 14.9.1974) und ordnete für die Kennzeichnung der Kraftfahrzeuge im internationalen Verkehr ab 1.1.1974 anstelle des „D" das Kennzeichen „DDR" an.

Das **Repräsentationsbedürfnis** der DDR-Führung äußerte sich auch in der Errichtung eindrucksvoller Bauwerke. So weihte man am 2.10.1972 das Universitätshochhaus in Jena ein, beschloss am 27.3.1973 den Bau des Palastes der Republik in Berlin (Eröffnung am 25.4.1976; abgerissen 2007) und nahm am 1.9.1973 das Universitätshochhaus (den sog. „Weisheitszahn") in Leipzig in Benutzung.

Nach der Unterzeichnung der Schlussakte von Helsinki der „Konferenz über Sicherheit und Zusammenarbeit in Europa" (KSZE) durch Honecker am 1.8.1975 leiteten DDR-Bürger daraus ihr Recht auf Ausreise aus der DDR ab und stellten **Ausreiseanträge**. Die Antragstellung konnte jetzt zwar nicht mehr unter Strafe gestellt werden, die Antragsteller waren jedoch Repressalien im beruflichen und gesellschaftlichen Leben ausgesetzt (z. B. Verlust des Arbeitsplatzes). Die weitaus meisten Anträge lehnte man ab.

Hart ging die Staatsführung gegen **Regime-Gegner** vor, z. B. gegen den Liedermacher Wolf Biermann, den Schriftsteller Reiner Kunze, den Physikochemiker Prof. Dr. Robert Havemann und den Ökonomen Rudolf Bahro. – Am 17.1.1988 kam es anlässlich der alljährlichen Rosa-Luxemburg-Gedenkfeier in Ostberlin zu einer Gegendemonstration von Oppositionsgruppen, welche sich auf das Rosa-Luxemburg-Zitat „Freiheit ist immer auch die Freiheit der Andersdenkenden" beriefen und demokratische Rechte einforderten. Von den 120 festgenommenen Personen wurden mehrere zu Haftstrafen verurteilt, und 54 schob man in die BRD ab.

Die **Konflikte mit der Kirche** gingen weiter. Am 6.3.1978 hatte Honecker, der jetzt davon ausging, dass die Kirche noch über längere Zeit bestehen würde, anlässlich einer Besprechung mit dem Vorstand des „Bundes der evangelischen Kirchen in der DDR" der evangelischen Kirche eine weitgehende Autonomie zugestanden. Daraufhin verzichtete man kirchlicherseits auf Opposition gegenüber dem Staat. Als der Staat jedoch den Wehrkundeunterricht, gegen den sich die evangelische Kirche gewandt hatte, einführte und das Tragen des Symbols der kirchlichen Friedensbewegung „Schwerter zu Pflugscharen" auf den innerkirchlichen Bereich einschränkte sowie im November 1987 gegen die Zions-Gemeinde in Ost-Berlin und am 17.1.1988 gegen die Demonstration anlässlich der Rosa-Luxemburg-Gedenkfeier vorgegangen war, setzten sich in der evangelischen Kirche vielfach die oppositionellen Kräfte nach und nach durch, sodass die evangelische Kirche unter Einbeziehung konfessionell nicht gebundener Menschen zum Sammelpunkt verschiedener Oppositionsgruppen wurde (Friedens-, Menschenrechts-, Bürgerrechts- und Umweltgruppen). Diese sog. „Basisgruppen" nutzten die Räumlichkeiten der Kirche für Zusammenkünfte sowie die Möglichkeit, Druckschriften für den vorgeblich innerkirchlichen Gebrauch herzustellen.

Wirtschafts- und Sozialpolitik

Zwischen 1960 und 1971 hatten die Investitionen im produzierenden Bereich der Volkswirtschaft den Vorrang (in diesem Zeitraum Verdopplung der Investitionen), was zu Lasten der Konsumgüterproduktion ging und Kritik auslöste.

Erst nach der Ablösung von Ulbricht durch Honecker erhielt die Konsumgüterproduktion wieder einen höheren Stellenwert. So wurde auf dem VIII. Parteitag (15.-19.6.1971) die **Einheit von Wirtschafts- und Sozialpolitik** beschlossen. Ebenso wie die Steigerung der Konsumgüterproduktion wurde der Wohnungsbau zum Schwerpunkt erklärt, denn die Wohnhäuser waren zu etwa 75 % vor dem 2. Weltkrieg errichtet worden und verfielen zusehends (v. a. fehlten Reparaturkapazitäten und Material). Beschlossen wurde auf dem VIII. Parteitag der Neu- und Umbau von 500.000 Wohnungen, am 21.10.1971 die Förderung des privaten Wohnungsbaus für Arbeiter und Kinderreiche sowie am 2.10.1973 durch das ZK der SED der Bau von 3 Mio. Wohnungen bis 1990.

Mit Beschluss vom 28.4.1972 gewährte der Staat bei der Geburt eines Kindes eine Geburtenbeihilfe von 1000 M, und junge Ehepaare erhielten einen zinslosen Ehekredit von 5000 M. – Man verlängerte den bezahlten Schwangerschaftsurlaub auf 26 Wochen, und ab dem zweiten Kind wurde ein bezahlter Mutterschaftsurlaub von 1 Jahr gewährt. Durch alle diese Maßnahmen stieg wieder die Zahl der Geburten. Um den Müttern die berufliche Tätigkeit zu ermöglichen, baute man Kinderkrippen und Kindergärten. – Ab 1975 erhöhte man den jährlichen Mindesturlaub von 15 auf 18 Tage. – Am 27.5.1976 wurde vom ZK der SED sowie vom FDGB ein **Maßnahmeplan zur „weiteren planmäßigen Verbesserung der Arbeits- und Lebensbedingungen der Werktätigen"** beschlossen. Für Schichtarbeiter führte man die 42-Stunden-Woche ein (allgemein galt bereits ab 28.8.1967 die Fünf-Tage-Arbeits-Woche bei einer Wochenarbeitszeit von 43 3/4 Stunden). – Mit Beschluss vom 30.7.1976 wurden die Mindestlöhne von 350 Mark auf 400 Mark angehoben. – Von 1971 bis 1980 stieg das monatliche Durchschnittseinkommen von 755 Mark auf 1021 Mark.

Zwar stieg das Nationaleinkommen von 1971 bis 1982 um 12 %, es wurde jedoch **mehr konsumiert als produziert**. Ursache hierfür war die geringe Arbeitsproduktivität, vor allem aber auch die geringe Investitionsrate, sodass die Industrieanlagen immer mehr verschlissen wurden und sich 1988 etwa 9 % der Beschäftigten mit Instandsetzungsarbeiten befassten. – Die Folge dieser konsumorientierten Wirtschaftspolitik sowie der beispielhaften Sozialpolitik war eine immense **Staatsverschuldung**.

Zur Beschleunigung dieses wirtschaftlichen Abwärtstrends hat die **Energieträgerablösung** (ETA) beigetragen. Ab 1981 kürzte die UdSSR die jährlichen Erdöl-Lieferungen an die DDR von 19 Mio. t auf 17 Mio. t, um mehr Erdöl in das kapitalistische Ausland verkaufen zu können. Dadurch wurde die mit hohen wirtschaftlichen Verlusten verbundene Ablösung von Heizöl durch einheimische Rohbraunkohle erforderlich. – Durch die stärkere Orientierung auf Braunkohle nahm die **Umweltbelastung** weiter zu. Gravierende Umweltprobleme bestanden bereits durch veraltete Anlagen vor allem der Kohle-Karbid-Chemie, der Kupfer- und Aluminiumproduktion, der Zellstoffindustrie sowie der chemischen Industrie. Hinzu kamen die erheblichen Umweltbelastungen durch den Uranbergbau. Das Landeskulturgesetz, welches der Umweltverschmutzung gegensteuern sollte, gab es bereits seit 1970.

In den 1980er Jahren sollte durch das **Mikroelektronik-Programm** ein neuer wirtschaftlicher Führungssektor entstehen. Dieses Programm war bereits am 23./24.6.1977 beschlossen worden, kam aber für den laufenden Fünfjahrplan (1976-1980) zu spät und wurde deshalb mit Verzögerung in Angriff genommen (am 1.1.1978 Bildung des Kombinats Mikroelektronik mit etwa 70.000 Beschäftigten). Trotz größter Anstrengungen auf Kosten anderer Industriezweige sowie des Verkehrs- und Nachrichtenwesens und trotz beachtlicher wissenschaftlicher Leistungen wurde dieses Programm nicht wirksam, weil die Entwicklung gegenüber dem Westen immer um vier bis acht Jahre zurückblieb. Für das kleine Land DDR mit seiner desorganisierten Wirtschaft erwies sich ein derartiges Projekt der Spitzentechnologie als nicht durchführbar.

Im Jahr 1989 betrug das Sozialprodukt pro Kopf der Bevölkerung nur etwa 37 % des Sozialprodukts in der BRD, und die Arbeitsproduktivität des warenproduzierenden Gewerbes lag nach Schätzungen nur bei etwa 30 % der Arbeitsproduktivität in der BRD. Trotzdem war die **DDR der wirtschaftlich höchstentwickelte Staat im RGW**. Die Wirtschaft der DDR bot ihrer Bevölkerung den höchsten Lebensstandard innerhalb des RGW sowie eine gesicherte wirtschaftliche Grundversorgung für alle Bürger. Die soziale Sicherheit war garantiert. Obdachlose und Drogenabhängige waren Einzelfälle. Die Kriminalität war niedrig, die Aufklärungsrate ungewöhnlich hoch.

Arbeitslosigkeit war unbekannt, es herrschte vielmehr **Arbeitskräftemangel.**

12. Das Ende der DDR und das wiedervereinigte Deutschland bis 2018

Die Voraussetzungen zur Wiedervereinigung Deutschlands waren durch den INF-Vertrag geschaffen worden, wodurch die **weltpolitische Entspannung** einleitet wurde. Gorbatschow begann in der UdSSR mit Reformen. Anlässlich seines Besuches in Jugoslawien im März 1988 sprach er sich gegen die militärische Lösung von Konflikten aus und erklärte, dass die Völker ihre gesellschaftlichen und politischen Entscheidungen ohne Einmischung von außen treffen müssten. In der Folgezeit nutzten die Länder des Ostblocks diesen politischen Freiraum und begannen mit der Reformierung des sozialistischen Systems. Dies betraf vor allem Polen, Ungarn und die Tschechoslowakei. Die DDR-Führung ignorierte dies und ließ nichts unversucht, um ein Übergreifen dieser Reformbewegung auf die DDR zu unterbinden.

Ermutigt durch diese Entwicklungen, traten die **Oppositionsgruppen** in der DDR mehr in Erscheinung. Einen Anlass hierzu bildeten die Kommunalwahlen vom 7.5.1989. Viele Oppositionelle waren nicht zur Wahl gegangen und hatten die Vorgänge während der Wahl aufmerksam beobachtet. Als trotzdem als Wahlergebnis der offiziell verkündete Anteil an Ja-Stimmen 98,85 % betrug, machten die Oppositionsgruppen wegen dieser offensichtlichen Wahlfälschung mobil und prangerten sie an.

Etwa zeitgleich wurde ab Anfang Mai 1989 in Ungarn mit dem Abbau der Grenzsperren zu Österreich begonnen. Daraufhin versuchten viele DDR-Bürger, über Ungarn nach Österreich zu fliehen. In der ständigen BRD-Vertretung in Ost-Berlin sowie in den BRD-Botschaften in Budapest, Prag und Warschau meldeten sich so viele ausreisewillige DDR-Bürger, dass diese BRD-Vertretungen am 8.8., 13.8., 22.8. bzw. 19.9. wegen Überfüllung für den Publikumsverkehr geschlossen werden mussten. Am 19.8. gelang über 600 DDR-Bürgern die Flucht aus Ungarn nach Österreich. Am 24.8. gestattete die ungarische Regierung den 108 Botschaftsflüchtlingen in Budapest die Ausreise nach Österreich. Am 31.8. wurde die DDR-Führung durch die ungarische Regierung darüber informiert, dass Ungarn DDR-Bürger künftig nach Österreich ausreisen lassen würde. Bis dahin waren in Ungarn beim Grenzübergang festgenommene DDR-Bürger an die DDR ausgeliefert und dort z. T. wegen versuchter Republikflucht verurteilt worden. Die Öffnung der Grenze zwischen Ungarn und Österreich am 11.9. löste eine **Massenflucht** von DDR-Bürgern aus. Am 30.9. teilte BRD-Außenminister Genscher den etwa 7000 DDR-Flüchtlingen, die in der bundesdeutschen Botschaft in Prag Zuflucht gesucht hatten, mit, dass sie in die BRD ausreisen dürften (in plombierten Eisenbahn-Waggons über die DDR), was bis zum 3.10. erfolgte. Dasselbe traf für die DDR-Flüchtlinge in der Warschauer Botschaft der Bundesrepublik zu. Am 3.10. setzte daraufhin die DDR-Regierung den visafreien Reiseverkehr in die Tschechoslowakei aus. Diese Maßnahme wurde am 1.11. wieder zurückgenommen. Bis Ende 1989 verließen rund 350.000 Personen die DDR in Richtung BRD, und das oft panikartig, denn es war nicht abzusehen, ob die Möglichkeiten dazu bestehen bleiben würden. Diese Fluchtbewegung war eine „Abstimmung mit den Füßen" gegen die Verhältnisse in der DDR.

Die meisten DDR-Bürger wollten aber das Land nicht verlassen und drängten nun auf durchgreifende Veränderungen der gesellschaftlichen Verhältnisse. So kam es zu den zahlreichen **Demonstrationen** („Demos"), und die Oppositionsgruppen schlossen sich zu Organisationen bzw. zu politischen Parteien zusammen. – Die ersten Demonstrationen fanden in **Leipzig** statt. Dort war es bereits am 15.1.1989 zu einer Gegendemonstration zur Rosa-Luxemburg-Gedenkfeier gekommen, auf der mehrere Hundert Demonstranten Meinungs-, Versammlungs- und Pressefreiheit gefordert hatten. Etwa 80 Demonstranten wurden verhaftet. Am 12.3. demonstrierten etwa 600 Ausreisewillige. Am 4.9. formierte sich nach dem Friedensgebet, welches in der Nikolaikirche stattgefunden hatte, ein Demonstrationszug mehrerer Hundert Bürger. Gefordert wurden Reise-, Versammlungs- und Meinungsfreiheit. Verhaftete wurden wegen Zusammenrottung verurteilt. Nächste Demonstrationen am 25.9. (etwa 5000 Teilnehmer) und am 2.10. (etwa 20.000 Teilnehmer). Am 9.10. waren es bereits 70.000 Demonstranten (Parole: „Wir sind das Volk"). Die Gruppe der „Leipziger 6" (Gewandhaus-Kapellmeister Kurt Masur, Pfarrer Peter Zimmermann, Kabarettist Bernd Lutz Lange; von der Gegenseite die Sekretäre der SED-Bezirksleitung Kurt Meier, Jochen Pommert, Roland Wötzel) hatte in einem Aufruf sowohl an die Demonstranten als auch an die Sicherheitskräfte Gewaltlosigkeit angemahnt, was von beiden Seiten befolgt wurde. Am 16.10. waren etwa 120.000 und am 23.10. etwa 300.000 Demonstranten in Leipzig. – Zu ersten ernsthaften Zusammenstößen von Demonstranten mit DDR-Sicherheitskräften war es in der Nacht vom 3.10. zum 4.10.1989 in **Dresden** gekommen. Erneut hatten sich in der Prager bundesdeutschen Botschaft mehrere Tausend DDR-Flüchtlinge eingefunden, die ab 3.10. in Eisenbahnzügen über Dresden in die BRD gebracht werden sollten. Als dies bekannt wurde, kamen am Dresdner Hauptbahnhof vorwiegend Ausreisewillige zusammen, um eventuell auf diese Züge aufzuspringen, denn die visafreie Ausreise in die Tschechoslowakei war ab 3.10. nicht mehr möglich. Ab 23.30 Uhr wurde der Bahnhof durch die Polizei gewaltsam geräumt, wobei es zu zahlreichen Verhaftungen sowie unter den Augen der Staatsanwaltschaft zur ungesetzlichen, brutalen Behandlung der Festgenommenen in den Zuführungspunkten kam. Auch in den nächsten Tagen wurden Verhaftungen vorgenommen. Als die Polizei am Abend des 8.10. einen Demonstrationszug auflösen wollte, setzten sich die Demonstranten auf die Prager Straße und wurden eingekesselt. Es kam zu Verhandlungen mit dem Dresdner Oberbürgermeister Wolfgang Berghofer, welcher die spontan aus Demonstranten gebildete „Gruppe der 20" als Verhandlungspartner anerkannte. Damit war die Gewalt in Dresden beendet. – In **Berlin** hatte die DDR-Staatsführung am 6./7.10. den „40. Jahrestag der DDR" gefeiert. Gast aus der UdSSR war Gorbatschow, der Honecker aufforderte, Reformen durchzuführen (Gorbatschow wird später zitiert: „Wer zu spät kommt, den bestraft das Leben.").

Die Demonstration von mehreren Tausend Bürgern in Berlin am Abend des 7.10. wurde von der Polizei gewaltsam aufgelöst. Auch in anderen Städten wurden Demonstranten zusammengeschlagen.

Bereits am 24.7.1989 hatte eine Initiativgruppe zur Gründung einer **„Sozialdemokratischen Partei in der DDR"** aufgerufen, die am 7.10. in Potsdam erfolgte. Am 9./10.9. gründeten in Grünheide bei Berlin Vertreter mehrerer Oppositionsgruppen das **„Neue Forum"**, eine „politischen Plattform" für alle Bürger der DDR. Die Zulassung des „Neuen Forum" (Antrag vom 19.10.) wurde zunächst abgelehnt und erst am 8.11. erteilt. Am 12.9. erfolgte der Gründungsaufruf der Oppositionsgruppe **„Demokratie jetzt"**. Am 2.10. konstituierte sich der **„Demokratische Aufbruch"** und am 23.11. folgten die **„Vereinigten Linken"** als eine „Grüne Partei".

Vor dem Hintergrund der politischen Tätigkeit der oppositionellen Organisationen und Parteien sowie weiterer machtvoller Demonstrationen (z. B. am 30.10. in Leipzig etwa 200.000, am 4.11. in Berlin etwa 500.000 bis zu einer Million Menschen, am 6.11. in Leipzig etwa 300.000 Teilnehmer) vollzog sich der **Zusammenbruch des SED-Regimes**. Am 18.10. trat Erich Honecker von allen Ämtern zurück, und es erfolgte die Wahl von Egon Krenz zum Generalsekretär des ZK der SED; am 24.10. wählte die Volkskammer Egon Krenz zum Vorsitzenden des Staatsrates und des Nationalen Verteidigungsrates; am 27.10. wurde eine Amnestie für alle Bürger verkündet, die wegen Fluchtversuchen gefasst bzw. verurteilt worden waren; am 7.11. Rücktritt des Ministerrates; am 8.11. Rücktritt des Politbüros der SED und Wahl eines personell verkleinerten Politbüros, welches die Wahl von Krenz zum Generalsekretär bestätigte.

Öffnung der Grenze: Am **9.11.1989** erläuterte Politbüromitglied Günter Schabowski auf einer Pressekonferenz in Berlin das neue Reisegesetz der DDR, wonach die Visaerteilung ohne besondere Voraussetzungen erfolgen sollte. Auf die Frage, ab wann die Bürger reisen könnten, antwortete er sichtlich irritiert mit „sofort". Dies war für die Berliner Bürger das Signal, Durchlass an den Grenzübergangsstellen zu fordern. Weil keine Anweisungen vorlagen, öffneten die von Tausenden bedrängten

Grenzposten auf eigene Verantwortung die Schlagbäume. Damit war die „Berliner Mauer" durchlässig geworden. Noch am Abend des 9.11. strömten Tausende nach Westberlin.

Die Ereignisse in den Oktobertagen 1989 verliefen unblutig (**„friedliche Revolution"**). Der Hauptgrund dafür war, dass Gorbatschow eindeutig zu verstehen gegeben hatte, dass die in der DDR stationierten sowjetischen Truppen nicht eingreifen und den Aufstand nicht mit Waffengewalt niederschlagen würden. Dies bewirkte Unentschlossenheit und Konfusion in den Führungsgremien von Partei und Staat. Hinzu kam, dass es auf beiden Seiten besonnene und einsichtige Menschen gab, welche im Sinne einer friedlichen Konfliktlösung eigenverantwortlich handelten. Hätte aber auch nur einer der Verantwortlichen die Nerven verloren und den Schießbefehl erteilt, dann wäre möglicherweise ein Blutbad die Folge gewesen.

Am 12.11.1989 wurde die Aufhebung des Schießbefehls und am 13.11. die Aufhebung aller Sperrgebiete an der Berliner Mauer sowie an der Grenze bekannt gegeben. Die Volkskammer der DDR wählte am 13.11. Hans Modrow (bis dahin Sekretär der SED-Bezirksleitung Dresden) zum Vorsitzenden des Ministerrates und bestätigte am 17.11. den neuen Ministerrat. Modrow schlug am 17.11. eine Vertragsgemeinschaft mit der BRD vor. Am 13.11. war bekannt geworden, dass sich die DDR im Laufe der letzten Jahre mit 10 Mrd. Dollar verschuldet hatte. Am 18.11. erfolgte die Umbildung des „Ministeriums für Staatssicherheit" in das „Amt für Nationale Sicherheit". Am 1.12. strich die Volkskammer aus dem Art. 1 der Verfassung der DDR den Führungsanspruch der SED. Am 3.12. kam es zum Rücktritt des Politbüros mit Krenz und zum Ausschluss ehemals führender Mitglieder aus der SED wie Honecker, Stoph und Mielke. Am 6.12. legte Krenz auch alle Staatsämter (Vorsitzender des Staatsrates; Vorsitzender des Nationalen Verteidigungsrates) nieder, und zum Vorsitzenden des Staatsrates wurde Manfred Gerlach (LDPD) gewählt. – Am 7.12. bildete sich in Berlin der **„Zentrale Runde Tisch"**. In diesem Gremium verhandelten Modrow und die in der Volkskammer vertretenen Parteien mit den Vertretern der Bürgerrechtsbewegung zu aktuellen Problemen von zentraler

Bedeutung (Neuwahlen zur Volkskammer; Ausarbeitung einer neuen Verfassung usw.). In vielen Fällen hatten sich bereits in den Städten, Gemeinden, Kreisen usw. meist spontan im Anschluss an Demonstrationen „Runde Tische" gebildet, an denen über Probleme lokaler Bedeutung verhandelt wurde. – Auf dem SED-Sonderparteitag vom 8./9.12 wurde Gregor Gysi zum Partei-Vorsitzenden gewählt; am 16./17.12. erfolgte die Umbenennung der SED in „SED-PDS" („SED – Partei des Demokratischen Sozialismus"; seit 4.2.1990 nur noch „PDS"). – Am 15.1.1990 besetzten auf Initiative des „Neuen Forum" Oppositionsgruppen die Stasi-Zentrale in Berlin, um die weitere Aktenvernichtung zu stoppen. Die größte Leistung des „Zentralen Runden Tisches" bestand in der Auflösung des „Amtes für Nationale Sicherheit" und in der Sicherstellung der Stasi-Akten. – Viele „Genossen" traten aus der SED aus. Die Blockparteien wechselten ihre Vorstände aus und passten sich den neuen Verhältnissen an. Auf allen Ebenen und in allen gesellschaftlichen Bereichen trat ein plötzlicher politischer Gesinnungswandel ein. Die DDR-Schriftstellerin Christa Wolf hat für diese Leute den treffenden Begriff **„Wendehälse"** geprägt.

Auf den Demonstrationen waren zunehmend **Forderungen nach der Einheit Deutschlands** erhoben worden (aus der Losung „Wir sind das Volk!" wurde „Wir sind ein Volk!"). Helmut Kohl hatte bereits am 28.11.1989 ein von ihm im Alleingang erarbeitetes „Zehn-Punkte-Programm zur Überwindung der Teilung Deutschlands und Europas" im Bundestag vorgetragen. Bei einem Besuch Kohls bei Modrow am 19./20.12.1989 in Dresden gingen beide von einem Fortbestehen der beiden deutschen Staaten aus.

Bereits am 26.11.1989 hatte eine Gruppe Intellektueller (darunter Christa Wolf, Friedrich Schorlemmer, Günter Krusche, Volker Braun und Stefan Heym) den **Aufruf „Für unser Land"** unterzeichnet, darin die Eigenständigkeit der DDR gefordert und vor einem Ausverkauf „unserer materiellen und moralischen Werte" gewarnt. In die gleiche Richtung war die Warnung des „Neuen Forum" am 13.11.1989 auf der Demonstration in Leipzig gegangen. Auch der „Zentrale Runde Tisch" lehnte einen Beitritt zur BRD ab und legte auf seiner letzten Sitzung (12.3.1990) einen eigenen Verfassungsentwurf vor.

Der „Zentrale Runde Tisch" hatte acht Vertreter als Minister ohne Geschäftsbereich in die am 5.2.1990 zur **Regierung der „nationalen Verantwortung"** umgebildete Regierung Modrow entsandt, die sich bemühte, für die DDR einen eigenen Weg zu suchen und dafür materielle Unterstützung von der BRD zur erhalten. Die BRD lehnte Letzteres ab.

Der Regierung Kohl war klar geworden, dass die Einheit Deutschlands möglichst schnell hergestellt werden musste. Eine Übergangszeit konnte es nicht geben, ansonsten hätte die BRD die Abwanderung von DDR-Bürgern in die BRD strikt unterbinden müssen, was praktisch kaum möglich war (Motto vieler DDR-Bürger: „Kommt die DM nicht nach hier, dann gehen wir zu ihr!"). Es stand aber auch fest, dass die Einheit ohne die Zustimmung der Siegermächte des 2. Weltkrieges nicht zu haben war und deshalb schnellstens Verhandlungen zwischen den beiden deutschen Staaten und den vier Großmächten zustande kommen mussten. Insbesondere war die Bündniszugehörigkeit des geeinten Deutschland zu klären. So wurden bereits am Rande der Konferenz von Ottawa (11.-14.2.1990), auf der die NATO mit Vertretern des Warschauer Paktes verhandelte, die sog. „Zwei-Plus-Vier-Konferenzen" vereinbart. Schwierig gestalteten sich die Verhandlungen mit Frankreich und Großbritannien, die einer Wiedervereinigung Deutschlands skeptisch gegenüberstanden.

Am 18.3.1990 fanden die **Wahlen zur Volkskammer** statt. Wahlergebnis (Mandate): „Allianz für Deutschland" (CDU, DSU, „Demokratischer Aufbruch") 192 , SPD 88, PDS 66, „Bund Freier Demokraten" („Deutsche Forumpartei", „Liberaldemokratische Partei", „Freie Demokratische Partei") 21, „Bündnis 90" („Neues Forum", „Demokratie jetzt", „Initiative Frieden Menschenrechte") 12, DBD 9, für die NDPD, „Die Grünen", „Unabhängiger Frauenverband" insgesamt 12. Unterstützt worden waren die „Allianz für Deutschland" von der CDU (West), die SPD von der SPD (West) und der „Bund Freier Demokraten" von der FDP (West). **Verlierer der Wahlen war vor allem die Bürgerbewegung,** aber auch die SPD, denn die Bürgerbewegung hatte sich gegen eine schnelle Wiedervereinigung ausgesprochen, und die SPD trat für eine Wiedervereinigung nach Art. 146 Grundgesetz der

BRD (gleichberechtigter Zusammenschluss unter Ausarbeitung einer neuen Verfassung) ein. Der Wahlsieger, die „Allianz für Deutschland", vertrat die schnellere Variante der Wiedervereinigung nach Art. 23 des Grundgesetzes (Beitritt der Länder der DDR zum Geltungsbereich des Grundgesetzes). – Am 5.4.1990 fanden die konstituierende Sitzung der Volkskammer und die Wahl von Sabine Bergmann-Pohl (CDU) zu deren Präsidentin statt. Am 12.4.1990 erfolgte die Wahl von Lothar de Maizière (seit 12.11.1989 Vorsitzender der CDU) zum Ministerpräsidenten, der sich in seiner Regierungserklärung am 19.4.1990 zur Wirtschafts-, Währungs- und Sozialunion zwischen der DDR und der BRD noch im Sommer 1990 sowie zur Wiedervereinigung nach Art. 23 GG bekannte. Gebildet wurde eine Koalitions-Regierung (CDU, DSU, DA, SPD, Liberale und Parteilose) mit 23 Ministern.

Am **1.7.1990** trat die **Wirtschafts-, Währungs- und Sozialunion** zwischen der DDR und der BRD in Kraft (unterzeichnet am 18.5.1990). Alleiniges Zahlungsmittel war ab 1.7.1990 die DM. Die „Ost-Mark" (Bargeld und Verbindlichkeiten) wurde im Verhältnis 2:1 abgewertet. Umgetauscht im Verhältnis 1:1 wurde ein Sockelbetrag von 2000,- M (Kinder bis zum 14. Lebensjahr), 6000,- M (Personen ab dem 60. Lebensjahr) bzw. 4000,- M (alle Übrigen). Umgestellt im Verhältnis 1:1 wurden alle laufenden Zahlungen, so auch Löhne, Renten und Mieten. – Die Abwertung von nur 2:1 war politisch motiviert, schuf die Voraussetzung für den Einstieg der DDR-Bürger in die herbeigewünschte westliche Konsumgesellschaft und hat nicht unwesentlich zur Vereinigungs-Euphorie mit ihren zwiespältigen Folgen beigetragen. Real wäre eine Abwertung von 4:1 gewesen. Dass auch die Schulden nur 2:1 abgewertet wurden, sollte vielen DDR-Unternehmen zum Verhängnis werden, denn alle einstigen VEB-Betriebe waren hochverschuldet, weil sie ihre Gewinne an den Staat abführen mussten und diese als staatliche Kredite zurückerhielten, welche nach Einführung der Marktwirtschaft als Schulden interpretiert wurden.

Voraussetzung für die politische Wiedervereinigung Deutschlands war der Abschluss des **„Zwei-Plus-Vier-Vertrages"**, der am **12.9.1990** von den Vertretern der vier Siegermächte des

2. Weltkrieges (USA, UdSSR, Frankreich, Großbritannien) sowie von den Vertretern der BRD und der DDR in Moskau unterzeichet wurde. Das wiedervereinigte Deutschland erhielt seine volle Souveränität. Deutschland erkannte die bestehenden Grenzen in Europa an. Hinsichtlich der Oder-Neiße-Grenze war dies durch einen bilateralen Vertrag zwischen Deutschland und Polen zu bestätigen (abgeschlossen am 14.11.1990). Die deutschen Streitkräfte wurden auf 370.000 Mann begrenzt. Deutschland darf in Zukunft nur in Übereinstimmung mit der Charta der Vereinten Nationen militärisch tätig werden und über keine atomaren, chemischen und bakteriologischen Waffen verfügen. Die in der DDR stationierten sowjetischen Streitkräfte (seit 1992 GUS-Streitkräfte) sollten bis Ende 1994 abgezogen werden; bis dahin durften auf dem Gebiet der ehemaligen DDR keine der NATO unterstehenden deutschen Streitkräfte, sondern nur solche der Territorialverteidigung stationiert werden. – Kurz vor der Unterzeichnung dieses Vertrages waren zwischen der BRD und der UdSSR noch einige bilaterale Verträge abgeschlossen worden. Es handelte sich dabei um den **„Vertrag über gute Nachbarschaft, Partnerschaft und Zusammenarbeit"** sowie um weitere Verträge zu finanziellen Angelegenheiten (Übernahme von Stationierungskosten der in der DDR stationierten sowjetischen Truppen; Zahlung von 12 Mrd. DM an die UdSSR; Gewährung eines zinslosen Kredits über 3 Mrd. DM an die UdSSR). Ein Teil dieser Summen wurde für den Bau von Wohnungen für die in die UdSSR zurückkehrenden Soldaten verwendet. – Der entscheidende Durchbruch zum Abschluss des „Zwei-Plus-Vier-Vertrages" war am 16.7.1990 anlässlich eines Besuches von Helmut Kohl und Hans-Dietrich Genscher bei Michail Gorbatschow zustande gekommen. Gorbatschow gestand Deutschland mit der Wiedervereinigung die volle Souveränität und damit völlige Freiheit bei Bündnisabschlüssen zu. Damit konnte Deutschland in der NATO verbleiben. Die UdSSR befand sich damals in großen wirtschaftlichen Schwierigkeiten, und Gorbatschow benötigte finanzielle Unterstützung. Das Zeitfenster, in dem die Wiedervereinigung Deutschlands zustande gebracht werden konnte, war sicher sehr schmal, und es ist das persönliche Verdienst Helmut Kohls sowie das Verdienst seiner

Regierung, dies erkannt und entschlossen zugepackt zu haben.
– Dem Präsidenten der UdSSR, Michail Gorbatschow, wurde am
15.10.1990 der Friedensnobelpreis zuerkannt.

Am 23.8.1990 beschloss die Volkskammer den Beitritt der DDR
zur BRD nach Artikel 23 GG zum 3.10.1990. Die Modalitäten
des Beitritts wurden im „Vertrag zwischen der Bundesrepublik
Deutschland und der Deutschen Demokratischen Republik
über die Herstellung der Einheit Deutschlands – **Einigungs-
vertrag**" geregelt; unterzeichnet wurde dieser Vertrag am
31.8.1990 durch Bundesinnenminister Wolfgang Schäuble und
DDR-Staatssekretär Günther Krause. – Am 24.9.1990 hatten der
Minister für Abrüstung der DDR, Rainer Eppelmann, und der
Oberkommandierende der Streitkräfte des Warschauer Paktes
das Protokoll über den **Austritt der DDR aus dem Warschauer
Pakt** mit Wirkung von 2.10.1990 unterzeichnet. – Am 2.10.1990
stellte die Alliierte Kommandantur in Berlin ihre Tätigkeit ein.

Am **3.10.1990** traten die fünf Länder der DDR gemäß dem Ei-
nigungsvertrag der BRD bei. Damit war die **Wiedervereinigung
Deutschlands** vollendet. Der 3. Oktober wird seitdem in jedem
Jahr als „Tag der deutschen Einheit" feierlich begangen und ist
Staatsfeiertag. – Am 4.10.1990 konstituierte sich der gesamtdeut-
sche Bundestag im Reichstagsgebäude zu Berlin. Ihm gehörten
die 519 Abgeordneten des alten Bundestages sowie 144 delegierte
Abgeordnete aus der ehemaligen Volkskammer der DDR an.

Am 14.10.1990 fanden in den fünf neuen Bundesländern Brandenburg, Mecklenburg-Vorpommern, Sachsen, Sachsen-Anhalt
und Thüringen erstmals seit 1946 wieder freie **Landtagswahlen**
statt. Stärkste Partei wurde in 4 Ländern die CDU und in Brandenburg die SPD.

Die **ersten Wahlen zu einem gesamtdeutschen Bundestag**
fanden am 2.12.**1990** statt (Mandate: CDU/CSU 319, SPD 239,
FDP 79, PDS 17, „Bündnis 90/Grüne [Ost]" 8). Die beiden letztgenannten Parteien waren in Gesamtdeutschland zwar unter
der 5-%-Hürde geblieben, weil man jedoch bei diesen Wahlen
Deutschland in die beiden Wahlgebiete Alt-BRD und ehemalige
DDR aufgeteilt hatte, kamen auch diese beiden Parteien mit in

den Bundestag. **Helmut Kohl,** der **„Kanzler der Einheit",** wurde am 17.1.1991 zum Bundeskanzler gewählt und bildete seine vierte **CDU/CSU-FDP-Koalitionsregierung.** – Nach kontrovers und parteiunabhängig geführter Debatte bekannten sich die Abgeordneten des Bundestages am 20.6.1991 mit 338 gegen 320 Stimmen zum Umzug der Bundesregierung und des Bundestages von Bonn in die neue **Bundeshauptstadt Berlin,** der ab 1999 erfolgte. Bereits seit 1998 ist Berlin Sitz des Bundespräsidenten und seit 2000 auch Sitz des Bundesrates. 2001 war das Regierungsviertel in Berlin größtenteils fertiggestellt. – Die auf dem Gebiet der ehemaligen DDR stationierten **GUS-Truppen** wurden am 31.8.1994 in Berlin offiziell **verabschiedet.**

Während sich mit der Wiedervereinigung für die Bürger der alten Bundesländer nur wenig änderte, hatten sich die Bürger der neuen Bundesländer an die politischen, wirtschaftlichen und sozialen Verhältnisse der alten Bundesländer anzupassen. Die **ordnungspolitische Angleichung** war in wenigen Jahren abgeschlossen. Demgegenüber ist eine wirtschaftliche Angleichung noch nicht absehbar.

Mit der Wiedervereinigung **brach die Wirtschaft in den neuen Bundesländern zusammen,** und es gingen mehr als 60 % der Industrie-Arbeitsplätze verloren. Dies führte in den neuen Bundesländern bereits 1991 zur **Massenarbeitslosigkeit.** Die wirtschaftliche Konsolidierung in den neuen Bundesländern bezieht sich auf nur wenige Regionen, die traditionsbedingt günstige Rahmenbedingungen bieten. Dazu gehören vor allem Dresden, Freiberg, Leipzig, Chemnitz, Plauen, Erfurt, Gera und Jena. Die modernisierte Automobilindustrie in den neuen Bundesländern steht hinsichtlich der Arbeitsproduktivität in Europa mit an der Spitze. – Ausdruck der seit der Wiedervereinigung bestehenden **wirtschaftlichen Unterschiede** ist die in den neuen Bundesländern seit 1991 unverändert etwa doppelt so hohe Arbeitslosigkeit gegenüber den alten Bundesländern. Wegen in den neuen Bundesländern fehlender Ausbildungs- und Arbeitsplätze siedeln viele junge Leute in die alten Bundesländer über.

Die letzten Jahre der Ära Kohl

Nach den Bundestagswahlen vom 16.10.1994 (Mandate: CDU/ CSU 294; SPD 252; „Bündnis 90/ Die Grünen" 49; FDP 47; PDS 30) konnte Helmut Kohl nochmals eine CDU/CSU-FDP-Koalitionsregierung bilden und wurde zum fünften Mal zum Bundeskanzler gewählt. – Die wirtschaftlichen Erfolge blieben aus. Die Arbeitslosenquote überschritt 1994 mit 10,6 % (alte Bundesländer 9,2 %; neue Bundesländer 15,7 %) die 10 %-Marke und erreichte 1997 einen Stand von 12,7 % (alte Bundesländer 11,0 %; neue Bundesländer 19,5 %). Es erfolgten größere Einschnitte ins soziale Netz (z. B. ab 1.1.1994 Kürzung des Arbeitslosengeldes, Erhöhung der Zuzahlungen für Medikamente und Krankenhausaufenthalte; ab 1.10.1996 Lockerung des Kündigungsschutzes, Verminderung der Leistungen der Krankenversicherung). Demgegenüber wurden die Unternehmen bessergestellt. – Gesetzesinitiativen waren z. B. die Einschränkung des Rechts auf Asyl (ab 1.7.1993), die Neufassung des Rechtes zum Schwangerschaftsabbruch (Bundestagsbeschluss vom 29.6.1995) und die Einführung der Pflegeversicherung (Zahlung der Beiträge ab 1.1.1995). – Die BRD hatte sich zum wirtschaftlichen Schwerpunkt der EG entwickelt. Die Wiedervereinigung Deutschlands schuf günstige Voraussetzungen zur Fortführung der europäischen Integration. Vorangetrieben wurde sie vor allem durch die Regierung Kohl. In dem am 7.2.1992 unterzeichneten Vertrag von Maastricht legte man den Ausbau der EG zu einer politischen Union, der **Europäischen Union** (EU), mit einheitlicher Währung und gemeinsamer Außen- und Sicherheitspolitik fest. Am 1.1.1993 wurde der europäische Binnenmarkt der 12 EG-Staaten mit 380 Mio. Verbrauchern Wirklichkeit. Am 1.11.1993 trat der Vertrag von Maastricht über die Europäische Union (EU) der 12 EG-Staaten in Kraft. Trotz Weiterbestehens der Nationalstaatlichkeit bedeutet dies auch für die BRD die Übertragung eines Teils ihrer politischen Souveränität an die Organe der Europäischen Union. – Am 12.7.1994 erklärte das Bundesverfassungsgericht die Teilnahme deutscher Soldaten an UNO-Kampfeinsätzen nach Zustimmung durch den Bundestag für zulässig. Bereits ab 12.4.1994 waren AWACS-Aufklärungsflüge der Bundeswehr über Bosnien durchgeführt worden. Am 1.9.1995 flogen deutsche Tornados ihren ersten offiziellen Luftangriff in Bosnien. Es folgte 1996 der Einsatz von Bodentruppen in Bosnien.

Die Rot-Grüne Koalition (1998-2005)

Nach den Bundestagswahlen von 27.9.1998 (Mandate: SPD 298, CDU/CSU 245, „Bündnis 90/Die Grünen" 47, FDP 43, PDS 36) kam eine Koalitionsregierung SPD-„Bündnis 90/Die Grünen" zustande. Am 27.10.1998 wurde Gerhard Schröder (SPD) zum Bundeskanzler gewählt. Außenminister und Vizekanzler wurde Joschka Fischer (Bündnis 90/Die Grünen), Finanzminister wurde Oskar Lafontaine (SPD). Am 11.3.1999 Rücktritt von Lafontaine, der für eine Politik der sozialen Gerechtigkeit eintrat, während Schröder auf einer unternehmerfreundlichen Politik bestand. – Am 19.4.1999 tagte der Bundestag erstmals im neu gestalteten Reichstagsgebäude in Berlin. – Durch die Bundestagswahlen vom 22.9.2002 (Mandate: SPD 251, CDU/CSU 248, „Bündnis 90/Die Grünen" 45, FDP 47, PDS 2) wurde die Rot-Grüne Koalition mit knapper Mehrheit bestätigt und Schröder erneut zum Bundeskanzler gewählt. Die SPD hatte kurz vor der Wahl in der Wählergunst zulegen können, weil sich Schröder gegen den bevorstehenden Krieg der USA im Irak ausgesprochen und sich bei der Flutkatastrophe vom August 2002 durch ein medienwirksames Krisenmanagement empfohlen hatte. Außerdem war die konkurrierende CDU durch ihre Parteispendenaffären, welche die Presse von 1999 bis 2002 beschäftigten, stark angeschlagen. – Die Rot-Grüne Koalition stand vor den Problemen einer hohen und weiter steigenden Staatsverschuldung, steigender Massenarbeitslosigkeit, hoher Sozialausgaben sowie eines geringen Wirtschaftswachstums (bei allerdings hohen Steigerungsraten im Export). – Mit seiner Wirtschafts- und Sozialpolitik entschied sich Schröder gegen die sozial Schwachen und damit gegen seine Wähler. So brachte die Steuerreform (2000) vor allem eine Steuerentlastung für die Unternehmer mit dem Ziel, Investitionen anzuregen und dadurch Arbeitsplätze zu schaffen. Einschnitte ins soziale Netz wurden vor allem durch die Reform der sozialen Sicherungssysteme bewirkt. Am einschneidendsten von den Arbeitsmarktreformen (durchgeführt in vier Stufen von 2003 bis 2005; bezeichnet mit Hartz I bis IV) sind die am 1.1.2005 in Kraft getretene Zusammenlegung von Arbeitslosenhilfe und Sozialhilfe zum **Arbeitslosengeld II** auf dem Niveau der bisherigen Sozialhilfe, die weitere Verschärfung der Zumutbarkeitsklauseln sowie die weitere Verkürzung der Bezugsdauer von Arbeitslosengeld I. Die gleichzeitig in Angriff genommenen Maßnahmen zur Verbesserung der Arbeitsvermittlung zeigten keinen Effekt, weil die Arbeitsplätze fehlten. Vielmehr stieg die Arbeitslosenquote von 11,7 % im Jahre 2004 auf 13,0 % (alte Bundesländer 11,0 %, neue Bundesländer 20,6 %) im Jahre 2005, wobei dieser Anstieg zum Teil darauf beruht, dass arbeitsfähige bisherige Sozialhilfeempfänger jetzt mit in der Arbeitslosenstatistik erschienen. Im Rahmen der sog. Gesundheitsreform wurden die Patienten finanziell noch stärker belastet als bisher (dazu gehört auch die Praxisgebühr ab 1.1.2004). – In Opposition zu den Arbeitsmarktreformen und den Einschnitten ins soziale Netz formierte sich Anfang 2005 unter maßgeblicher Mitwirkung von Oskar Lafontaine die „Wahlinitiative für Arbeit und Soziale Gerechtigkeit" (WASG), die zu den Bundestagswahlen von 2005 ein Wahlbündnis mit der **„Linkspartei. PDS"** einging und sich am 16.6.2007 mit Letzterer zur Partei **„Die Linke."** zusammenschloss, welche sich als Opposition zu allen bestehenden Parteien versteht. – Weitere Gesetzesinitiativen der Rot-Grünen Koalition waren z. B. Initiativen zum Ausbau erneuerbarer Energien, die Terminisierung des Ausstiegs aus der Atomenergie, die steuerliche Besserstellung der Familien, die stufenweise Einführung der Ökosteuer (ab 1.4.1999; letzte Stufe 1.1.2003), die Novellierung des Ausländerrechts (ab 1.1.2000; betrifft u. a. den Erwerb der deutschen Staatsbürgerschaft), das Lebenspartnerschaftsgesetz (Inkrafttreten 1.8.2001), die staatliche Förderung der privaten Altersvorsorge („Riesterrente"; ab 1.1.2002) und die Novellierung des Zuwanderungsgesetzes (2005). – Außenpolitisch wurde die europäische Integration weitergeführt. So erfolgte am 1.1.1999 die Einführung der europäischen Währung (Euro) im bargeldlosen Zahlungsverkehr, und am 1.1.2002 wurden die Euro-Banknoten und -Münzen ausgegeben. Auch das Engagement hinsichtlich von Kampfeinsätzen der UNO wurde fortgeführt (Einsätze ab März 1999 im Kosovo und seit Ende 2001 in Afghanistan).

Die Große Koalition (2005-2009)

Bei den Bundestagswahlen am 18.9.2005 (Mandate: CDU/ CSU 226, SPD 222, FDP 61, „Linkspartei.PDS" 54, „Bündnis 90/ Die Grünen" 51) erlitt die SPD aufgrund ihrer Reformpolitik eine Niederlage, und es kam zur Bildung einer Großen Koalition (CDU/CSU-SPD). Am 22.11.2005 erfolgte die Wahl von Angela Merkel (CDU) zur Bundeskanzlerin. Vizekanzler und Arbeitsminister wurde Franz Müntefering (SPD; Rücktritt im November 2007 aus persönlichen Gründen). – Am 1.9.2006 trat die Föderalismusreform in Kraft, die umfangreichste Änderung des Grundgesetzes seit Gründung der BRD. Neu geregelt wurde das Verhältnis zwischen Bund und Ländern. – Die Arbeitslosenquote betrug 2006 10,8 % (alte Bundesländer 9,1 %; neue Bundesländer 17,3 %). – Am 1.1.2007 wurde die Mehrwertsteuer von 16 % auf 19 % erhöht.

Vor den Wahlen hatten die Unionsparteien eine Anhebung der, die einkommensschwachen Teile der Bevölkerung besonders stark belastenden, Mehrwertsteuer auf 18% angekündigt, die SPD hatte sich gegen jegliche Erhöhung ausgesprochen. Dem demographischen Wandel der Gesellschaft sollte die von Müntefering betriebene, am 9.3.2007 vom Bundestag beschlossene und einer Rentenkürzung gleichkommende „Rente mit 67" Rechnung tragen. Überhaupt setzte die Große Koalition die Schrödersche Agenda 2010 fort: So brachte das bereits am 1.8.2006 in Kraft getretene „SGB II-Fortentwicklungsgesetz" weitere Nachteile für Hartz-IV-Empfänger. Die Zahl der Arbeitslosen sank nach dem Rekordhoch des Jahres 2005 gegen Ende der Regierung Merkel/Müntefering auf rund 3,41 Millionen – ein Trend, der sich kontinuierlich fortsetzte (Januar 2018: 2,57 Millionen/5,8%), aber mit einer starken Ausweitung des Niedriglohnsektors einherging. – Im Herbst 2007 führten globale Fehlspekulationen und das Platzen einer **Immobilienblase** insbesondere in den USA zur spektakulären Insolvenz der US-Bank Lehman Brothers (15.9.2008) und einer weltweiten Bankenkrise. Bundeskanzlerin Merkel reagierte, indem sie im Oktober eine Staatsgarantie für alle privaten Spar- und Termingeldeinlagen sowie für Girokonten zusicherte. Kurz darauf verabschiedete der Bundestag das Finanzmarktstabilisierungsgesetz, mit dem eine Staatsbürgschaft für „notleidende Banken" in Höhe von 500 Mrd. Euro verbunden war. Um eine Staatsschuldenkrise abzuwehren, zu der sich die Finanzkrise aufgrund der Bankenrettungsmaßnahmen allmählich entwickelte, wurde im Juni 2009 zur Reduzierung der öffentlichen Haushaltsdefizite im Grundgesetz eine **„Schuldenbremse"** verankert. Finanz-, Staatsschulden- und Eurokrise bestimmen die deutsche Politik bis heute. Der mit erheblichen finanziellen Risiken verbundene Beitritt Deutschlands zum Europäischen Stabilitätsmechanismus/ESM (am 27.9.2012 in Kraft getreten) als Teil des „Euro-Rettungsschirms" bedeutete einen Verlust an finanzpolitischer Souveränität.

Die schwarz-gelbe Koalition (2009-2013)

Nach der Bundestagswahl vom 27.9.2009 kam es zu einer schwarz-gelben Koalition. Die SPD fuhr mit 23% ihr schlechtestes Ergebnis seit 1949 ein, CDU/CSU erlitten mit 33,8% leichte Verluste, die FDP triumphierte mit 14,6%, auch die Linke (11,9%) und Bündnis 90/Die Grünen (10,7%) steigerten sich gegenüber 2005 deutlich. – Wirtschafts- und finanzpolitisch waren die Jahre der schwarz-gelben Koalition von der Eurokrise beherrscht. Wie gut sich die deutsche Wirtschaft in der Krise behauptete, zeigt die Entwicklung des DAX, der am 29.11.2013 mit über 9400 Punkten einen historischen Höchststand erreichte. In Kontrast hierzu stellte der 4. Armutsbericht der Bundesregierung vom März 2013 fest, dass 2011 fast jeder sechste Deutsche arm oder von Armut bedroht war. – Infolge der Reaktorkatastrophe von Fukushima (Japan) im März 2011 beschloss die Bundesregierung im Gegensatz zu ihrer früheren Position das Aus für acht Kernkraftwerke und den sukzessiven **Atomausstieg bis 2022**. Die damit verbundene Energiewende und die Forcierung erneuerbarer Energien waren prinzipiell akzeptiert, unterschiedliche Interessen behinderten jedoch deren Tempo, so dass die Bundesregierung im März 2013 einräumen musste, dass Deutschland seine Klimaschutzziele für 2020 wohl verfehlen wird. – Am 24.3.2011 beschloss der Bundestag die Umwandlung der Bundeswehr in eine Berufsarmee. Diese Reform ging auf Verteidigungsminister Karl-Theodor zu Guttenberg zurück, der kurz zuvor wegen einer Aufsehen erregenden Plagiatsaffäre und der Aberkennung seines Doktortitels zurückgetreten war. Außen- wie innenpolitisch bedeutsam war der 2011 eingeleitete Rückzug der Bundeswehr aus Afghanistan. In Deutschland befürwortet, aber international moniert wurde, dass sich die Bundeswehr im Frühjahr 2011 nicht an den Kampfeinsätzen einiger NATO-Staaten gegen den lybischen Diktator Muammar al-Gaddafi beteiligte. – Für hitzige Debatten sorgten die Rücktritte der CDU-Bundespräsidenten Horst Köhler (31.5.2010) und Christian Wulff (17.2.2012). Mit der Wahl des parteilosen Joachim Gauck am 18.3.2012 verband sich die Hoffnung auf die Wiederherstellung der Reputation des Amts. – Die Gewaltbereitschaft des Rechtsextremismus zeigte sich in den von 2000 bis 2006 verübten Morden des Nationalsozialistischen Untergrunds (NSU), die Gegenstand eines im Mai 2013 in München eröffneten Prozesses sind. – Zu Irritationen im deutsch-amerikanischen Verhältnis kam es nach den Enthüllungen des Whistleblowers Edward Snowden (USA). Dieser hatte im Juni 2013 das gewaltige Ausmaß der Aktivitäten des US-Auslandsgeheimdienstes NSA bekannt gemacht. Hierzu zählten auch Wirtschaftsspionage und das Abhören von Angela Merkels Mobiltelefon.

Die Große Koalition (2013–2017)

Bei der Bundestagswahl vom 22.9.2013 verfehlten die Unionsparteien mit 311 von 631 Mandaten die absolute Mehrheit. Trotz des deutlichen Wahlsiegs der CDU/CSU konnte die bisherige Koalition nicht fortgeführt werden, denn die FDP war mit nur 4,8% erstmals nicht mehr im Parlament vertreten. Der SPD (193 Sitze) war nur eine mäßige Verbesserung ihres Ergebnisses von 2009 gelungen. Nach dem Scheitern der Sondierungsgespräche von CDU/CSU, die nicht zu einer Minderheitsregierung bereit waren, und Bündnis 90/Die Grünen (63 Sitze) einigten sich die Spitzen von Unionsparteien und SPD auf die Bildung einer Großen Koalition. Eine rechnerisch mögliche Regierungsbildung von SPD, der Linken (64 Sitze) und Grünen wurde von der SPD wie schon 2009 ausgeschlossen. Als Novum in der Geschichte der BRD machte die SPD unter ihrem Vorsitzenden Sigmar Gabriel ihre Zustimmung zum Koalitionsvertrag, der u.a. die Einführung eines Mindestlohns von 8,50 Euro vorsah, vom Votum der Parteibasis abhängig. Mit 75,96% bestätigten die SPD-Mitglieder am 14.12.2013 den Koalitionsvertag mit der CDU und am 17.12.2013 erfolgte die dritte Wahl von Angela Merkel (CDU) zur Bundes-kanzlerin. Das Amt des Stellvertreters der Bundes-kanzlerin übernahm Sigmar Gabriel (SPD) – Auf wirtschaftlicher Ebene beherrschte ab 2015 vor allem der **Dieselskandal** die Medien. Insbesondere gegen Volkswagen, den weltweit größten Autoher-steller und eine der wichtigsten deutschen Exportmarken, war es aufgrund des Verdachts von gezielten Manipulationen zur Umgehung gesetzlicher Abgasgrenzwerte zunächst in den USA zu Ermittlungen durch die Umweltschutzbehörde EPA gekommen. Zwar wurden die Ermittlungen nach langen Verhandlungen und einer Zahlung von umgerechnet 4,1 Milliarden Euro Anfang 2017 eingestellt, langfristig wird aber dennoch ein weitaus hö-herer finanzieller Schaden für den VW-Konzern durch weitere Prozesskosten in den USA und anderen europäischen Staaten erwartet. Auch in Deutschland führte der Skandal zu juristischen Ermittlungen sowie einer öffentlichen Debatte über Umweltschutz und Elektromobilität. Trotz des Skandals und einer Vielzahl au-ßenpolitischer Krisen verbesserten sich die Konjunkturdaten in Deutschland zwischen 2013 und 2017 zunehmend. So sank die Arbeitslosenquote weiter von 7,4% im September 2013 auf 5,5% im September 2017. – Die beherrschenden außenpolitischen Ereignisse 2014 waren der Ausbruch des bewaffneten Konflikts in der Ostukraine und die Expansion des sogenannten **Islamischen Staats (IS)** auf syrischem und irakischem Territorium. Zur mili-tärischen Bekämpfung des IS beschloss die Bundesregierung am 20.8.2014 Waffenlieferungen an die kurdischen Peschmerga im Nordirak. Obwohl eine Zustimmung des Bundestags für dieses Vorgehen nicht erforderlich war, gab der Deutsche Bundestag am 1.9.2014 mit den Stimmen von CDU/CSU und SPD seine formale Zustimmung zu den Waffenexporten. – Bedingt durch die militärischen Konflikte und Kriege in Syrien, dem Irak, Libyien und anderen muslimischen Staaten kam es 2015 zur Einreise von mehreren hunderttausend Migranten insbesondere aus Afrika, dem Nahen Osten sowie einigen zentralasiatischen Ländern. Allein 2015 beantragten mehr als 1,3 Millionen Menschen Asyl in Staaten der Europäischen Union. 476 649 Asylanträge wurden dabei in der Bundesrepublik Deutschland gestellt. Obwohl durch die Schließung der **Balkanrouten** ab März 2016 die Zahl der neu eintreffenden Flüchtlinge stark zurückging, erhöhte sich die Zahl der Asylanträge in Deutschland in diesem Jahr auf 745 545. 2017 kam es dann zu einem deutlichen Rückgang auf 222 683 Asylanträge. – Die Verteilung der Flüchtlinge innerhalb der EU führte vor allem durch die Aufnahmeverweigerung einiger Staaten wie Polen, Tschechien und Ungarn zu einer Krise innerhalb des Staatenbunds. Eine weitere schwere Belastung für die EU und die deutschen auswärtigen Beziehungen bildete das britische Referendum zum **Austritt Großbritanniens aus der Europäischen Union** („Brexit") am 23.6.2016. Die wirtschaftlichen und politischen Folgen des für den 29.3.2019 geplanten Austritts Großbritanniens aus der EU werden seit dem Referendum immer wieder diskutiert, sind aber in letzter Konsequenz bisher nicht absehbar. – Aufgrund der **Flüchtlingskrise** und mehrerer schwerer Anschläge mit islamistischen Hintergrund in Europa (vor allem in Paris, Nizza, Brüssel, aber auch Berlin) zwischen 2014 und 2016 entwickelte sich in Deutschland und anderen europäischen Staaten eine breit geführte gesellschaftliche Debatte über den Umgang mit Migranten und das Verhältnis zum Islam. Geprägt wurde diese nach außen vor allen vom Erstarken völkischer und rechtspopulistischer Bewegungen wie Pegida (Patriotische Europäer gegen die Islamisierung des Abendlandes), denen es zeitweise bei Kundgebungen in Dresden gelang, mehr als 25 000 Teilnehmer zu mobilisieren. Auf politischer Ebene war es die 2013 gegründete AfD (Alternative für Deutschland), die sich insbesondere mit der sogenannten „Erfurter Resolution" von 2015 verstärkt völkischen, rechtspopulistischen und ultranationalen Positionen zuwandte. Bis Ende 2017 gelang der AfD der Einzug in alle Landesparlamente außer in Hessen und Bayern.

Die Große Koalition (ab 2018)

Bei der Bundestagswahl vom 24.9.2017 verloren vor allem CDU/CSU und SPD große Stimmenanteile an die FDP (10,7%) sowie die erstmals in den Bundestag einziehende AfD (12,6%). Die SPD fuhr mit 20,5% ihr schlechtestes Ergebnis seit Bestehen der Bundesrepublik ein. Auch die Unionsparteien CDU/CSU erzielten mit 32,9% ihr schlechtestes Ergebnis seit 1949. Bündnis 90/Die Grünen konnten ihrerseits mit 8,9% ebenso wie die Linke mit 9,2% einen leichten Stimmenzuwachs verbuchen. Da die SPD unter ihrem Vorsitzenden Martin Schulz direkt nach der Wahl eine Koalition mit den Unionsparteien ausschloss, kam es zunächst zu Sondierungsgesprächen zwischen CDU/CSU, FDP und Bündnis 90/Die Grünen. Ein Zustandekommen der sogenannten „Jamaika Koalition" scheiterte jedoch, nachdem die FDP unter ihrem Vorsitzenden Christian Lindner am 19.11.2017 überraschend den Abbruch der Verhandlungen verkündete. Auf Vermittlung von Bundespräsident Frank-Walter Steinmeier, der alle im Bundestag vertretenen Parteien zu Gesprächen einlud, kam es am 20.12.2017 zu ersten Beratungsgesprächen zwischen den Spitzen von CDU/CSU und SPD. Die Parteien beschlossen daraufhin trotz der vorausgehenden Absage der SPD hinsichtlich einer Regierungsbeteiligung die Aufnahme von **Sondierungsgesprächen** ab dem 7.1.2018. Diese wurden am 11./12.1.2018 zu einem erfolgreichen Abschluss gebracht. Die tatsächliche Aufnahme von Koalitionsverhandlungen machte die SPD unter ihrem Vorsitzenden Martin Schulz jedoch vom Votum der Parteibasis abhängig. Mit 56,4% stimmten die Delegierten für die Aufnahme von Gesprächen, die schließlich am 7.2.2018 zum Abschluss eines Koalitionsvertrags führten. Vonseiten der SPD-Führung wurde jedoch wie bereits 2013 die letztliche Annahme des Koalitionsvertrags von einer neuerlichen Befragung der Parteibasis abhängig gemacht, deren Ergebnis am 4.3.2018 bekanntgegeben werden soll. Zum Zeitpunkt der Drucklegung dieses Bandes lag das Ergebnis des Mitgliederentscheids noch nicht vor.

ANHANG

Verwendete Literatur

Ambrosius, Gerold, Staat und Wirtschaft im 20. Jh., München 1990

Angelow, Jürgen, Der Deutsche Bund, Darmstadt 2003

Bahr, Eckhard, Sieben Tage im Oktober – Aufbruch in Dresden, Leipzig 1990

Bartel, Horst et al. (Hrsg), Deutsche Geschichte in Daten, 1. Aufl. Berlin 1966

Bauerkämper, Arnd, Die Sozialgeschichte der DDR, München 2005

Behnen, Michael (Hrsg.), Lexikon der Deutschen Geschichte 1945-1990, Stuttgart 2002

Benz, Wolfang; Graml. Hermann; Weiß, Hermann (Hrsg.), Enzyklopädie des Nationalsozialismus, 4. Aufl., München 2001

Brockhaus Enzyklopädie, 24 Bände 1 Erg.-Bd., 19. Aufl., Mannheim 1986-1994, 1996

Broszat, Martin; Frei, Norbert, Das Dritte Reich im Überblick, 5. Aufl. 1996

Chronik Vollständiger Jahresrückblick, Chronik Verlag, Jahrgänge 1989 bis 2006

Das dicke DDR-Buch, Berlin 2002

Datenreport, Deutsche Zentrale für politische Bildung, Jahrgänge 1999 und 2006

Demandt, Alexander, Deutschlands Grenzen in der Geschichte, 2. Aufl., München 1991

Der Große Brockhaus, 21 Bände, 15. Aufl., Leipzig 1928-1935

Die DDR – Eine Chronik deutscher Geschichte, St. Gallen 2003

Diemer, Gebhard: Kuhrt, Eberhard, Kurze Chronik der Deutschen Frage, 3. Aufl. 1999

Die Vertreibung der deutschen Bevölkerung aus den Gebieten östlich der Oder-Neiße, Bd. 1, München 2004

Dirlmeier, Ulf et al., Kleine deutsche Geschichte, Stuttgart 2006

Einhundert Jahre deutsche Eisenbahnen, herausgegeben von der Hauptverwaltung der Deutschen Eisenbahnen, o.J. (1935)

Fritzler, Marc; Unser, Günther, Die Europäische Union, 2007

Fuchs, Konrad, Schlesiens Industrie – Ein Gang durch ihre Geschichte, 1995

Fuchs, Konrad; Raab, Heribert, Wörterbuch Geschichte, 12. Auf. 2001

Gebhard, Bruno, Handbuch der Deutschen Geschichte, Bd. 3, 8. Aufl., Stuttgart 1960

Gebhard, Bruno, Handbuch der Deutschen Geschichte, Bd. 4, Stuttgart 1959

Grevelhörster, Ludger, Kleine Geschichte der Weimarer Republik, Münster 2000

Gründer, Horst, Die deutschen Kolonien, 5. Aufl., 2004

Hein, Dieter, Deutsche Geschichte in Daten, München 2005

Irgang, Winfried; Bein, Werner; Neubach, Helmut, Schlesien – Geschichte, Kultur, Wirtschaft, 2. Auf., Verlag Wissenschaft und Politik 1998, Bd. 4 der Reihe Historische Landeskunde, Deutsche Geschichte im Osten

Kistler, Helmut, Die Bundesrepublik Deutschland – Vorgeschichte und Geschichte 1945-1983, Bonn 1992

Kuhn, Ekkehard, Wir sind das Volk – Die friedliche Revolution in Leipzig, 9. Oktober 1989, Berlin-Frankfurt 1999

Lütge, Friedrich, Deutsche Sozial- und Wirtschaftsgeschichte, 3. Aufl., Berlin-Heidelberg-New York 1966

Meyers Neues Lexikon, 18 Bände, 2. Aufl., Leipzig 1972-1976

Meyers Konversations-Lexikon, 17 Bände, 4. Aufl., Leipzig-Wien, 1890-1892

Müller, Helmut M. (Hrsg.), Deutsche Geschichte in Schlaglichtern, 2. Aufl, Leipzig-Mannheim 2004

Müller-Enbergs, Helmut,; Wielgohs, Jan; Hoffmann, Dieter (Hrsg), Wer war Wer in der DDR – Ein biographisches Lexikon, Augsburg 2001/2002

Naumann, Günter, Sächsische Geschichte in Daten, überarbeitete Sonderausgabe der 3. Aufl., Wiesbaden 2003

Nipperdey, Thomas, Deutsche Geschichte, Bd. 1, 2. Aufl., München 1991; Bd. 2, München 1992

North, Michael (Hrsg.), Deutsche Wirtschaftsgeschichte, ein Jahrtausend im Überblick, 2. Auf, München 2005

Overesch, Manfred; Saal, Friedrich Wilhelm, Droste Geschichts-Kalendarium – Chronik deutscher Zeitgeschichte, Bd. 1 Die Weimarer Republik, Düsseldorf 1982

Pierenkemper, Toni, Gewerbe und Industrie im 19. und 20. Jahrhundert, München 1994

Pierer, H.A. (Hrsg.), Universal-Lexikon, 34 Bände, 2. Aufl., Altenburg 1840-1846

Pötzsch, Horst, Deutsche Geschichte von 1945 bis zur Gegenwart, 2. Aufl., München 2006

Prinz Max von Baden, Erinnerungen und Dokumente, Berlin und Leipzig 1927, Seite 599

Rudolf, Hans Ulrich; Oswalt, Vadim (Hrsg.), Taschen Atlas Deutsche Geschichte, 1. Aufl., Gotha-Stuttgart 2004

Schlesien, Handbuch der historischen Stätten, Stuttgart 1977

Schlieper, Andreas, 150 Jahre Ruhrgebiet – Ein Kapitel deutscher Wirtschaftsgeschichte, 2. Aufl., Düsseldorf 1986

Schmidt, Alex, Die Sozialgeschichte der Bundesrepublik Deutschland bis 1989/90, München 2007

Schultke, Dietmar, Keiner kommt durch – Die Geschichte der innerdeutschen Grenze, 3. Aufl. 2004

Statistisches Jahrbuch für die Bundesrepublik Deutschland, Jahrgänge 1990 bis 2006

Taddey, Gerhard (Hrsg.), Lexikon der deutschen Geschichte, 1. Aufl., Stuttgart 1977

Taddey, Gerhard (Hrsg.), Lexikon der deutschen Geschichte bis 1945, 3. Aufl., Stuttgart 1998

Weiß, Hermann, Personen Lexikon 1933-1945, Wien 2003

Wirsching, Andreas, Die Weimarer Republik – Politik und Gesellschaft, München 2000

Zentner, Christian (Hrsg.), Der Zweite Weltkrieg, Wien 1998

Abkürzungen

ABZ.	Amerikanische Besatzungszone	EG	Europäische Gemeinschaften
ADAV	Allgemeiner Deutscher Arbeiterverein	EGKS	Europäische Gemeinschaft für Kohle und Stahl
AKR	Alliierter Kontrollrat	EPA	Environmental Proctection Agency
AfD	Alternative für Deutschland	EU	Europäische Union
APO	Außerparlamentarische Opposition	EURATOM	Europäische Atomgemeinschaft
Art.	Artikel	EWG	Europäische Wirtschaftsgemeinschaft
BBZ	Britische Besatzungszone		
BHG	Bäuerliche Handelsgenossenschaft(en)	EZU	Europäische Zahlungsunion
BP	Bayernpartei	FBZ	Französische Besatzungszone
BRD	Bundesrepublik Deutschland	FDGB	Freier Deutscher Gewerkschaftsbund
BRT	Bruttoregistertonnen		
BVP	Bayerische Volkspartei	FDJ	Freie Deutsche Jugend
CDU	Christlich Demokratische Union	FDP	Freie Demokratische Partei
CSSR	Tschechoslowakische Sozialistische Republik	GB/BHE	Gesamtdeutscher Block/ Bund der Heimatvertriebenen und Entrechteten
CSU	Christlich-Soziale Union		
DA	Demokratischer Aufbruch	Gestapo	Geheime Staatspolizei
DAF	Deutsche Arbeitsfront	GG	Grundgesetz
DBD	Demokratische Bauernpartei Deutschlands	GUS	Gemeinschaft Unabhängiger Staaten
DDP	Deutsche Demokratische Partei	h	Stunde
		ha	Hektar
DDR	Deutsche Demokratische Republik	HO	Handelsorganisation
		INF	Intermediaterange nuclear forces
DFD	Demokratischer Frauenbund Deutschlands	IS	Islamischer Staat
DGB	Deutscher Gewerkschaftsbund	Jh.	Jahrhundert
		kcal	Kilokalorien
DHZ	Deutsche Handelszentrale	KPD	Kommunistische Partei Deutschlands
DKP	Deutsche Kommunistische Partei	KPdSU	Kommunistische Partei der Sowjetunion
DNVP	Deutschnationale Volkspartei	KVP	Kasernierte Volkspolizei
		KZ	Konzentrationslager
DSU	Deutsche Soziale Union	LDPD	Liberal-Demokratische Partei Deutschlands
DP	Deutsche Partei		
DVP	Deutsche Volkspartei	LPG	Landwirtschaftliche Produktionsgenossenschaft(en)
dz	Doppelzentner		

255

MfS	Ministerium für Staatssicherheit	SDAP	Sozialdemokratische Arbeiterpartei
Mio.	Millionen	SED	Sozialistische Einheits-
Mrd.	Milliarden		partei Deutschlands
MSPD	Mehrheits-SPD	SKK	Sowjetische Kontroll-
NATO	Nordatlantikpakt		kommission
NDPD	National-Demokratische Partei Deutschlands	SMAD	Sowjetische Militärad- ministration
N.F.	Nationale Front	s. o.	siehe oben
NÖSPL	Neues Ökonomisches	sog.	sogenannt(e)
	System der Planung und	SPD	Sozialdemokratische
	Leitung		Partei Deutschlands
NS	nationalsozialistisch	SPK	Staatliche Plan-
NSDAP	Nationalsozialistische		kommission
	Deutsche Arbeiterpartei	SS	Schutzstaffeln
NVA	Nationale Volksarmee	Stasi	Staatssicherheit
NSU	Nationalsozialistischer	t	Tonne
	Untergrund	tkm	Tonnenkilometer
OEEC	Organisation für euro-	u. a.	unter anderem
	päische wirtschaftliche	UdSSR	Union der Sozialistischen
	Zusammenarbeit		Sowjetrepubliken
OPEC	Organisation Erdöl	UNESCO	Organisation der
	exportierender Länder		Vereinten Nationen für
PDS	Partei des Demokrati-		Erziehung, Wissenschaft
	schen Sozialismus		und Kultur
PGH	Produktionsgenossen-	UNO	Vereinte Nationen
	schaft(en) des Handwerks	USPD	Unabhängige Sozial-
Pegida	Patriotische Europäer		demokratische Partei
	gegen die Islamisierung		Deutschlands
	des Abendlandes	WEU	Westeuropäische Union
pkm	Personenkilometer	württemb.	württembergisch
qkm	Quadratkilometer	v. a.	vor allem
RAF	Rote-Armee-Fraktion	VdgB	Vereinigung der
RGW	Rat für Gegenseitige		gegenseitigen Bauernhilfe
	Wirtschaftshilfe	VEB	Volkseigener Betrieb
SA	Sturmabteilung	VR	Volksrepublik
SAG	Sowjetische Aktiengesell-	VVB	Vereinigung Volkseigener
	schaft		Betriebe
SAP	Sozialistische Arbeiter-	z. B.	zum Beispiel
	partei Deutschlands	ZK	Zentralkommitee
SBZ	Sowjetische Besatzungs- zone	z. T.	zum Teil

Sach-, Orts- und Personenregister

Günter Naumann
Deutsche Geschichte
Das Alte Reich 962-1806

Gebunden mit Schutzumschlag
256 Seiten | Format 12,5 × 20 cm
ISBN 978-3-86539-928-1

Konzipiert ist dieses Buch für den schnellen Zugriff. Der Überblick zur deutschen Geschichte von 962 bis zur Gegenwart will Zusammenhänge in kurzer, einprägsamer Form darstellen. Neben der politischen Geschichte zeigt der Autor vor allem auch die Entwicklung der Wirtschafts- und Sozialgeschichte Deutschlands.

www.verlagshaus-roemerweg.de

FSC
www.fsc.org
MIX
Papier aus ver-
antwortungsvollen
Quellen
FSC® C083411

Bibliografische Information der Deutschen Nationalbibliothek
Die Deutsche Nationalbibliothek verzeichnet diese Publikation in der
Deutschen Nationalbibliografie; detaillierte bibliografische Daten
sind im Internet über
http://dnb.d-nb.de abrufbar.

4. aktualisierte und ergänzte Auflage 2018

© by marixverlag
in der Verlagshaus Römerweg GmbH, Wiesbaden
Covergestaltung: Nele Schütz Design, München
nach der Gestaltung von Thomas Jarzina, Köln
Bildnachweis: Günther Schneider, Berlin
Lektorat: Dr. Lenelotte Möller, Speyer
Satz und Bearbeitung: Medienservice Martin Feiß, Burgwitz
Gesamtherstellung: CPI books GmbH, Leck – Germany

ISBN: 978-3-86539-940-3

www.verlagshaus-roemerweg.de